Siegfried Dinter / Peter Ilgenfritz

Deutsche Reden und die Technik ihrer Übersetzung

Reden deutscher und eines österreichischen Politikers mit fremdsprachig kommentierten Beiheften.

Max Hueber Verlag

ISBN 3-19-00.1734-4
1. Auflage 1974
© 1974 Max Hueber Verlag München
Umschlaggestaltung: Helmut Weber
Gesamtherstellung: Richterdruck Würzburg
Printed in Germany

Vorwort

Diese Sammlung von Reden zwanzig deutscher und eines österreichischen Politikers entstand aufgrund der Notwendigkeit, Material für den Übersetzungs- und Dolmetscherunterricht zur Verfügung zu stellen, anhand dessen man die oft recht schwierige Übertragung von Ausdrücken und Ideen der Politiker in die Fremdsprache üben kann.
Aus organisatorischen Gründen wurden Übersetzungsvorschläge für die schwierigsten Wörter, Ausdrücke und Passagen *gesondert* in einem englischen, französischen, spanischen etc. *Beiheft* untergebracht. Dabei wurde besonderes Augenmerk auf die Übertragung innerhalb des spezifischen Kontexts gelegt.
Das deutsche Wortregister im Anhang dieses Buches enthält im wesentlichen Einzelwörter, die in einem modernen zweisprachigen Wörterbuch überhaupt nicht oder nicht in dieser Bedeutung zu finden sind. Die Wörter sind alphabetisch geordnet und mit einem Seiten- und Zeilenverweis versehen, so daß sie jederzeit im deutschen Kontext aufgesucht werden können und ihre Übersetzung in die Fremdsprache im jeweiligen Beiheft unter dem gleichen Seiten- und Zeilenverweis gefunden werden kann. Tritt ein Wort an mehreren Stellen auf, so sind Übersetzungsvorschläge natürlich nicht in allen Fällen angegeben.
Zur Auswahl der Reden ist anzumerken, daß diese unter dem rein sprachlichen, d. h. übersetzungstechnischen Aspekt ausgewählt wurden.
Für die Genehmigung zum Abdruck sind wir den betreffenden Personen zu Dank verpflichtet.

Herausgeber und Verlag

Inhalt

Vorwort 3
A. Konrad Adenauer: Abkommen mit Israel 5
B. Walter Arendt: Humanisierung des Arbeitslebens 15
C. Rainer Barzel: Friede durch Menschenrechte 19
D. Heinrich Böll: Heldengedenktag 21
E. Willy Brandt: Braucht die Politik den Schriftsteller? . 25
F. Willy Brandt: Tischrede als Gast des französischen
   Ministerpräsidenten 31
G. Ludwig Erhard: Zur Notstandsverfassung 33
H. Hans-Dietrich Genscher: Deutsche Politik — Heute 37
I. Alfons Goppel: Antrittsrede des Bundesratspräsidenten . 45
K. Gustav Heinemann: Qualität des Lebens 51
L. Bruno Kreisky: Rede vor dem Villacher Parteitag 53
M. Georg Leber: Ansprache anläßlich eines Truppenbesuches . 59
N. Wolfgang Mischnick: Liberale Politik im Bundestag 65
O. Annemarie Renger: Antrittsrede der Bundestagspräsidentin . 83
P. Walter Scheel: Europa-Politik 89
Q. Carlo Schmid: Die Intellektuellen und die Demokratie . 97
R. Helmut Schmidt: Regierungserklärung 117
S. Kurt Schumacher: Europa — demokratisch und sozialistisch . 141
T. Franz Josef Strauß: Entwicklung der Massenvernichtungs-
   waffen 155
U. Heinz Oskar Vetter: Fernsehansprache zum 1. Mai 159
V. Hans-Jochen Vogel: Eröffnung der 23. Internationalen
   Handwerksmesse 161
W. Herbert Wehner: Lage der Nation 165
Wortregister 183

A. Konrad Adenauer

Abkommen mit Israel

Herr Präsident! Meine Damen und Herren! Das Abkommen mit dem Staate Israel, das der Bundestag heute behandelt, hat seit dem Beginn der Haager Verhandlungen im März vorigen Jahres, besonders aber seit seiner Unterzeichnung am 10. September 1952 in Luxemburg durch mich und den israelischen Außenminister, Herrn Scharett, in ungewöhnlich starkem Maße die deutsche und die Weltöffentlichkeit beschäftigt. Durchaus mit Recht; denn mit diesem Vertrage, zusammen mit dem in Kürze dem Bundestag zugehenden Entschädigungsgesetz, bestätigt die Bundesregierung nunmehr durch die Tat den feierlich versprochenen Abschluß eines für jeden Deutschen traurigsten Kapitels unserer Geschichte. Eine solche Tat ist schon aus moralischen Gründen eine Notwendigkeit. Sicher: bei weitem nicht alle Deutschen waren Nationalsozialisten, und es hat auch manche Nationalsozialisten gegeben, die mit den begangenen Greueln nicht einverstanden waren. Trotzdem ist dieser Akt der Wiedergutmachung durch das deutsche Volk notwendig. Denn unter Mißbrauch des Namens des deutschen Volkes sind die Untaten begangen worden.
Soweit überhaupt durch unsere Kraft etwas für die Beseitigung der Folgen geschehen kann – ich denke hier an die entstandenen materiellen Schäden, die der Nationalsozialismus den von ihm Verfolgten zugefügt hat –, hat das deutsche Volk die ernste und heilige Pflicht zu helfen, auch wenn dabei von uns, die wir uns persönlich nicht schuldig fühlen, Opfer verlangt werden, vielleicht schwere Opfer. Die Bundesregierung hat seit ihrem Bestehen diese Pflicht immer anerkannt. Durch ihre Erfüllung wollen wir die Schäden wiedergutmachen, soweit das möglich ist, soweit das in unserer Kraft steht. Der Name unseres Vaterlandes muß wieder die Geltung bekommen, die der geschichtlichen Leistung des deutschen Volkes in Kultur und Wirtschaft entspricht.
Wir haben es bei dem Ihnen heute vorliegenden Vertragswerk, das die Wiedergutmachung zugunsten der Juden behandelt, mit einem Teilabschnitt des Gebietes der Wiedergutmachung zu tun, allerdings vielleicht mit dem wichtigsten. Die Juden, nicht nur in Deutschland, sondern überall, wohin der Arm des Nationalsozialismus reichte – und das war lange Zeit während des Krieges der größte Teil von Europa –, haben die grausamste Verfolgung über sich ergehen lassen müssen. Das Ausmaß dieser Verfolgung, die Opfer an Menschen und materiellen Werten, die sie zur Folge hatte, rechtfertigt nicht nur, sondern verlangt eine Sonderbehandlung der Wiedergutmachung an den jüdischen Verfolgten.
Ich habe namens der Bundesregierung vor diesem Hohen Hause am

27. September 1951 Ausführungen zur Frage der jüdischen Wiedergutmachung gemacht, von denen ich einige Sätze heute wiederholen möchte:

„Im Namen des deutschen Volkes sind ... unsagbare Verbrechen begangen worden, die zur moralischen und materiellen Wiedergutmachung verpflichten, sowohl hinsichtlich der individuellen Schäden, die Juden erlitten haben, als auch des jüdischen Eigentums, für das heute individuell Berechtigte nicht mehr vorhanden sind. Auf diesem Gebiet sind erste Schritte getan. Sehr vieles bleibt aber noch zu tun ...

Hinsichtlich des Umfangs der Wiedergutmachung – in Anbetracht der ungeheuren Zerstörung jüdischer Werte durch den Nationalsozialismus ein sehr bedeutsames Problem – müssen die Grenzen berücksichtigt werden, die der deutschen Leistungsfähigkeit durch die bittere Notwendigkeit der Versorgung der zahllosen Kriegsopfer und der Fürsorge für die Flüchtlinge und Vertriebenen gezogen sind. Die Bundesregierung ist bereit, gemeinsam mit Vertretern des Judentums und des Staates Israel, der so viele heimatlose jüdische Flüchtlinge aufgenommen hat, eine Lösung des materiellen Wiedergutmachungsproblems herbeizuführen, um damit den Weg zur seelischen Bereinigung unendlichen Leides zu erleichtern."

Das Hohe Haus hat diese Ausführungen damals einmütig gebilligt. Somit hat die Bundesregierung von Ihnen, meine Damen und Herren, das Mandat zur Aufnahme der Verhandlungen mit dem Staate Israel und den jüdischen Weltverbänden erhalten, deren Ergebnis das Ihnen vorliegende Abkommen ist.

Lassen Sie mich auf seine Grundlagen und wichtigsten Bestimmungen kurz eingehen. Bei den Leistungen der Bundesrepublik an den Staat Israel handelt es sich nicht um Reparationen. Das Deutsche Reich hat gegen diesen Staat, der bekanntlich erst im Jahre 1948 entstanden ist, keine Kriegshandlungen begangen, die die Bundesrepublik zu Reparationen verpflichten könnten. Die in dem Abkommen zugesagten Zahlungen sollen vielmehr den Staat Israel im Rahmen unserer Leistungsfähigkeit für die Lasten entschädigen, die ihm durch die Eingliederung von Hunderttausenden von jüdischen Flüchtlingen aus Deutschland und den ehemals unter deutscher Herrschaft stehenden Gebieten erwachsen sind oder noch erwachsen werden.

Diese Lasten sind eine unmittelbare oder mittelbare Folge der von der nationalsozialistischen Gewaltherrschaft durchgeführten Ausrottungsmaßnahmen gegen das Judentum. Die Verfolgung der Juden begann in Deutschland mit der nationalsozialistischen Machtergreifung im Jahre 1933. Sie steigerte sich ständig und erreichte während des Krieges, ohne daß sie dadurch zu einer Kriegshandlung im völkerrechtlichen Sinn wurde, jenes grauenerregende Ausmaß, das uns allen in seinem vollen Umfang erst nachträglich bekanntgeworden ist.

Während sich die Verfolgungsmaßnahmen bis 1939 grundsätzlich nur gegen Juden deutscher Staatsangehörigkeit richten konnten, erfaßten sie – was mitunter bei uns vergessen wird – während des Kriegs auch fast alle Juden fremder Staatsangehörigkeit, die in den Machtbereich Hitlers gelangten. Ihre Folgen führten für die Überlebenden zu einer Entwurzelung, die auch durch das Kriegsende nicht beseitigt wurde. Vielmehr zwang diese Entwurzelung insbesondere die aus osteuropäischen Gebieten stammenden Juden zur Auswanderung. Hunderttausende von ihnen sind, wie ich schon sagte, in Israel aufgenommen worden. Damit gliedert sich das Israel-Abkommen in das große Gebiet der Wiedergutmachung nationalsozialistischen Unrechts ein. Es ergänzt in einem wesentlichen Punkt die bereits erlassenen oder geplanten gesetzlichen Wiedergutmachungsmaßnahmen zugunsten derjenigen, die durch die nationalsozialistische Gewaltherrschaft wegen ihrer politischen Überzeugung, aus Gründen der Rasse, des Glaubens oder der Weltanschauung verfolgt worden sind. Wie Sie wissen, gibt es auf diesem Gebiete der individuellen Wiedergutmachung bereits jetzt eine große Anzahl von Gesetzen und Verordnungen. Um nur die wichtigsten herauszugreifen: Schon vor Entstehen der Bundesrepublik haben die drei westlichen Besatzungsmächte jeweils für ihre Zone das Gebiet der Rückerstattung feststellbaren Vermögens geregelt. Dieses Gebiet der individuellen Wiedergutmachung ist das Kernstück der Wiedergutmachung nationalsozialistischen Unrechts überhaupt. Die Leistungen der individuellen Wiedergutmachung, die nicht etwa nur Juden, sondern allen vom Nationalsozialismus Verfolgten zugute kommen, werden – was häufig übersehen wird – auch wertmäßig die Globalleistungen an Israel und die jüdischen Verbände erheblich übersteigen.
Der Ausbau der individuellen Wiedergutmachungsgesetzgebung ist im Haag sehr eingehend mit den in der Claims Conference zusammengeschlossenen jüdischen Weltverbänden besprochen worden. Das Ergebnis dieser Verhandlungen ist im Protokoll Nr. 1 niedergelegt; Sie haben es in der Drucksache vor sich, da es zu Verweisungszwecken dem Israelabkommen beigelegt werden mußte. Das in diesem Protokoll vorgesehene Gesetzgebungsprogramm kommt aber nicht etwa nur jüdischen Verfolgten, sondern allen Verfolgten in gleicher Weise zugute. Wie ich schon eingangs erwähnte, ist ein Gesetzentwurf der Bundesregierung, der sowohl den Verpflichtungen aus Teil 4 des Überleitungsvertrages wie den Vereinbarungen des Protokolls Nr. 1 Rechnung trägt, in Vorbereitung und wird noch in dieser Sitzungsperiode dem Hohen Haus vorgelegt werden.
Als ich in Verfolg meiner bereits angeführten Erklärung vor diesem Hohen Hause vom Dezember 1951 mit dem Vertrauensmann des Staates Israel und dem Führer der jüdischen Weltverbände Dr. Nahum Goldmann in London zusammentraf, habe ich ihm namens der Bundesregierung erklärt, daß nunmehr der Zeitpunkt gekommen sei, Verhandlungen mit Vertretern

des jüdischen Volkes und Israels über die Wiedergutmachung der durch die nationalsozialistischen Verfolgungen zugefügten Schäden aufzunehmen. Bei den Verhandlungen mit Dr. Goldmann habe ich damals schon auf die wichtigsten Gesichtspunkte hingewiesen, die auch das Ihnen vorliegende Abkommen beherrschen.

Die Bundesregierung hat das Abkommen abgeschlossen, um einer zwingenden moralischen Verpflichtung des von der Bundesrepublik vertretenen deutschen Volkes nachzukommen, nicht jedoch zur Befriedigung eines völkerrechtlichen Anspruchs des Staates Israel. Dies ist durch den Wortlaut von Präambel und Art. 1 des Abkommens sichergestellt. Der Staatsvertrag macht die moralische Verpflichtung zu einer Rechtsverpflichtung. Auf dem Gebiete der individuellen Wiedergutmachung entstehen Rechtsansprüche erst durch die innerdeutschen Gesetze.

Die Berechnung der Leistungen an Israel hat die israelische Note vom 12. März 1951 an die vier Besatzungsmächte zur Grundlage. Die israelische Delegation hat bei den Verhandlungen im Haag dargelegt, daß Palästina und später der Staat Israel über 500 000 meist mittellose jüdische Flüchtlinge aufgenommen hat, die ihre alte Heimat durch nationalsozialistische Verfolgungsmaßnahmen verloren haben. Unter Berücksichtigung des von Sachverständigen der Bundesregierung für angemessen gehaltenen Betrages der Eingliederungskosten von Flüchtlingen in Israel sowie unter Berücksichtigung der Leistungsfähigkeit der Bundesrepublik ist eine Leistung an Israel in Höhe von insgesamt drei Milliarden DM vereinbart worden. Die Höhe der Jahresraten ist in Würdigung des Interesses Israels an einer möglichst kurzen Laufzeit des Abkommens der wirtschaftlichen Leistungsfähigkeit der Bundesrepublik bei Berücksichtigung ihrer übrigen Verpflichtungen angepaßt. Nach Auffassung der Bundesregierung erscheinen für die beiden ersten Haushaltsjahre je 200 Millionen DM und – eine normale Wirtschaftsentwicklung vorausgesetzt – für die späteren Haushaltsjahre je 250 Millionen DM tragbar. Die auf Wunsch Israels ab 1. April 1954 als Jahresleistung vorläufig vorgesehenen 310 Millionen DM werden allerdings nur bei einer unerwartet günstigen wirtschaftlichen Entwicklung aufgebracht werden können. Andererseits kann einer Verminderung der Leistungsfähigkeit der Bundesrepublik infolge einer unvorhergesehenen ungünstigen wirtschaftlichen oder finanziellen Entwicklung durch Anrufung des Art. 10 Rechnung getragen werden.

Ein Transfer der Leistungen an Israel durch Devisenzahlungen ist aus wirtschaftlichen Gründen nicht durchführbar. Schon bei meinen Verhandlungen mit Dr. Goldmann in London wurden daher Warenlieferungen vorgesehen. Gemäß dem Abkommen ist der Staat Israel berechtigt, aus den ihm im Inland zur Verfügung gestellten DM-Beträgen Waren zu kaufen und nach Israel auszuführen. Es würde zu weit gehen, hier die Einzelheiten dieser Regelung zu schildern. Sie sind aus dem Ihnen vorliegenden

Text des Abkommens zu entnehmen und in der Begründung ausführlich erläutert.

Nur eins möchte ich hervorheben: Auf zweierlei Weise ist Vorsorge getroffen gegen einen Mißbrauch des Abkommens etwa zur Lieferung von Waffen, Munition oder sonstigem Kriegsgerät. Israel ist beim Einkauf der Waren nicht frei in der Wahl; es ist vielmehr an die Kategorien der vertraglich vereinbarten Warenlisten gebunden. Aber auch im Rahmen der Warenliste dürfen gemäß Art. 2 des Abkommens nur solche Waren gekauft werden, die der Erweiterung der Ansiedlungs- und Wiedereingliederungsmöglichkeiten für jüdische Flüchtlinge in Israel dienen. Die Einhaltung dieser Bestimmungen, die wegen des Konflikts Israels mit den Staaten der Arabischen Liga eine besondere Bedeutung haben, wird von einer Bundesstelle überwacht.

Außer mit dem Staat Israel sind, wie ich schon anläßlich meines Zusammentreffens mit Dr. Goldmann in London vorgesehen hatte, auch Verhandlungen mit Vertretern der jüdischen Weltverbände geführt worden; denn diese haben die Sorge für diejenigen jüdischen Flüchtlinge übernommen, die auf Grund der nationalsozialistischen Verfolgungen nicht nach Israel, sondern in andere Teile der Welt ausgewandert sind. Ich habe schon darauf hingewiesen, daß sich ein wesentlicher Teil dieser Verhandlungen mit den Vertretern des Judentums auf die individuelle Wiedergutmachung bezog und daß das Verhandlungsergebnis im Protokoll Nr. 1 niedergelegt ist. Die jüdischen Weltverbände forderten außerdem eine Globalsumme für erbenlose Rückerstattungs- und Entschädigungsansprüche, soweit sie nicht von den sogenannten Nachfolgeorganisationen geltend gemacht werden. Sie wiesen darauf hin, daß sie jahrzehntelang die jüdischen Opfer der nationalsozialistischen Verfolgung unterstützen mußten. Die Bundesregierung hat sich entschlossen, zur Linderung der unbestreitbar heute noch bestehenden Not vom Nationalsozialismus verfolgter jüdischer Flüchtlinge in aller Welt außerhalb Israels 500 Millionen DM zur Verfügung zu stellen, wobei ich, um Wiederholungen zu vermeiden, bezüglich der im einzelnen bestimmenden Erwägungen auf die Ihnen vorliegende Begründung zum Israel-Abkommen verweisen darf.

Da die Claims-Konferenz nur die Interessen von Glaubensjuden vertritt, die nationalsozialistischen Verfolgungen sich aber gleichermaßen gegen die im Sinne der Nürnberger Gesetze als Volljuden geltenden Nichtglaubensjuden richteten, wird die Bundesregierung aus diesem Betrag von 500 Millionen DM einen Teil von 50 Millionen DM als einen von ihr selbst zu verwaltenden Fonds zur Unterstützung von Nichtglaubensjuden bereitstellen.

Wie Sie in der Drucksache lesen können, werden die zugunsten der Claims-Konferenz zu zahlenden 450 Millionen DM aus Transfergründen ebenfalls Israel zu Warenkäufen in der Bundesrepublik zur Verfügung gestellt. Israel wird dafür entsprechende Beiträge an die Claims-Konferenz abführen. In eingehenden Bestimmungen ist sichergestellt, daß die von Israel an die Claims-Konferenz weiterzuleitenden Beträge von dieser dann auch unparteiisch für die Unterstützung, Eingliederung und Ansiedlung jüdischer Opfer der nationalsozialistischen Verfolgung verwandt werden.

Gegen die Leistungen an den Staat Israel haben, wie Sie wissen, die Arabische Liga und deren Mitgliedstaaten Protest erhoben. Sogar Boykottdrohungen sind ausgesprochen worden. Die Einwendungen der arabischen Staaten kann man in zwei Hauptgruppen zusammenfassen.

Einmal: die Araber weisen auf die arabischen Palästina-Flüchtlinge hin; der Staat Israel sei nicht berechtigt, für von ihm aufgenommene jüdische Flüchtlinge eine Entschädigung zu fordern, solange er nicht seinerseits seinen Verpflichtungen bezüglich dieser arabischen Palästina-Flüchtlinge nachgekommen sei. Dazu ist folgendes zu sagen. Es handelt sich um zwei verschiedene und getrennt zu haltende Probleme. Die Frage der Entschädigung der jüdischen Flüchtlinge, die der nationalsozialistischen Verfolgung entronnen sind, ist zwischen der Bundesrepublik und dem jüdischen Volk zu lösen. Zu der Frage der arabischen Palästina-Flüchtlinge im einzelnen Stellung zu nehmen, hat die Bundesregierung weder ein Recht noch eine Möglichkeit. Ich möchte hierzu nur eines sagen: Wir haben genug Erfahrungen mit den Nöten und Sorgen von Flüchtlingen, um nicht von ganzem Herzen eine schnelle und alle Betroffenen zufriedenstellende Regelung auch dieses Flüchtlingsproblems zu wünschen.

Beifall bei den Regierungsparteien und einzelnen Abgeordneten der SPD.

Die zweite Gruppe der Einwendungen der arabischen Staaten läßt sich im wesentlichen wie folgt zusammenfassen: sie haben darauf hingewiesen, daß sie sich noch im Kriegszustand mit Israel befänden, und daß daher eine Leistung der Bundesrepublik an einen der Kriegführenden eine Verletzung der Neutralität darstellen würde. Die Frage, ob man wirklich von einem noch bestehenden Kriegszustand sprechen kann, will ich hier nicht erörtern. Der Sicherheitsrat der Vereinten Nationen hat in einer Entscheidung die entgegengesetzte Ansicht vertreten. Aber wie dem auch sei, — eine Verletzung der Neutralitätspflicht liegt unter keinen Umständen vor. Außerdem ist, wie ich schon ausgeführt habe, Vorsorge dafür getroffen, daß das Abkommen nicht zur Lieferung von Waffen, Munition oder sonstigem Kriegsgerät an Israel benutzt werden kann.

Die Bundesregierung hat sich im übrigen bemüht, die arabischen Länder über Gründe und Grenzen des Israel-Vertrages aufzuklären und dadurch die entstandenen Besorgnisse zu zerstreuen. Sie hat überdies ihren Willen bekundet, die traditionellen freundschaftlichen Beziehungen Deutschlands zu der arabischen Welt zu pflegen und weiter auszubauen. Sie hat ihre Bereitschaft erklärt, im Rahmen des Möglichen zum Aufbau der Wirtschaft der arabischen Staaten beizutragen. Wie Ihnen bekannt ist, hat hierüber eine repräsentative deutsche Wirtschaftsdelegation unter Führung von Staatssekretär Westrick in Kairo Verhandlungen geführt. Die Delegation ist nach Bonn zurückgekehrt, um zunächst der Bundesregierung Gelegenheit zu geben, die ägyptischen Wünsche im einzelnen zu prüfen. Wir sind darüber hinaus bereit, auch in die anderen arabischen Hauptstädte Handelsdelegationen zu entsenden, um, wenn der Wunsch bestehen sollte, über die wirtschaftlichen Bedürfnisse jedes einzelnen Landes und die Möglichkeiten einer Verstärkung der Beziehungen mit der deutschen Wirtschaft zu beraten. Ich brauche kaum hinzuzufügen, daß solche Verhandlungen nur dann zu einem günstigen Abschluß gebracht werden können, wenn sie beiderseits in freundschaftlichem Geiste geführt und nicht von vornherein mit Drohungen belastet werden.

Die Weltöffentlichkeit hat die Unterzeichnung der Luxemburger Abkommen zwischen der Bundesrepublik und Israel mit lebhafter Zustimmung begrüßt. Das jüdische Volk innerhalb und außerhalb Israels hat diese Verträge als erschöpfende Regelung der Wiedergutmachungsfrage unter Berücksichtigung der Leistungsfähigkeit der Bundesrepublik anerkannt, soweit es sich um die Wiedergutmachung der materiellen Schäden handelt, zu deren Wiedergutmachung die Bundesrepublik sich aus den genannten Gründen für moralisch verpflichtet hält. Wir haben daher die berechtigte Hoffnung, daß der Abschluß dieser Verträge schließlich auch zu einem ganz neuen Verhältnis zwischen dem deutschen und dem jüdischen Volke wie auch zu einer Normalisierung der Beziehungen zwischen der Bundesrepublik und dem Staate Israel führen wird. Wir werden hierbei nach allem, was vorgefallen ist, Geduld zeigen und auf die Auswirkung unserer Wiedergutmachungsbereitschaft und schließlich auf die heilende Kraft der Zeit vertrauen müssen.

Dabei ist nicht zu übersehen, daß sich schon jetzt infolge des Abschlusses des Abkommens eine deutliche Entspannung des Verhältnisses der Bundesrepublik zum Staate Israel bemerkbar macht. Wie Sie wissen, befinden sich im Gebiet des Staates Israel nicht unerhebliche Vermögenswerte deutscher Staatsangehöriger. Ich darf hier besonders auf die Gruppe von rund 2000 deutschen Staatsangehörigen hinweisen, die der Tempel-Gesellschaft angehören und in Israel wertvolle Gebäude und Ländereien besitzen. Durch ein Gesetz aus dem Jahre 1950 hatte der Staat Israel das gesamte deutsche Vermögen zur Sicherung von Ansprüchen israelischer Staatsbürger gegen das Deutsche Reich und seine Nachfolgestaaten sowie gegen deutsche Staatsangehörige beschlagnahmt. Es ist der deutschen Delegation im Haag möglich gewesen, ein Abkommen mit der israelischen Delegation vorzubereiten, das gleichzeitig mit den anderen Vereinbarungen als Regierungsabkommen am 10. September 1952 in Luxemburg unterzeichnet wurde. Dieses Abkommen sieht vor, daß in bestimmten Fristen nach Inkrafttreten des Israelabkommens Verhandlungen zwischen der Bundesrepublik und dem Staate Israel über die Feststellung dieses deutschen Vermögens geführt werden sollen. Israel hat sich in dem Regierungsabkommen – und das halte ich für außerordentlich bedeutsam – bindend verpflichtet, Entschädigung für das beschlagnahmte Vermögen zu zahlen. Für den Fall, daß in den Verhandlungen zwischen der Bundesrepublik und Israel keine Einigung über den Wert dieses zu entschädigenden Vermögens zu erzielen sein sollte, haben sich die beiden Vertragspartner schon jetzt verpflichtet, den Spruch eines neutralen Vermittlers als bindend anzunehmen. Ich glaube, daß mit dieser Behandlung des deutschen Eigentums in Israel das Beste erreicht worden ist, was überhaupt zu erreichen war.

Auch in der Frage des Zeigens der deutschen Flagge ist eine merkliche Entspannung eingetreten. Schon der im Haag vereinbarte Vertragstext ging davon aus, daß das bisher noch in Israel bestehende Verbot, die deutsche Flagge zu zeigen, nicht für unabsehbare Zeit aufrechterhalten wird, ohne daß allerdings damals, vor Unterzeichnung des Abkommens, eine verbindliche Zusage Israels für Aufhebung des Verbots in einer bestimmten Frist zu erreichen war. Inzwischen hat sich die israelische Regierung auf Grund neuerlicher Vorstellungen der Bundesregierung zur Aufhebung dieses Verbots mit Wirkung zum Zeitpunkt der Ratifizierung des Abkommens verpflichtet. Das Eintreffen der ersten Warenlieferungen in Israel wird diese sich bereits jetzt anbahnende Entwicklung zu einer grundlegenden Änderung des deutsch-israelischen Verhältnisses erheblich beschleunigen.

Lassen Sie mich zum Schluß noch einmal auf die Bedeutung des Abkommens in den allgemeineren Zusammenhängen der Entwicklung des menschlichen Zusammenlebens der Völker hinweisen. In den letzten Wochen sind im Machtbereich der kommunistischen Gewaltherrschaft Rassenhaß und Rassenverfolgung erneut zu politischen Kampfmitteln gemacht worden.

Zuruf von der KPD: Nicht wahr!

Ihnen allen sind die Vorgänge im Prager Slansky-Prozeß bekannt. Im Anschluß an diesen Prozeß hat auch in anderen Satellitenstaaten eine Bedrohung und Verfolgung der Juden eingesetzt.

Zuruf von der KPD: Nicht wahr!

Eine weltbekannte jüdische Wohlfahrtsorganisation, deren große Verdienste um die Behebung menschlicher Not unbestreitbar sind, ist als Sabotage- und Spionagezentrum angeprangert worden.

Zurufe von der KPD.

Auch deutsche Staatsangehörige jüdischen Glaubens haben aus der sowjetischen Besatzungszone und aus Ost-Berlin die Flucht über die Sektorengrenze antreten müssen. Die freie Welt hat von diesen Vorgängen mit Abscheu und Schrecken Kenntnis genommen.

In diesem Zeitpunkt wollen wir mit der Verabschiedung des Ihnen vorliegenden Abkommens einen klaren und ganz unmißverständlichen Standpunkt beziehen. Gewiß haben wir selbst schwere Lasten zur Linderung der Not unserer eigenen Flüchtlinge zu tragen. Trotzdem wollen wir zu unserer moralischen Verpflichtung stehen, in den Grenzen unserer Leistungsfähigkeit dem Elend und der Not von Flüchtlingen zu steuern, die durch die Schuld einer früheren Regierung verursacht worden sind. Die Bundesregierung hofft, daß die Annahme dieses Abkommens gerade in diesem Zeitpunkt als ein deutscher Beitrag zur Stärkung des Geistes menschlicher und religiöser Toleranz in der Welt wirken wird.
Lebhafter Beifall bei den Regierungsparteien und bei der SPD.

B. Walter Arendt

Humanisierung des Arbeitslebens

Der vor wenigen Tagen ausgeschiedene Generaldirektor der Internationalen Arbeitsorganisation, Herr Morse, dessen Verdienste um diese Organisation ich hier hervorheben möchte und dem unser aller herzlicher Dank gilt, hat uns als eine seiner letzten Amtshandlungen einen eindrucksvollen Bericht über „Armut und Mindestlebensstandard" vorgelegt. Er ist die Grundlage unserer Aussprache während dieser Tagung.
In diesem Bereich wird als „die bedeutungsvollste Aufgabe unserer Zeit" die „echte und fühlbare Anhebung des Lebensstandards der ärmsten und am stärksten benachteiligten Schichten der Bevölkerung" herausgestellt. Ich stimme dem zu und ich versichere, daß das Land und die Regierung, die ich hier vertrete, mit Überzeugung und gutem Willen ihren Beitrag zur Lösung dieser Aufgabe leisten wird. Und ich bekenne, daß auch ich meinem Land, einem Land mit hohem Industrialisierungsgrad, noch manches geschehen muß, bis wir überall, in allen Gruppen unseres Volkes und in allen Teilen unseres Landes das hohe Ziel dieser Organisation – soziale Gerechtigkeit – erreicht haben.
Jede Sozialpolitik wäre – das klingt auch in dem uns vorliegenden Bericht an – verfehlt, die den Wohlstand von heute mit der Armut von morgen erkaufen wollte. So sind alle Maßnahmen zur Verbesserung der sozialen Sicherheit nur dann sinnvoll, wenn sie langfristig gesichert sind. Wir müssen daher stets darauf achten, daß die Vorhaben und Aktionen für den weiteren Ausbau der Sozialleistungen rechtzeitig in die allgemeinen wirtschaftlichen und finanziellen Projektionen eingefügt werden. Außerdem gilt es, innerhalb dieser Projektionen die Spielräume für mögliche weitere soziale Verbesserungen zu erkennen und zu nutzen. Nur wenn eine solche Transparenz gegeben ist, können wir voraussagen, ob wir unseren Zielen gemäß den Wohlstand und den Lebensstandard aller mehren werden.
Wie notwendig solche Orientierungs- und Entscheidungshilfen für künftige sozialpolitische Maßnahmen in meinem Land sind, geht unter anderem daraus hervor, daß seine Sozialleistungen rund ein Fünftel des Bruttosozialprodukts betragen. Sie sind also eine wichtige Komponente in jeder volkswirtschaftlichen Vorausschau.
Die neueste von uns ausgearbeitete und in diesem Sinne aussagekräftige Übersicht – wir nennen sie in meinem Lande „Sozialbudget" – ist nicht nur nach den an der sozialen Sicherung beteiligten Institutionen, sondern auch nach sachlogischen Funktionen, also nach Tatbeständen, Risiken und Maßnahmen, aufgebaut. Wir haben dies nicht zuletzt deshalb getan, um damit gleichzeitig einen Beitrag zu einer internationalen Vergleichbar-

keit aller Daten zu liefern. Wir sehen darin auch ein Mittel, um Unvollkommenheiten zu erkennen und erwarten aus einer solchen erhöhten Transparenz eine gute Grundlage für unsere gemeinsame Arbeit. Einen Meinungs- und Erfahrungsaustausch über die Methoden solcher Übersichten würden wir dankbar begrüßen. Wir glauben, daß das Internationale Arbeitsamt eine Stätte der Begegnung auch hierbei sein kann.

Mit der Mehrung des Wohlstandes von morgen hängen in unserer Welt des technischen Fortschritts aufs engste alle Bemühungen zur Hebung und Förderung der Aus- und Fortbildung der arbeitenden Bevölkerung zusammen. Wir wollen für alle Menschen gleiche Bildungschancen haben. Denn nur dann, wenn wir diese Gleichheit der Chancen bieten und sichern, werden wir auf Dauer den sozialen Ausgleich, den sozialen Frieden und damit die soziale Gerechtigkeit verwirklichen können.

Unsere bildungspolitische Arbeit kann sich jedoch nicht auf den Sektor der Berufsausbildung in engerem Sinne beschränken. Technischer Fortschritt und wirtschaftliche Entwicklung stellen an die arbeitenden Menschen ständig neue Anforderungen; sie verlangen vor allem eine lebensnahe, sich ständig den neuen Daten anpassende berufliche Fortbildung. Ferner müssen Kenntnisse über politische, gesellschaftliche und wirtschaftliche Zusammenhänge hinzukommen, weil eine gut funktionierende, demokratische Gesellschaftsordnung ein Mitdenken und Mithandeln aller Bürger auch in politischen und wirtschaftlichen Fragen voraussetzt.

Alle bildungspolitischen Maßnahmen werden Hand in Hand mit einer aktiven Arbeitsmarktpolitik gehen müssen. Sie muß nicht nur die Vollbeschäftigung sichern helfen, sondern auch vorausschauend den Gefahren begegnen, die sich für den Arbeitnehmer aus dem raschen technischen Fortschritt, aus neuen Produktionsverfahren, aus Umstellungen im Betrieb und aus Verlagerungen von Betriebsstätten ergeben können. In der Bundesrepublik Deutschland haben wir für eine solche aktive Arbeitsmarktpolitik im vergangenen Jahr mit dem Arbeitsförderungsgesetz verbesserte Grundlagen geschaffen. Für den Bereich der Internationalen Arbeitsorganisation wird das Weltbeschäftigungsprogramm, das in den kommenden Jahren durchzuführen ist, Richtschnur sein. Dieses Programm ruft die Industriestaaten nicht nur auf, bei der Überwindung von Arbeitslosigkeit und Armut in vielen Teilen der Welt zu helfen; das Programm wird auch die Aktivität der Industriestaaten in ihrem eigenen Bereich anregen und ergänzen. Ohne ausgeglichenen Arbeitsmarkt, ohne gut arbeitende Arbeitsvermittlung, ohne Anpassung der beruflichen Kenntnisse und Erfahrungen der Arbeitnehmer an die moderne Technik würden alle Erfolge unserer Bemühungen um eine Hebung des Lebensstandards breiter Gruppen unserer Völker sehr begrenzt sein.

Der Weg zum Wohlstand wird also nicht kurz, aber oft mühevoll sein. Niemals sollte jedoch der Wohlstand mit einer Minderung der sozialen

Sicherheit und mit einer Vernachlässigung des Schutzes von Leben und Gesundheit der Arbeitnehmer erkauft werden. Ich komme aus dem Bergbau, und ich kenne die Fülle von Risiken der Arbeitsumwelt. Wohlstand und Sicherheit sollten eine Einheit im Sinne unserer Ziele sein, und Schutz des Lebens und der Gesundheit des arbeitenden Menschen eine hohe moralische und soziale Pflicht. Nicht zuletzt im Sinne eines Bekenntnisses zum steten Ausbau des Arbeitsschutzes hat die Delegation der Bundesrepublik Deutschland zwei Entschließungen eingebracht. Sie haben zum Ziel, die Mustersicherheitsvorschriften für gewerbliche Anlagen weiterzuentwickeln und die Liste der Berufskrankheiten zu ergänzen. Die Annahme dieser Entschließungen durch die Konferenz würde ich sehr begrüßen.

So stimme ich uneingeschränkt der Aussage in dem uns vorliegenden Bericht zu, daß „eine energische Durchsetzung der Vorschriften des technischen und medizinischen Arbeitsschutzes in den Betrieben sowie aufklärende und vorbeugende Tätigkeiten im Zusammenhang mit den auf örtlicher Ebene am dringlichsten erscheinenden Probleme der Sicherheit, der Hygiene und der Gesundheit Voraussetzungen für eine wirksame Verbesserung der Lebens- und Arbeitsbedingungen" sind.

Jedes Land hat seine spezifischen sozialen Probleme. Jedes Land wird eigene Wege gehen müssen, um sie zu lösen. Gestatten Sie mir, daß ich an dieser Stelle zwei große sozial- und gesellschaftspolitische Aufgaben nenne, vor die sich mein Land gestellt sieht:

Erstens: Wir wollen erreichen, daß der arbeitende Mensch neben einem Höchstmaß an wirtschaftlicher und sozialer Sicherheit auch einen verstärkten Anteil am wachsenden Produktivvermögen erhält. Die Früchte der gemeinsamen Arbeit von Arbeitnehmern und Unternehmern sollen gerechter und gleichmäßiger verteilt werden. Auch dies ist ein Gebot der sozialen Gerechtigkeit. Die Regierung meines Landes hat erste Schritte zur Erreichung dieses hohen Zieles eingeleitet.

Zweitens: Eine andere große Aufgabe ist im Bereich der sozialen Sicherheit zu erfüllen. Wir streben an, daß die derzeit geltende starre Altersgrenze, bei deren Erreichen der einzelne Arbeitnehmer aus dem Arbeitsleben ausscheidet, durch eine flexible Altersgrenze abgelöst wird. Wir meinen, daß der mündige Bürger in einem modernen Industriestaat innerhalb einer bestimmten Altersgruppe selbst entscheiden sollte, ob er Rente beziehen will oder ob er noch einige Jahre weiterarbeiten will. Eine solche Entscheidung soll der einzelne nach Maßgabe seiner individuellen Fähigkeiten, Kräfte und Wünsche treffen. Natürlich bringt die Einführung einer flexiblen Altersgrenze zahlreiche Probleme finanzieller, arbeitsmarktpolitischer und gesellschaftspolitischer Art mit sich. Aber wir werden diese Probleme lösen müssen, weil die Entwicklung unserer Arbeitswelt und das Streben des einzelnen nach möglichst großen Spielräumen für eigenverantwortliche

Entscheidungen die Einführung einer solchen flexiblen Altersgrenze zwingend erfordern.

Wenn auch die Bundesrepublik Deutschland selbst noch zahlreiche soziale Probleme zu bewältigen hat, so werden wir jedoch nicht unsere Augen vor den vielleicht noch größeren Sorgen und Nöten anderer Länder verschließen. Wir werden den Ländern und Völkern bei der Lösung ihrer Probleme unseren Rat und unsere Hilfe anbieten, sofern sie unsere Hilfe wünschen. Auf eine Mitarbeit meines Landes in dem weiten Bereich der Entwicklungshilfe werden Sie stets zählen können. Uns wird dabei einen daß der weltumspannende Feldzug gegen die Armut keine Gruppe, keine Region, keinen Erdteil auslassen darf. Eine gerechte Verteilung der Früchte des wirtschaftlichen Fortschritts sollte unser aller Ziel sein.

Ich kenne die besonderen Aufgaben aus den Erfahrungen meines Landes, die in unserer Industriegesellschaft die Sorge um die Behinderten, um die älteren Menschen, aber auch um die fern von Familie und Heimat arbeitenden ausländischen Arbeitnehmer stellt. Niemand sollte in der modernen Industriegesellschaft das Gefühl haben, isoliert oder am Rande zu stehen, und niemand sollte sich diskriminiert fühlen. Diesen Gruppen in jeder Beziehung Hilfe und Gleichbehandlung zu sichern, äußere Hindernisse abzubauen und psychische Hemmungen zu überwinden, ist eine Verpflichtung, der wir uns in der Bundesrepublik mit besonderer Sorgfalt annehmen.

Herr Morse hat einmal gesagt, er hasse Diskriminierungen aus tiefster Seele, und er sei erschüttert und verstört bei dem Gedanken an die Armut, die in der Welt herrsche. Ich verstehe ihn und teile seine Auffassung aus innerster Überzeugung. Wir in der Bundesrepublik haben uns eingeordnet in die Reihe derer, die sich in internationaler Verbundenheit über eine aktive, vorausschauende und fortschrittliche Sozialpolitik und unter Abbau jeglicher Diskriminierungen um die Realisierung der sozialen Gerechtigkeit bemühen wollen.

C. Rainer Barzel

Friede durch Menschenrechte

Herr Präsident! Meine Damen und Herren! Wir danken für diese Erklärung und begrüßen die Initiative der Bundesregierung. Es ist gut, erneut der Welt zu sagen, was wir wollen, wozu wir bereit sind und wo die Ursachen des Unfriedens liegen. Das deutsche Volk will Frieden durch Menschenrechte.
Die Erklärung des Herrn Bundeskanzlers ist prinzipiell und konkret zugleich. Sie nennt die Ziele wie die Wege, sie zu erreichen. Wir stimmen ihr zu. Wir werden die Hoffnung nicht aufgeben, mit dieser Stimme der Friedfertigkeit trotz der Lautstärke der kommunistischen Propaganda die Ohren aller Völker und zugleich das Gespräch mit ihren Regierungen zu erreichen. Wir hoffen, daß auch die Russen und die Polen, die Menschen in der Tschechoslowakei und in aller Welt hinhören werden auf das, was ihnen auf diese Weise vom deutschen Volk gesagt wird. Wir hoffen, daß diese Worte mit Bedacht gehört werden. Sie sind so gemeint, wie sie gesagt sind. Das ganze deutsche Volk denkt so. Auch wir wollen eine Welt ohne Krieg und ein Leben ohne Furcht.
Wir hoffen, daß die konkreten Vorschläge der Bundesregierung, die in der Note enthalten sind, von allen Regierungen in dem Geiste geprüft werden, wie sie vorgelegt werden, und daß sie darauf eingehen. Wir wissen, daß der Frieden nicht ein einmaliges, sondern ein fortgesetztes Handeln erfordert. Unsere Politik ist durch Vorleistungen, wie sie kein anderer Staat erbracht hat, als Friedenspolitik erwiesen. Zugleich ist Deutschland das einzige Land Europas, in dem geschossen wird – nicht von uns. In Deutschland ist kein Friede.
Der Schritt der Bundesregierung ist ein Schritt des guten Willens und der Bereitschaft, die internationalen Gespräche über die Bedingungen des Friedens zu fördern. Unsere Hand bleibt ausgestreckt, durch sehr konkrete, sehr nüchterne Taten und auch durch Opfer den Frieden zu sichern – hier, in Berlin, in aller Welt.
Es liegt nicht an uns, den Deutschen, wenn die Sehnsucht der Völker nach Abrüstung ihrer Erfüllung so fern ist, Frieden verlangt Abrüstung. Abrüstung verlangt Kontrolle. Nur wenn niemand mehr mit Gewalt droht, kann wirklich Frieden sein. Wenn alle den Mut zum Frieden haben, wird unsere Welt eine Welt ohne Furcht werden. Aber Frieden verlangt auch die innere Freiheit der Völker, das Recht der Selbstbestimmung für jeden Menschen, der Selbstbestimmung für jedes Volk.
Wir legen Wert darauf, einen Satz aus der Berliner Erklärung vom 29. Juli 1957 – einer Erklärung Frankreichs, Großbritanniens, der USA und der

Bundesrepublik Deutschland – erneut in Erinnerung zu rufen. Er lautet: „Eine europäische Friedensordnung muß auf Freiheit und Gerechtigkeit aufgebaut sein. Jede Nation hat das Recht, ihre eigene Lebensform frei zu bestimmen, ihr politisches, wirtschaftliches und soziales System selbst zu wählen und unter Berücksichtigung der berechtigten Interessen anderer Nationen für ihre Sicherheit zu sorgen. Die Gerechtigkeit fordert, daß dem deutschen Volk die Möglichkeit gegeben wird, seine nationale Einheit auf der Grundlage dieses Grundrechts wiederherzustellen."

Das gilt weiter, und eben dies ist zugleich eine Frage an die vierte Macht, an die Sowjetunion. Wenn sie den Frieden will, darf sie nicht länger den Deutschen Gewalt antun.

D. Heinrich Böll

Heldengedenktag

Am heutigen Tage, der von Amts wegen zum Heldengedenktag bestimmt ist, wollen wir uns hüten, das befohlene Pathos mit jenem Schmerz zu verwechseln, der sich niemals öffentlich dartut.
Im Gepränge der Feiern wird genau das übertönt, auf das wir lauschen sollten: das Schweigen der Toten. Die Eisenbahnen sollten auf offener Strecke anhalten, die dumme Hast des Straßenverkehrs erlahmen.
Wir sollten die Schulkinder auf die großen Friedhöfe führen: Gräber überzeugen auf eine eindringliche Weise, die keinen Kommentar erfordert; ein Blick auf die Grabsteine: zwischen Geburtsjahr und Todesjahr die kurze Spanne Zeit errechnet, die ihnen gehörte: Leben. Die meisten starben jung; es stirbt sich nicht leicht, wenn man jung ist und weiß, daß kein Arzt, kein Medikament, nichts den Gegner aufhalten wird, der Tod heißt. Schreien nach Vater, Mutter, nach einer Frau, einem Mädchen – oder still werden auf eine Weise, die der Verachtung gleichkommt, beten oder fluchen. Die wenigsten sind plötzlich vom Leben zum Tode gekommen, auf eine Art, die man mit dem Wort „gefallen" auszudrücken versucht, eine winzige amtliche Täuschung, die man erfand, weil gestorben privat klingt und nicht Plötzlichkeit vortäuscht. Als ob der Tod nicht ein so privater Akt wäre wie die Geburt; als ob Zeit eine Größe wäre, an der Schmerz ablesbar würde; in einem Augenblick kann der Katalog der Schöpfung durcheilt werden, kann der unsagbare Schmerz vollzogen werden, denn es bedeutet, Abschied zu nehmen, zu wissen, daß man nichts wird mitnehmen können in die Dunkelheit des Grabes: Wind und Gräser, das Haar der Geliebten, das Lächeln des Kindes, den Geruch eines Flusses, die Silhouette eines Baumes, den Klang einer Stimme. Nichts. Sterbende frösteln immer. Die Majestät, die auf sie zukommt, ist kalt.
Waren sie alle Helden, die in den Stellungen, in Lazaretten, auf Fluren, in Kellern, auf Lastwagen und Bauernkarren, in Eisenbahnwaggons schrien und beteten, fluchten oder auf eine Weise still wurden, die der Verachtung gleichkam?
Ich glaube, die meisten hätten diesen Titel, der als Ehre gedacht ist, nicht angenommen, hätten sie von den Morden gewußt, die unter dem Zeichen geschahen, unter dem sie starben. Wir können sie nur würdigen, wenn wir sie vom Fluch dieses Zeichens befreien, ihr Schweigen versöhnen mit dem Schweigen, das an den großen Mordstätten herrscht. Nicht von einem einzigen von ihnen wissen wir, welche Räume er im Angesicht des Todes durcheilte, die Worte schuldig oder unschuldig gehören unserer Welt an, der Tod einer anderen.

Das Wort Held setzt ein anderes Wort voraus: Aktion. Helden handeln, opfern sich auf eigenen Entschluß für eine Idee, eine Sache, sie werden hingerichtet oder ermordet, sterben unter den Schüssen eines Pelotons und rufen der Nachwelt zu: Freiheit. Überlebende Helden halten nie, was sie im Augenblick der Heldentat versprachen, der Glanz des Augenblickes, der Ruhm der Tat erlischt.

Die Toten, deren heute gedacht wird, sind nicht in diesem Sinn Helden gewesen; die meisten vollzogen nicht Aktion, sondern Passion; sie erlitten den Tod; es mag sein, daß jeder heute ein Held ist, der den Tod erleidet, sich dieser kalten Majestät stellt, aber dann müssen wir für die Helden, die ihr Opfer auf eigenen Entschluß vollzogen, ein neues Wort finden. Durch falsche Titel ehren wir die Toten nicht, wir fügen ihrem Andenken Kränkung zu.

Der Heldentod, der ihnen so großzügig bescheinigt wird, ist politische Münze, ist als solche Falschgeld. Die Toten gehören nicht mehr den Staaten, den Parteien. Ihr Schweigen läßt sich nicht zu Parolen ausdeuten. Die fürchterliche Apparatur der Meinungsmaschinen wird auf die Feiern gerichtet: Presse, Funk, Film; Musik erklingt, die amtliche Träne, das bewegte Gesicht, die zuckende Hand, sie werden dem Zeitgenossen gezeigt, der im Klubsessel sitzt, am Bildschirm dem Trauerakt folgt; er fühlt sich zur Rührung verpflichtet und legt für einen Augenblick die Zigarre aus der Hand, nur für einen Augenblick, er, der mit größerer Schuld beladen ist als mit politischem Irrtum: mit Gleichgültigkeit.

Große Zahlen erleichtern dem Zeitgenossen seine Gleichgültigkeit: Millionen ermordet, Millionen als Soldaten, Millionen als Flüchtlinge auf den Landstraßen gestorben. Unschuldige wurden als Opfer für den Tod Unschuldiger genommen. Die große Zahl der Opfer verdeckt den Einzelnen, ihr Name bleibt, der sich dem Haß oder der Verehrung anbietet; ein folgenreicher Irrtum war es, ihnen die Ehre einer Hinrichtung anzutun, ihnen das Pathos einer Gerichtsverhandlung zu schenken, Fragen und Antworten einer Kategorie entnommen, die ihrer Schuld landläufige Namen gab, ihren Gesichtern ein Album anbot. Sie haben Geschichte gemacht – so wird es heißen, und dieses Wort *Geschichte* schmeckt dem Zeitgenossen, er läßt es im Munde zergehen, sinnt ihm einen Augenblick nach, bevor er seine Zigarre wieder aufnimmt.

Wir hören es gern, wenn die Zeit, in der wir leben, als einmalig bezeichnet wird, als außerordentlich; sie ist es: wohl niemals ist das Ausmaß der Gleichgültigkeit, der gewaltigen Summe der Schmerzen, der Litanei der Leidenden gegenüber so groß gewesen. Niemals wohl ist die Majestät des Todes so gering geschätzt worden. Diese Geringschätzung billigt den Mord von morgen, geht achselzuckend über den Tod von morgen hinweg, nimmt ihn schon heute in Kauf. Trauer ist eine unbekannte Größe, Schmerz hat keinen Kurswert. Gähnend geht man zur Tagesordnung über, gibt sich der

Täuschung hin, die Kräfte, die das Unheil auslösten, hätten aufgehört zu existieren; sie wären durch eine andere Staatsform zu bändigen, durch Kommissionen zu kontrollieren: an einem bestimmten Tag wäre der Keim getötet worden. Eine verhängnisvolle Täuschung. Die Stifter des Unheils haben ihr Ziel erreicht, wenn, wie es sich in unserer Gesellschaft zeigt, dem Tod des Einzelnen kein Respekt mehr erwiesen wird.
Trauer ist eine Größe, Schmerz hat einen Wert.
Unsere Stimme ist schwach gegen das gewaltige Dröhnen der Walzen, die Meinung herstellen, Stimmung machen, auswechselbare Parolen schaffen, die sich, wenn sie in einem Abstand von zwei Tagen einander folgen, getrost widersprechen können, ohne des Zeitgenossen Nachdenken wachzurufen.
In einer solchen Welt wird Trauer ein Besitz, wird Schmerz kostbar, wird jeder zum Helden, der ihrer noch fähig ist. Die Toten, derer wir heute gedenken, sie gehören nicht den Armeen, nicht den Staaten, nicht den Parteien, diese haben nicht das Recht, um sie zu trauern, wie Väter und Mütter um ihre Söhne, Frauen um ihre Männer, Kinder um ihre Väter trauern; für Schmerzen gibt es keine staatspolitische Kategorie, für Trauer keinen Paragraphen in der Dienstordnung einer Armee, in den Statuten einer Partei. Verwechseln wir nicht das amtliche Pathos, das sich so leicht zum Kleingeld der Propaganda stanzen läßt, mit dem Schmerz der Hinterbliebenen. Sie sind die einzigen, die ein Recht hätten, heute zu sprechen, der Musik Schweigen zu gebieten.
Warum schweigen die Mütter an diesem Tag, warum schweigen die Söhne, Töchter und Frauen derer, an die wir heute denken?
Vielleicht wagen sie es nicht, ihre Toten von den Denkmälern zurückzufordern, diesen steinernen Säulen, diesen wuchtigen Gebilden aus Bronze, die – wie es immer wieder geschieht – den Tod als öffentlichen Besitz reklamieren, die Lüge des „gestorben für kommende Geschlechter" überliefern, ihnen den Tod als ein Eigentum der Geschichte in Dokumenten aus Marmor, Stein und Erz belegen. Wir sind oft Zeugen ihres Todes gewesen, wir hörten aus ihrem Mund nicht Sprüche, wie sie auf Denkmälern stehen, wir hörten Schrei, hörten Gebete, Flüche, wir sahen, wie viele von ihnen still wurden auf eine Weise, die der Verachtung gleichkam, Verachtung, die die erdrückende Gleichgültigkeit der Nachgeborenen vorauszuahnen schien.
Sie nannten den Namen ihrer Frau, ihrer Mutter, verlangten nach einer Hand, nach einem Schluck Kaffee, einer Zigarette, nach irgend etwas von dieser Erde, als letzten Gruß, während die kalte Majestät auf sie zukam. Der Augenblick des Todes machte sie nicht zu Geschichte, er entriß sie ihr, an der sie, die meisten, ohne es zu wollen, teilgenommen hatten. Der Augenblick des Todes gab sie denen zurück, die heute um sie trauern, den Hinterbliebenen.

E. Willy Brandt
Braucht die Politik den Schriftsteller?

Zuerst will ich dem Verband deutscher Schriftsteller danken für die freundliche Einladung. Ich bin gern gekommen und ohne Scheu. Der Umgang mit Schriftstellern schreckt mich nicht. Allerdings, in einer solchen Vielzahl bin ich ihnen noch nicht begegnet. Aber das trifft wohl auch auf die meisten von ihnen zu.
Ich habe mich auf diesen Tag gefreut. Und vielleicht sind wir uns darin einig, daß wir alle – Sie als Schriftsteller, ich als Politiker – in diese Begegnung Erwartungen setzen. Allzu groß und folgenreich war während Jahrzehnten die Kluft zwischen Politikern und Schriftstellern. Und auch heute wird einer von Ihnen ein geschnürtes Bündel Mißtrauen bei sich tragen. Soweit es in meiner Kraft steht, will ich versuchen, Gegensätze zu verringern, die Kluft zu schmälern.
Das Lob jedoch, ich sei der erste Bundeskanzler auf einem deutschen Schriftstellerkongreß, kann ich nur mit Rabatt entgegennehmen. Es ist ja in der Bundesrepublik Deutschland das erste Mal, daß ein solcher Kongreß stattfindet.
Die Veranstaltungen in Berlin 1947 und in der Paulskirche 1948 will ich nicht geringschätzen. Aber im übrigen hat es doch seit der Gleichschaltung durch die Reichsschrifttumskammer 36 Jahre gedauert, bis sich die Schriftsteller zu einer Bundesvereinigung zusammengeschlossen haben. Zu diesem freiwilligen Zusammenschluß möchte ich Sie beglückwünschen.
Seit der Gründung des Verbandes deutscher Schriftsteller sind erst anderthalb Jahre vergangen. Ich finde es erstaunlich, daß in so kurzer Zeit etwas so Ungewöhnliches gelungen ist: nämlich die Solidarisierung so vieler Menschen, denen ja häufig nachgesagt wird, sie seinen notorische Individualisten, gesellschaftsferne Einzelgänger oder esoterische Außenseiter. Es wäre sicher nicht möglich gewesen, die Solidarität auf einem parteipolitischen oder weltanschaulichen, geschweige denn literarischen Konsensus zu gründen. Als Berufsorganisation mußten Sie sich auf konkrete, praktische, gemeinsam erreichbare Ziele konzentrieren. So an die Sache heranzugehen, war – wenn ich dies so sagen darf – politisches Verhalten.
Sie haben also Sorgen, Wünsche, Forderungen an die Gesellschaft, an den Staat, an die Politik. Und damit haben Sie die Frage, ob der Schriftsteller die Politik braucht, übrigens schon mit Ja beantwortet.
Sie haben sich vorgenommen, die kulturellen, rechtlichen, beruflichen und sozialen Interessen Ihrer Mitglieder zu fördern und zu vertreten. Dabei möchte ich Sie gern unterstützen – moralisch und, wo es geht, auch praktisch.

Ich sage dies als Bundeskanzler und auf Grund der politischen Verantwortung, die ich insgesamt zu tragen habe. Ich sage es zugleich als ein Mann, der in seinen jungen Jahren von dem gelebt hat, was er zu Papier brachte. Also weiß ich nicht nur vom Hörensagen, daß schreibende Zeitgenossen sich in der latenten Gefahr befinden, zu Randfiguren der holzverarbeitenden Industrie gemacht zu werden.

Die soziale Lage der Schriftsteller in unserem Land ist nicht so, wie sie sein sollte. Und ich fürchte, die Sozialenquête zur Situation der freischaffenden Künstler in der Bundesrepublik wird, wenn sie einmal vorliegt, ein eher bedrückendes Bild ergeben.

Zu den konkreten Zielen Ihres Verbandes gehören tarifartige Rahmenverträge und eine berufseigene Altersversorgung. Sie erstreben die Novellierung der Urheberrechtsnachfolgegebühr – eine sicher wichtige Sache, aber ein schreckliches Wort! –, die Aufhebung des Schulbuchparagraphen, Honorare für die Ausleihe geschützter Literatur durch öffentliche Büchereien. Ich habe mir berichten lassen, daß einiges hiervon in Gang gekommen ist und daß die Verhandlungen auf verschiedenen Gebieten Erfolg versprechen.

Es ist wichtig, daß diese Dinge nicht auf die lange Bank geschoben werden. Materielle Sorgen und Abhängigkeiten beeinträchtigen die geistige Freiheit, Spitzwegs armer Poet in der Dachstube ist für mich Gesellschaftskritik, nicht die Beschreibung eines schicksalsbedingten Zustandes. Im übrigen weiß ich sehr wohl: Ihr Verband hat von Anfang an erklärt, daß er für die praktizierte Demokratie eintritt, insbesondere für die Freiheit der Meinungsäußerung. Also haben Sie noch einmal, von einer anderen Seite, deutlich gemacht, weshalb und wie sehr der Schriftsteller die demokratische Politik braucht.

Ich komme zu der Frage, die hier zu beantworten ich leichtsinnigerweise übernommen habe: Braucht die Politik den Schriftsteller?

Nun, ich will nicht lange am Thema herummachen. Aber es gibt hier vermutlich manchen, der – in Erinnerung an Vorträge, die er hat halten müssen – jetzt wissen möchte, was der Redner wohl antworten wird. Sagt er: Warum haben Sie mich überhaupt so gefragt? Denn selbstverständlich braucht die Politik den Schriftsteller. Oder wird er frech sagen – frech auch wegen der geistigen Anleihe, die darin steckt –, Politik sei eine zu ernste Angelegenheit, als daß man sie den Politikern allein überlassen könne!

Das wirkliche Leben kennt nicht die strikte Abgrenzung der Ställe: hier die Kunst, dort die Gesellschaft oder die Politik. Ich kann nichts anfangen mit der stereotyp-langweiligen Unterscheidung von Kultur und Zivilisation oder von Geist und Macht. Wenn wir uns umschauen in der Geschichte, in der Welt und in unserem Land, dann stellen wir fest, daß solche Konstruktionen der Wirklichkeit nicht entsprechen.

Der vielberufene Geist ist nicht in der Literatur allein zu Hause. Und es soll schon Politiker gegeben haben, die mit – gutgeschriebenen – Memoiren Erfolg gehabt und sich einen Platz in der Literaturgeschichte verdient haben. Nicht nur als Sozialdemokrat bin ich der Meinung, daß August Bebels Buch „Aus meinem Leben" mehr ist als ein Stück Geschichte der deutschen Arbeiterbewegung; nach meinem Verständnis ist es gleichfalls deutsche Literatur.

Geist und Macht, das angeblich strenge Gegensatzpaar, üben oft und gerne Rollentausch. Denn so mächtig der Einfluß der Politik auf die Gesellschaft sein mag, längst hat sie ihre Macht teilen müssen: gerade Sie als Schriftsteller sollten Ihren Einfluß nicht unterschätzen.

Gewiß haben Träger staatlicher Gewalt immer wieder – nicht nur in vordemokratischer Zeit – den Versuch unternommen, sich der Literatur zu bedienen, mit anderen Worten: sie zu mißbrauchen. Aber wer sich darauf einließ, ob unter Druck, Schmeichelei oder materiellen Zusicherungen, hat dabei letzten Endes stets den kürzeren gezogen. Mit der Unabhängigkeit und ihrem Risiko geht auch die Glaubwürdigkeit verloren. Ohne Risiko ist Freiheit nicht zu haben.

Ob es alle gern hören oder nicht, es ist notwendig daran zu erinnern, daß Diktatoren immer wieder daran gehen, die Freiheiten der Schriftsteller einzuschränken, Schriftstellern den Prozeß zu machen, Bücher und Autoren auf schwarze Listen zu setzen. Wo man Bücher tatsächlich oder nur symbolisch verbrennt, wo Schriftsteller verfolgt und gezwungen werden, außer Landes zu gehen, da sind immer auch Freiheit, Sicherheit und das Leben aller Bürger in Gefahr.

Ich scheue mich nicht, die Zustände in Griechenland beim Namen zu nennen. Ebensowenig scheue ich mich, mit Ihnen das bedrückende Schicksal einiger Ihrer Kollegen in kommunistisch regierten Ländern zu beklagen. Die Geschichte der Literatur ist von Ovid und über Brecht hinaus bis in unsere Tage immer wieder die Geschichte ihrer Verfolgung gewesen. Es ist ein Ruhmesblatt der deutschen Literatur, daß ihre Schriftsteller in so großer Zahl der Diktatur des Nationalsozialismus widerstanden haben. Unter den bedrückenden Verhältnissen der Emigration haben sie Werke von bleibendem Wert geschaffen! Und wenn ich die Emigration bedrückend nenne, weiß ich, was ich sage.

Das liegt hinter uns. Heute brauchen wir keine selbstquälerische Angst vor einigen trüb-cholerischen Geistern zu haben, die uns Vergangenheit als Gegenwart auftischen wollen. Heute brauchen wir furchtlos aktives Engagement für den Bestand und die Erneuerung einer deutschen Demokratie. Die Entscheidung für diese Demokratie werden wir nicht in fernen Ländern finden, sondern hier, vor der eigenen Tür, als Bürger unter Bürgern.

Der Schriftsteller ist belesener, weltkundiger, freier in der Verfügung über seine Zeit als der Nachbar im Doktorkittel, an der Drehbank, am Schreibtisch des Managers. Es ist sein Beruf, sich Gedanken zu machen. Darin ist er in der Tat „ein wenig gleicher". Deshalb darf man vom Schriftsteller ein beispielhaftes Engagement erwarten.

Das Handwerkszeug des Schriftstellers ist das Wort, die Sprache. Es gehört zu seinem Beruf, daß er bewußter als andere, die dieselbe Sprache sprechen, mit oder an oder in der Sprache arbeitet. Das Wort gehört auch zum Handwerkszeug des Politikers als Gesprächspartner etwa, als Redner oder als Gesetzgeber. Der Politiker findet jedoch im Andrang der Aktualitäten, die ihn beschäftigen, selten die Muße, sich seiner Sprache so bewußt zu werden, wie es nötig wäre. Die Hilflosigkeit, die Nachlässigkeit und zuweilen sogar die Verachtung der Sprache ist immer ein Signal für politischen Niveau-Verlust. Das sollte der Politiker sich stets vor Augen halten.

Es gehört zu meinem Verständnis von Demokratie, daß die Kluft zwischen Volk und Behörde, auch zwischen Bürger und Parlament durch genaue Sprache überbrückt wird. Bürokraten-Deutsch als Obrigkeits- und Untertanensprache hat uns geschädigt und zu gestelztem Jargon verführt.

Demokratie und Sprache stehen in einem direkten Zusammenhang. Gute Politik braucht die Literatur als sprachliches Korrektiv. Je enger der Kontakt zwischen Literatur und Politik, um so besser ist das Sprachbewußtsein. Besseres Sprachbewußtsein bedeutet mehr Aufgeschlossenheit für die Demokratie.

Der Schriftsteller lebt in einer größeren Distanz zur Wirklichkeit als der Politiker. Diese Distanz erlaubt es ihm – und ich sehe darin einen wichtigen Teil seiner Möglichkeiten in der Gesellschaft –, Kritik zu üben, zu sagen, was er falsch, was er für schief, was er für verbesserungswürdig hält. Ich meine jetzt nicht so sehr die tagespolitischen Ereignisse, sondern die Auseinandersetzung mit literarischen Mitteln, die den Grundlagen und den Grundzügen der Politik und der Gesellschaft gilt, ihren sittlichen und geistigen Normen, die im besonderen des kritischen Wortes bedürfen.

Oft vermag der Schriftsteller, die Vergangenheit reflektierend, gesellschaftliche Entwicklung für die Zukunft aufzuzeigen, bevor sich der Politiker aus den Verstrickungen der Gegenwart, Distanz gewinnend, lösen kann. Auch da braucht die Politik den Schriftsteller.

Von Thomas Mann stammt übrigens der Satz: „Der Romancier formt das Leben nicht nur in seinem Buch, er hat es oft genug auch durch sein Buch geformt." – Die Politik braucht den Schriftsteller, weil er der Gesellschaft Bilder vermittelt, die auch von politischer Relevanz sind.

In meinen Augen ist der Schriftsteller vor allem der Interpret des Menschen. Er hat gerade auch in dieser Welt der zunehmenden Spezialisierung noch immer die einzigartige Chance, ein Bild vom realen, vom heute lebenden, vom ganzen Menschen erscheinen zu lassen, der in den Wissenschaften notgedrungen aufgespalten werden muß. Der Mensch ist mehr als die Summe seiner exakt erkennbaren Teile. Das ist die Chance der Literatur.

Dabei habe ich die Gesamtheit der Literatur vor Augen. Ich denke auch

nicht an bestimmte literarische Richtungen, die, wenn ich richtig sehe, in
immer kürzeren Abständen wechseln. Ich habe mich nicht in Form- und
Stilfragen zu mischen. Das müssen Sie schon untereinander ausmachen.
Darüber hat der Politiker nicht zu befinden, wenngleich er wie jeder andere
auch als privater Leser das eine mag und das andere nicht. Der Politiker,
der die Bedeutung der Literatur real einschätzt, kann von vielem, was sie
anbietet, profitieren.
Obwohl ich bei weitem nicht alles kenne, was es in der Literatur unseres
Landes gegenwärtig gibt – ich vermute, das ist auch bei den meisten von
Ihnen nicht anders –, meine ich doch zu wissen, daß wir es heute wie kaum
zuvor mit einer sehr breiten Skala zu tun haben. Fast alle Positionen auf
dieser Skala scheinen mir besetzt zu sein, vom sprachlichen Experiment
bis zur literarischen Reportage. Ich freu mich über diese Lebendigkeit. Je
vielfältiger die Literatur ist, um so größer ist die Chance, daß die Politik
zum Nutzen der gesamten Gesellschaft von der Literatur profitiert.
Sie wissen, daß ich umfassende gesellschaftliche Reformen für notwendig
halte. Es geht langsam genug damit voran, aber es geht voran. Ich wünsche
mir viel Unterstützung, Anregung und kritische Begleitung bei dem Bemühen um eine lebendigere, vielfältigere und aktivere Demokratie. Wenn
wir mehr Demokratie wagen, wird es kein Schriftsteller nötig haben, aus
dem Land oder in den Elfenbeinernen Turm oder in ein Wolkenkuckucksheim zu emigrieren.
Ihr Verband hat es sich auch vorgenommen, die internationalen Beziehungen der Schriftsteller zu pflegen. Ich will jetzt nicht unverbindlich werden
und sagen, daß ich das begrüße. Denn zu genau ist mir bewußt, daß uns –
dieser Bundesregierung – bei der Fülle der Aufgaben der Bereich der Auswärtigen Kulturpolitik ins Hintertreffen geraten ist. Wenn ich Sie um Geduld
bitte, heißt das gleichzeitig: Sie können sich darauf verlassen, auch diese
Reform wird kommen.
Ich möchte Sie bitten zu verstehen, daß wir im ersten Anlauf alle Hände voll
zu tun hatten mit dem, was die meisten von Ihnen mittragen: das generelle
und das konkrete Bemühen um einen gesicherten Frieden. Das fängt wiederum zu Hause an, beim Kampf gegen den Nationalismus. Es hat mit dem
Abbau von Spannungen zu tun. Mit der Überwindung von Armut und Unwissenheit.
Sie wollen mehr soziale Gerechtigkeit; das gleiche will ich. Sie drängen,
aber wir freiheitlichen Politiker müssen Gerechtigkeit gegen Widerstände
realisieren. Der gleichgewichtige Abbau von Rüstungen, das Ziel einer europäischen Friedensordnung zeigen an, daß ein Weg vor uns liegt; doch er
wird sich nur als Weg beweisen können, wenn wir gemeinsam bereit sind,
ihn zu begehen.
In diesen Tagen ist es uns gelungen, endlich auch mit Polen, mit dem polnischen Volk ins Verständnis zu kommen. Stück für Stück versuchen wir,

Vorurteile und Mißtrauen, die Lasten eines folgenreichen Krieges abzubauen. Sie wissen, gegen welche Widerstände diese Friedenspolitik vorangetragen wurde und wird. Sie werden ermessen können, welche Bewußtseinsveränderungen diese Politik zur Folge hat. Aber Sie werden auch wissen, daß Demagogen bekannter Machart unablässig Verleumdung und Hetze gegen diese notwendige Politik zu setzen begonnen haben.

Ich scheue mich nicht, als Politiker, Sie, die Schriftsteller, um Hilfe zu bitten, damit nicht abermals die Vernunft an der Ignoranz scheitert.

Ich habe versucht, Ihre Frage zu beantworten: Ja, Politik, wie ich sie verstehe, braucht den Schriftsteller.

Wenn dauerhafter Frieden unser Ziel ist, dann lassen Sie uns diesen Weg gemeinsam gehen, als Partner, in Verantwortung für die Gesellschaft, in der wir leben.

F. Willy Brandt

Tischrede
als Gast des französischen Ministerpräsidenten

Herr Premierminister, Herr Außenminister,
meine Herren Minister, meine Damen und Herren!
Im Namen der deutschen Delegation danke ich Ihnen, Herr Premierminister,
und Ihnen, Herr Außenminister, sehr herzlich für die Einladung zu diesem
gemeinsamen Essen und für die freundlichen Worte, mit denen Sie, Herr
Premierminister, uns hier begrüßt haben.
Deutsch-französischen Begegnungen, so haben Sie, Herr Außenminister,
dem Sinne nach kürzlich in Bonn gesagt, haftet heute nichts Spektakuläres
mehr an, sie sind zu einem festen Bestandteil unseres politischen Lebens
geworden. Das ist eine Entwicklung, die wir alle, die wir noch Zeugen einer
anderen, unheilvollen Zeit gewesen sind, nur aus ganzem Herzen begrüßen
können. Sie beweist den Erfolg und die Beständigkeit unserer Zusammenarbeit.
Deutschland und Frankreich sind durch so vielfältige Bindungen miteinander verknüpft, so eng aufeinander angewiesen, so zwingend vor gemeinsame Aufgaben gestellt, daß ihre Zusammenarbeit als die geschichtliche Notwendigkeit unserer Epoche erscheint.
Die Notwendigkeit war sicherlich früher nicht weniger groß – sie wurde nur nicht genügend erkannt oder konnte noch nicht durchgesetzt werden. Gleichsam als Anklage gegen die Blindheit vergangener Tage häufen sich in dem vor uns liegenden Jahr die Gedenktage unglückseliger Ereignisse. Ich meine, wir würden der Aufgabe unserer Zeit und dem neuen Geist der Beziehungen zwischen uns gerecht, wenn wir diese Ereignisse zum Anlaß nehmen, die endgültige Abkehr von der Vergangenheit zu feiern.
Die Beziehungen zwischen unseren beiden Regierungen sind, so will mir scheinen, durch einen ununterbrochenen Dialog gekennzeichnet. Einen Dialog über alle uns gemeinsam angehenden Fragen, aber auch über jene, die nur jeweils den einen von uns betreffen. Kündigt sich darin nicht auch für unsere zwischenstaatlichen Beziehungen ein Stück jener „participation" an, die für die Beziehungen zwischen den Menschen und gesellschaftlichen Gruppen in diesem ausgehenden 20. Jahrhundert so entscheidend sein wird.
Die Gegenstände des deutsch-französischen Dialogs, soweit sie politischer Natur sind, ergeben sich ganz natürlich allein schon von der Geographie her:
– Unsere bilateralen Beziehungen
Wer wäre stärker auf die Abstimmung in der Außenpolitik, in der Wirtschafts-

politik und in der Außenhandelspolitik aufeinander angewiesen als unsere beiden Staaten, die die längste Grenze gemeinsam haben, die jeder für den anderen Kunde und Lieferant sind, von denen keiner eine internationale Initiative ergreifen könnte, ohne daß der andere mit betroffen würde. In diesem Bereich liegt mir am meisten die bis zur vollen Integration zu führende Zusammenarbeit zwischen unseren Industrien am Herzen.

– Unser Zusammenwirken im europäischen Einigungsprozeß
Ist uns beiden nicht aus der Geschichte der Auftrag erwachsen, Initiativen zu ergreifen und Akzente zu setzen, vorausgesetzt, daß wir jeder nicht nur auf des anderen Interessen Rücksicht nehmen, sondern gemeinsam ebensosehr auf die unserer Partner?

– Unser gemeinsamer Wille, zum Ausgleich mit Osteuropa beizutragen und zwischen den wieder ausgesöhnten Teilen Europas ein gesamteuropäisches Band des Friedens, der Sicherheit und der Solidarität zu bauen. Dieser Aufgabe will sich meine Regierung in den kommenden Jahren illusionslos, aber beharrlich widmen. Nicht etwa, wie man leichtfertig hier und dort vermutet hat, als Alternative zu unseren Bemühungen um einen enger werdenden Zusammenschluß der Völker im westlichen Europa, sondern als die natürliche, den Regeln der Geographie, der Geschichte und der kulturellen Zusammengehörigkeit entsprechende Ergänzung. Dies haben andere Regierungen Westeuropas schon vor uns gesehen. Lassen Sie mich hier noch einmal wiederholen, was ich vor kurzem an anderer Stelle zur Bestimmung der deutschen Politik in diesem Zusammenhang sagte: ‚Unser nationales Interesse erlaubt es nicht, zwischen dem Osten und dem Westen zu stehen. Unser Land braucht die Zusammenarbeit mit dem Westen und die Verständigung mit dem Osten.'

– Und schließlich unser beiderseitiges Verhältnis, das zugleich das Verhältnis Westeuropas ist, zu den großen Mächten der heutigen Weltordnung und zu den jungen aufstrebenden und mit ihrer Entwicklung kämpfenden Staaten am Mittelmeer, im Nahen Osten, in Afrika, Asien und Lateinamerika. Die einen wie die anderen blicken nach Europa, auch wenn Europa längst nicht mehr allein das Zentrum des Weltgeschehens ist; die gemeinsame Antwort, die sie von uns erwarten und berechtigt sind zu erwarten, sollten wir ihnen erteilen.

Ich bin überzeugt, daß unsere Konsultationen während dieser beiden Tage den ständigen Dialog bereichern. Es ist nicht so wichtig, es ist auch nur selten möglich, spektakuläre Schritte der Gemeinsamkeit zu tun; es ist um vieles wichtiger, jeden Tag und bei jeder Gelegenheit kleine solide Fortschritte zu verwirklichen.

In diesem Sinne erhebe ich mein Glas auf das Wohl unserer Gastgeber, auf das Glück und die Freundschaft unserer Völker, auf unsere gemeinsame Zukunft in einer friedlichen Welt.

G. Ludwig Erhard
Zur Notstandsverfassung

Herr Präsident! Meine Damen und Herren! Die zweite Lesung der Notstandsverfassung stellt eine bedeutsame Stunde dar, bedeutsam für den Deutschen Bundestag, weil er außerordentlich wichtige Entscheidungen zu treffen hat, bedeutsam für unser Verfassungsleben, weil unser Grundgesetz um einen wesentlichen Teil ergänzt werden soll, bedeutsam schließlich für unser ganzes Volk, weil diese Entwürfe jeden Bürger unseres Staates angehen. Ich kann es mir daher nicht versagen, in dieser Debatte das Wort zu nehmen.

Es erscheint mir unerläßlich, vor diesem Hohen Hause und damit vor aller Öffentlichkeit die grundlegenden Überlegungen der Bundesregierung zu diesem Gesetzgebungswerk vorzutragen. Voranstellen möchte ich folgende Feststellung: Das Ihnen zur Beschlußfassung vorliegende Gesetzgebungswerk soll uns in den Stand setzen, Vorkehrungen für die Stunde der Gefahr zu treffen. Es ist also die uns aufgegebene Sorge, für unsere Mitmenschen und für unsere staatliche Existenz, die uns veranlaßt hat, Ihnen dieses Gesetzgebungswerk vorzulegen.

Die Bundesregierung strebt nicht nach einem Zuwachs an Macht. Sie will allein ihrer Verantwortung gerecht werden. Dabei wissen wir nur zu gut um den Ernst der Materie. Eine Notstandsgesetzgebung ist im Hinblick auf die Sicherung der freiheitlich-demokratischen Grundordnung unverzichtbar. Die Bundesregierung hat daher die Entwürfe so gefaßt, daß einerseits der Wesensgehalt unserer verfassungsmäßigen Ordnung nicht angetastet wird, auf der anderen Seite aber die notwendigen Maßnahmen zur Abwehr der Gefahren getroffen werden können und schließlich eine unverzügliche Rückführung in das normale Verfassungsleben gewährleistet ist.

Deshalb dürfen wir erwarten, daß dieses unser Bestreben und unser ehrlicher Wille respektiert werden. Es darf nicht so weitergehen, daß die Befürworter der Notstandsgesetzgebung als undemokratisch, machtlüstern, ja sogar diktaturverdächtig hingestellt werden *(Beifall der CDU/CSU.)* und allein die Gegner der Notstandsverfassung sich als wahre Demokraten und Hüter des Rechtsstaates präsentieren möchten. *(Sehr richtig! in der Mitte.)* Es kommt einer politischen Fälschung gleich, diese Bundesregierung und die Regierungsparteien in solcher Weise zu verdächtigen. Unter ihrer Verantwortung ist doch die Demokratie in Deutschland wieder aufgebaut worden, unter ihrer Verantwortung sind doch die Menschenrechte wieder hergestellt worden, unter ihrer Verantwortung ist doch ein Höchstmaß an innerer und äußerer Sicherheit dieses jungen Staates begründet worden.
(Beifall bei den Regierungsparteien.)

Stellen wir uns auch die Frage, wem die Verhinderung eines Notstandsrechts in der Bundesrepublik nützt. Lassen Sie es mich in aller Offenheit sagen: Ich sehe mit Bedauern und Sorge, daß demokratische Kräfte unseres Staates — gewiß ohne ihren Willen — äußerlich in einer Phalanx mit den Propagandisten in Pankow und Moskau zu stehen scheinen und damit den mehr oder weniger gut getarnten kommunistischen Stimmungsmachern in der Bundesrepublik indirekt Vorschub leisten können.
(Beifall bei den Regierungsparteien).
Die Bundesregierung muß, wie jede verantwortungsbewußte Regierung, jederzeit mit einer Verschlechterung der allgemeinen weltpolitischen Lage rechnen, auch wenn zur Zeit, wie ich meine, keine Gründe zu aktueller Besorgnis gegeben sind. Wir alle aber wissen, wie vielfältige Gefahren uns umgeben und wie schnell krisenhafte Situationen entstehen können. Die politischen Ereignisse um unsere Hauptstadt Berlin, in Kuba, in Südostasien sind dafür ernste Beispiele.
(Zustimmung in der Mitte.)
Für die Bundesregierung erkläre ich vor diesem Hohen Haus, daß wir mit allen Völkern in Frieden und gutnachbarlichen Beziehungen leben wollen. Dem Frieden und der Verständigung in der Welt zu dienen, ist für uns höchstes Gebot. Wir gehören nach unserer Geschichte und Kultur zur freien Welt. Wir haben diese Zugehörigkeit in freier Entscheidung bestätigt. Es ist unser geschichtlicher Auftrag, alles zu tun, um die uns gegebene Freiheit zu bewahren.

Niemand aber kann ernstlich bestreiten, daß gerade die Bundesrepublik Deutschland besonders exponiert und damit auch besonders gefährdet ist. Wir liegen unmittelbar am Eisernen Vorhang und an der Peripherie des westlichen Bündnissystems. Auf deutschem Boden stehen sich Streitkräfte der beiden großen Führungsmächte unmittelbar gegenüber. Die Demarkationslinie zur sowjetischen Besatzungszone und die Grenze zur Tschechoslowakei erstrecken sich über viele hundert Kilometer. Der Raum der Bundesrepublik ist schmal und lang. Es fehlt die Tiefe des Raums. Unser dicht besiedeltes Land mit seinen großen industriellen Ballungsgebieten und seinen empfindlichen Verkehrslinien liegt ohne natürlichen Schutz einem möglichen Angreifer offen. Wir müssen also angesichts der modernen Waffenentwicklung damit rechnen, daß unser ganzes Land unmittelbar gefährdet sein könnte.

Wir werden gewiß niemals angreifen, sondern uns gemeinsam mit unseren Verbündeten immer nur gegen einen Angriff verteidigen. Das Gesetz des Handelns liegt also bei dem möglichen Angreifer. Diese unsere defensive Verteidigungspolitik aber macht es um so mehr erforderlich, immer und zu jeder Zeit wachsam und zum Schutz der Freiheit bereit zu sein.

Gleichrangig neben der militärischen steht die zivile Verteidigung. Sie soll unsere Bürger vor den Auswirkungen eines möglichen Konflikts so weit wie nur möglich schützen. Außerdem hat sie die nicht minder wichtige Aufgabe, die Regierungs- und Staatsgewalt auf allen Ebenen funktionsfähig zu erhalten sowie der kämpfenden Truppe die Operationsfreiheit zu sichern. Die zivile Verteidigung stellt die notwendige Ergänzung der militärischen dar. Ohne entsprechende Maßnahmen auf dem Gebiet der zivilen Verteidigung verlieren der Verteidigungswille unseres Volkes und die militärische Abschreckung, die uns bisher Frieden und Freiheit gewährleistet hat, ihre Glaubwürdigkeit.

Dies alles gilt aber nicht allein für den Fall äußerer Gefahren, sondern auch für innere Unruhen. Die Bedrohungen, denen wir uns gegenübersehen, basieren nicht allein auf militärischen Konflikten. Wir müssen immerhin damit rechnen, daß die Kommunisten entsprechend ihrer Taktik versuchen werden, zu einem ihnen geeignet erscheinenden Zeitpunkt massive innere Unruhen anzuzetteln. *(Zuruf von der SPD: Die Rechtsradikalen!)*

Manche Leute meinen zwar, der Kommunismus sei harmloser geworden und verliere seinen revolutionären Charakter. Das wäre ein gefährlicher Irrtum. *(Sehr gut! in der Mitte.)* Gerade unser gespaltenes Land muß gegen diese Gefahren gerüstet sein und bleiben.

Die allgemeine Unsicherheit der Weltlage, die besondere Gefährdung der Bundesrepublik von außen und innen und schließlich die Möglichkeit von Naturkatastrophen erfordern Vorkehrungsmaßnahmen. Diese bedürfen, weil wir in einem Rechtsstaat leben und diesen bewahren wollen, einer gesetzlichen Grundlage. Deshalb ist eine Ergänzung des Grundgesetzes unerläßlich. Sie stellt neben der Wehrerfassung des Jahres 1956 den für die Sicherheit unseres Staates und den Schutz unserer Bürger notwendigen Abschluß in der Verfassungsgesetzgebung dar. Das Grundgesetz enthält bisher keine ausreichenden Vorschriften, um ernste Gefahren, die der staatlichen Existenz und unserer freiheitlichen Ordnung drohen könnten, wirksam zu begegnen. Die Ergänzung des Grundgesetzes ist nicht nur zur Ausfüllung dieser Lücke notwendig. Wir brauchen Sie auch, um die alliierten Vorbehaltsrechte gemäß Art. 5 Abs. 2 des Deutschlandvertrages ablösen zu können.

Ihnen ist bekannt, meine Damen und Herren, daß sich die westlichen Alliierten bei Inkrafttreten des Deutschlandvertrags und der Bündnisverträge die Rechte vorbehalten haben, die zur Abwehr schwerer Gefahren erforderlich sind. Die vorliegende Ergänzung des Grundgesetzes bedeutet einen wesentlichen Schritt zur Ablösung dieser Rechte. Auch aus diesem Grunde sollte der Entwurf verabschiedet werden. Ich meine in betonter Weise, daß sich der Deutsche Bundestag diesem bedeutsamen Schritt zur Ablösung von Besatzungsrecht gar nicht entziehen kann und darf, damit nicht in Krisenzeiten die deutsche Souveränität in schwerwiegender und unwürdiger Weise wieder eingeschränkt wird.

(Beifall bei den Regierungsparteien.)

Die von der Bundesregierung vorgelegten Entwürfe haben in Ausschußberatungen zum Teil nicht unwesentliche Änderungen erfahren. Die Bundesregierung hat gleichwohl die Entscheidung dieses Hohen Hauses respektiert. Gerade deshalb aber glaube ich, daß nunmehr Grundlagen erarbeitet worden sind, die die Zustimmung des ganzen Hauses verdienen. Vorstand und Parteirat der Sozialdemokratischen Partei Deutschlands haben vor etwa zwei Wochen – überraschend, wie ich sagen muß – beschlossen, daß die Bundestagsfraktion der SPD der Ergänzung des Grundgesetzes nicht zustimmen soll. Ich bedaure diesen Beschluß deshalb, weil die interfraktionellen Besprechungen auf Grund der von mir dankbar anerkannten Initiative meines Kollegen Dr. Barzel die Möglichkeit einer Kompromißlösung in unmittelbar greifbare Nähe gerückt hatten. Mit diesem Beschluß der SPD ist eine langjährige und mühevolle Arbeit der Regierung und auch hier im Parlament auf absehbare Zeit zunichte gemacht worden.
(Abg. Schmitt-Vockenhausen: Ein Jahr lang haben Sie gar nichts gemacht! – Zuruf des Abg. Wehner.)
Das Nein der SPD, das angesichts der weitgehenden Zugeständnisse in den interfraktionellen Besprechungen um so unverständlicher ist, verhindert einen entscheidenden Abbau alliierter Vorbehaltsrechte und damit den entscheidenden Schritt zur Herstellung unserer vollen Souveränität.
(Beifall bei den Regierungsparteien. – Zuruf des Abg. Wehner.)
Für diese Ablehnung hat die SPD keinen plausiblen Grund vorgetragen. Ihre Argumente entbehren einer zwingenden Rechtfertigung.
(Sehr gut! bei der CDU/CSU.)
Damit bleiben die Frage nach dem Grund Ihres Neins und der Verdacht bestehen, daß außerparlamentarische Einflußnahmen über Einsicht und Notwendigkeit gesiegt haben.
(Beifall bei den Regierungsparteien. – Zurufe von der SPD.)
Zehntausend und noch mehr Worte von Rechtfertigungen und Entschuldigungen und Ausreden machen Ihr Nein nicht glaubwürdiger.
(Abg. Erler: Hätten Sie seit dem letzten Jahr etwas gelernt! – Zuruf des Abg. Schmitt-Vockenhausen.)
Jedermann im Lande kennt die wahren Hintergründe Ihrer Haltung.
(Beifall bei den Regierungsparteien. – Abg. Erler: Ein Jahr hat der Kanzler geschlafen, und jetzt redet er große Töne! – Abg. Mattick: Wie lange regieren Sie schon? Und heute fällt Ihnen das ein!?)
Die sozialdemokratische Opposition verhindert, wie ich hier feststelle, die so dringend notwendige rechtzeitige Vorsorge für den Notfall. Ich richte an sie die Frage, wie und ob sie diese schwere Verantwortung zu tragen gewillt ist.
(Lebhafter Beifall bei den Regierungsparteien.)

H. Hans-Dietrich Genscher

Deutsche Politik — heute

Meine sehr geehrten Damen und Herren!
Ich habe Ihnen zu danken, daß Sie mir Gelegenheit geben, zu aktuellen Fragen der deutschen Politik vor diesem Forum Stellung zu nehmen. Als der Termin für diese Veranstaltung festgelegt wurde, war nicht voraussehbar, welche Koinzidenz der Ereignisse eintreten würde. Zur selben Zeit findet im Deutschen Bundestag die große parlamentarische Debatte über die von der Bundesregierung beabsichtigten inneren Reformen statt.
Für die kurze Zeit meiner Anwesenheit habe ich die Ehre und das Vergnügen, sozusagen unter erleichterten Bedingungen zu sprechen, womit ich nicht sagen will, daß die Opposition nur in Bonn und nicht auch hier sei.
In einem modernen Staat sehen die Innen- und Außenpolitik in einer engen Wechselbeziehung zueinander. Kontinuität und Erneuerung, Stabilität und Innovationsbereitschaft sind die Leitmotive für die deutsche Politik. Das gilt für die Außenpolitik in keinem geringeren Maße als für die Innenpolitik. Die Bundesregierung versteht sich als eine Regierung der inneren Reformen. Probleme der inneren Ordnung unserer Gesellschaft beschäftigen auch die Öffentlichkeit in einem immer stärkeren Maße. Dies ergibt sich aus einer Information, die ich jetzt aus einem Dossier zitiere, das in höchst überflüssiger Weise mit dem Stempel „Nur für den Dienstgebrauch" versehen ist.
Die Bundesregierung läßt in regelmäßigen Abständen feststellen, welche politischen Probleme die Bevölkerung jeweils am meisten beschäftigen. Seit einiger Zeit stehen die Fragen der Wirtschafts- und Gesellschaftspolitik auf Platz 1 dieser demoskopischen Bestseller-Liste. Das ist kein Zufall. Die Erkenntnis setzt sich durch, daß Wirtschafts- und Gesellschaftspolitik alle politischen Bereiche beeinflussen. Erfolg oder Mißerfolg politischer Vorhaben sind abhängig von der Leistungsfähigkeit der Wirtschaft eines Landes. Das gilt für die Innen- und die Außenpolitik.
Anders ausgedrückt: Der Staat und der einzelne Bürger können nicht ausgeben, was nicht vorher von allen erarbeitet worden ist; und die internationale Bedeutung eines Staates wird mehr und mehr auch von seiner wirtschaftlichen Leistungsfähigkeit bestimmt. Wie ließe sich sonst die internationale Position der Bundesrepublik Deutschland erklären?
Eine glaubwürdige Reformpolitik bekennt sich zum Erreichten, mit dem Ziel, es zu verbessern und seine Mängel und Fehler zu überwinden. Reformpolitik ist damit zugleich eine Absage — und zwar die einzig wirksame — an jeden Versuch revolutionärer Umgestaltung der Gesellschaft.

Das unbestreitbar vorhandene Reformdefizit in der Bundesrepublik Deutschland ist – auch das muß eine Eröffnungsbilanz ausweisen – keinesfalls allein das Produkt kurzsichtigen Verhaltens in der Vergangenheit, obwohl z. B. im Bereich der Bildungspolitik dazu eine Menge anzumerken wäre. Das Reformdefizit ist ganz entscheidend das Ergebnis der Sachzwänge der deutschen Nachkriegspolitik, die erforderten, daß zunächst einmal Wohnungen und Arbeitsplätze für Millionen von Menschen geschaffen wurden.

Für mich besteht das wirkliche „deutsche Wunder" darin, daß es gelungen ist, in einem zerstückelten, zerbombten und von Millionen von Flüchtlingen überfluteten Land zu einer einzigartigen Aufbauleistung des ganzen Volkes zu kommen, ohne eine Radikalisierung der politischen Verhältnisse. Das ist der Beitrag dieses oft wegen seiner politischen Unreife gescholtenen Volkes zur Erhaltung der Freiheit in diesem Teil Europas. Und ich sage ebenso klar, daß hier auch das staatspolitische Verdienst von Millionen Vertriebener und Flüchtlinge liegt, die nicht nationalistischen Rattenfänger-Parolen folgten, sondern ihren Anteil an dieser Aufbauleistung bewirkten.

Die der Aufbauphase folgende Reformphase der deutschen Politik wird nicht dadurch leichter, daß sie keine blanke Not mehr zu überwinden hat. Sie wird eher schwerer, weil die Anforderungen an sie differenzierter sind und auch jeder Weg und jede Maßnahme kritischer beurteilt werden. Diese Reformphase fällt hinein in eine Phase internationaler Diskussion über grundsätzliche Fragen an Staat und Gesellschaft.

Freiheitlich-demokratische Grundordnung und Marktwirtschaft werden nicht mehr als selbstverständlich hingenommen; um ihre Akzeptierung muß gerungen werden. Wir müssen erkennen, und das klingt schon fast wie ein Gemeinplatz, daß das Glück eines Staates nicht allein von seinen Einrichtungen abhängt, sondern von der Staatsgesinnung und Verantwortung seiner Bürger. Umfang und Grad der Mitwirkung der Bürger zeigen, wie weit die Demokratie fortgeschritten ist.

Je mehr den staatlichen Organen allein die Regelung der öffentlichen Angelegenheiten überlassen wird, desto weniger Raum bleibt für die Eigeninitiative des einzelnen. Sie aber ist die Voraussetzung für die Selbstverwirklichung des Menschen. Deshalb ist der einzelne zur Selbstverantwortung bei der Gestaltung seines Lebens und zur Teilnahme an der Regelung der öffentlichen Angelegenheiten aufgerufen und verpflichtet. Ich sage das an die Adresse aller, die Ja sagen zu diesem Staat und zu dieser Gesellschaft. Ich fordere sie alle auf zum Engagement für unsere freiheitliche Staats- und Gesellschaftsordnung.

Die Gegner unserer freiheitlichen Ordnung sind zum Engagement für ihre Vorstellungen bereit. Die demokratische Ordnung kann nur funktionieren, wenn sie vom Bürger praktiziert wird. Der Bürger muß dabei in dem

Bewußtsein handeln, daß dieses Engagement kein Frondienst für die allmächtige Institution „Staat" ist, sondern die Übernahme der Verantwortung zur Regelung der eigenen Dinge.
Es reicht allein nicht aus, die Lebensbedingungen für immer mehr Menschen zu verbessern. Die Gewährleistung von Sicherheit und Ordnung und die Bereitstellung von Konsumgütern allein sind auf die Dauer keine Garantie für unsere demokratische Ordnung.
Wir brauchen den kritischen, aufgeklärten Bürger, der aus gesellschaftlichem und politischem Bewußtsein heraus bereit ist, mitzudenken, mitzuwirken und mitzugestalten. Wir müssen von der Stimmzettel-Demokratie zur Bekenntnis-Demokratie kommen.
Die radikalen Gegner der freiheitlich-demokratischen Grundordnung haben den Anhängern, oder sagen wir es besser etwas deutlicher, den Nutznießern dieser Freiheit eines voraus, nämlich ihre Bekenntnisfreudigkeit und ihre Bereitschaft zum Engagement. Es ist müßig, darüber zu streiten, ob der Radikalismus von rechts oder von links gefährlicher sei. Die Gefahr ist aus unterschiedlichen Gründen gleich groß.
Deshalb darf die Auseinandersetzung mit den Radikalen nicht einäugig sein. Die Hauptgefahr ist in meinen Augen die träge Mehrheit, die die Segnungen unserer freiheitlichen Ordnung genießt, es aber anderen überläßt, öffentlich und durch Mitarbeit im politischen und vorpolitischen Raum dafür einzutreten. Es kann auch ein Demokratie-Schmarotzertum geben.
Das Bekenntnis zum Staat, das Bekenntnis zur äußeren und inneren Sicherheit bedeutet auch das Bekenntnis zu den Einrichtungen, die diesen Zielen dienen. Wer die Freiheit für dieses Land will, der muß – und das muß vernehmlich ausgesprochen werden – auch Ja sagen zur Bundeswehr. Sie gehört zu unserem Staat und seiner Ordnung.
Der Wert unserer Armee ist nicht allein abhängig von den Milliarden des Verteidigungshaushalts und der Anzahl der vorhandenen Planstellen. Der Verteidigungsminister hat recht, wenn er feststellt, daß es entscheidend darauf ankommt, welche Stellung in der Gesellschaft die Soldaten einnehmen. Es entspricht unserem Demokratieverständnis, daß wir für den Soldaten keine besonders hervorgehobene Stellung haben wollen, aber auch keine Stellung im Schatten dieser Gesellschaft.
An dieses Ja zur Bundeswehr sollte aber auch jeder denken, bevor er Freistellungsanträge an die Behörde leitet.
Das Bekenntnis zur Demokratie und zur streitbaren Auseinandersetzung über den richtigen Weg erfordert die klare Absage an die Anwendung von Gewalt oder an die Drohung mit Gewalt als Mittel der politischen Auseinandersetzung. Ich wiederhole noch einmal an dieser Stelle: Gewalt muß Gewalt und Verbrechen muß Verbrechen auch dann genannt werden, wenn es angeblich aus politisch-ideologischen Motiven begangen wird.

In der Auseinandersetzung mit dem gewalttätigen Radikalismus haben die Polizei und die anderen Sicherheitsorgane des Staates eine besonders schwierige Aufgabe. Sie können diese Aufgabe nur erfüllen, wenn sie getragen werden von dem Vertrauen der Bevölkerung.
Die Polizeibeamten sind nicht die Prügelgarde, aber auch nicht die Prügelknaben der Nation. Deshalb muß der einzelne Beamte wissen, daß er bei seinem rechtmäßigen Einsatz nicht allein gelassen wird, sondern daß die politisch Verantwortlichen in diesem Staat auch dafür die Verantwortung im Einzelfall übernehmen und daß bestehende Gesetze auch angewendet werden.

Meine Damen und Herren, so wenig Innen- und Außenpolitik voneinander getrennt werden können, so wenig wäre eine wirksame Außenpolitik auf schwankendem innenpolitischen Boden möglich. Voraussetzung einer erfolgreichen deutschen Außenpolitik – ich meine hier ganz besonders die deutsche Ostpolitik – sind der feste Boden einer gesicherten und stabilen demokratischen Ordnung und die enge Gemeinschaft mit unseren westlichen Verbündeten.

Es dient den Interessen der Deutschen und der übrigen europäischen Nationen gleichermaßen, wenn wir unseren Beitrag leisten zur Entspannung und wenn wir alles tun, um eine gesicherte europäische Friedensregelung zu erreichen.

Der Ausgleich mit dem Osten, die Politik der Entspannung ist für uns lebensnotwendig. Unsere Westpolitik, die uns Sicherheit und Freiheit garantiert, bedarf der Abrundung durch die Ostpolitik.

In dieser Politik liegt kein Bruch mit der bisherigen Entwicklung, sie ist vielmehr eine zwingend notwendige Fortsetzung der nach dem Kriege aufgenommenen Außenpolitik.

Wir betreiben diese Außenpolitik frei von Illusionen. Wir setzen uns und andere nicht unter Zeitdruck, und wir lassen uns auch selbst nicht unter Zeitdruck setzen.

Wir wissen, daß eine Lage, die sich in fast 25 Jahren entwickelt hat, nicht über Nacht umgekehrt werden kann.

Unsere Politik ist klar gegliedert, sie muß sich in drei Schritten vollziehen: Der erste Schritt war die Unterzeichnung der Verträge mit der UdSSR und Polen – Voraussetzung aller deutschen Bemühungen um Entspannung. Der zweite Schritt muß in einer befriedigenden Berlin-Regelung bestehen – wer Entspannung will, darf nicht den gefährlichsten Spannungsherd ausklammern. Und dann, als dritter Schritt, kann erst die Ratifizierung der Verträge folgen.

Die Sowjetunion ist am Zuge, und zwar in Berlin. In Berlin muß sich erweisen, wie tragfähig der Entspannungswille der Sowjetunion ist. Befriedigend ist eine Berlin-Regelung nur dann, wenn sie die augenblickliche Situation nicht verschlechtert, sondern verbessert.

Eine solche Regelung muß erhalten, was gewachsen ist, und garantieren, was jetzt noch bestritten wird. Erst wenn eine solche Regelung nicht nur in Aussicht gestellt, sondern verbindlich vereinbart ist, können die Verträge dem Bundestag zur Ratifizierung zugeleitet werden. Wir werden den dritten Schritt nicht vor dem zweiten tun.
Soweit zu einer befriedigenden Berlin-Regelung die Mitwirkung der DDR erforderlich ist, darf das nicht zu einer Aushöhlung der Verantwortung der Vier Mächte führen.
Meine Damen und Herren, wir versuchen, unseren Beitrag zu leisten, um die Spannungen in Europa zu mildern. Jeder aber muß wissen, auch in den osteuropäischen Hauptstädten, daß für uns die Entspannungspolitik nur die außenpolitische Seite einer Münze ist, die auch eine innenpolitische Seite hat, und das ist die eindeutige Abgrenzung unserer inneren Ordnung gegenüber dem Kommunismus.
Entspannungspolitik hat nichts mit innerpolitischer Anpassung der Systeme zu tun. Wir wollen den Wettkampf der Systeme, wir wollen aber nicht das Einschwenken auf die gesellschaftlichen Ordnungsvorstellungen der anderen Seite. Das gilt auch für unser Verhältnis zur DDR. Um es auch hier nochmals zu sagen: Es gibt für die Bundesregierung keinen jugoslawischen Weg nach Ost-Berlin.
Trotz dieser scharfen innerpolitischen Gegensätze gibt es Bereiche, in denen eine internationale Zusammenarbeit auch zwischen Ländern mit unterschiedlichen Gesellschaftsordnungen nicht nur möglich, sondern dringend geboten ist. Ich denke hier besonders an das wichtige Gebiet des Umweltschutzes. Bestimmte Aufgaben des Umweltschutzes können nur gemeinsam gelöst werden. Man denke an die Reinhaltung internationaler Wasserstraßen, der Ostsee oder gar der Weltmeere. Man denke an die finanziellen Erleichterungen, die sich für alle Beteiligten ergeben, wenn Forschungsvorhaben gemeinsam durchgeführt werden. Außerdem aber muß vermieden werden, daß produktgebundene unterschiedliche Umweltschutzbestimmungen neue Handelsschranken aufbauen. Man denke in diesem Zusammenhang nur an die Probleme des Exports von Kraftfahrzeugen. Entscheidend aber ist, daß es gelingt, alle Industrienationen der Welt zu gleichen Anforderungen an den Umweltschutz zu bewegen. Nur so kann verhindert werden, daß die Länder, die im Interesse der Menschen den Umweltschutz ernst nehmen, Wettbewerbsnachteile für ihre Volkswirtschaft hinnehmen müssen.
Um die Bundesrepublik international verhandlungsfähig zu machen, ist auch aus diesem Grunde und nicht nur wegen der Überwindung der Rechtszersplitterung im eigenen Land, die Übertragung der Umweltschutzkompetenz auf den Bund erforderlich. Der Umweltschutz ist deshalb ein Schwerpunkt der inneren Reformen.
Meine Damen und Herren, Voraussetzung jeglicher Innen- und Außen-

politik sind Stabilität und Wachstum der Wirtschaft. Wir sollten nicht vergessen, daß die großen Krisen unseres Jahrhunderts die Folgen wirtschaftlich unstabiler Verhältnisse waren.

Um den konjunkturellen Normalisierungsprozeß nicht zu gefährden, muß jetzt der circulus vitiosus von Löhnen und Preisen durchbrochen werden. Auch wenn das effektiv verfügbare Einkommen immer noch stärker steigt als die Preise, bringt ein ständiger Preisauftrieb Unruhe in den gesamtwirtschaftlichen Ablauf. Das bewirkt leicht einen Vertrauensschwund in der Bevölkerung.

Die Bundesregierung nimmt ihre Pflichten aus dem Stabilitätsgesetz ernst. Die Orientierungsdaten, die wir gesetzt haben, sind — wie zu erwarten — nicht ohne Kritik geblieben. Wir haben sie aus unserer Verantwortung für die gesamtwirtschaftliche Entwicklung in unserem Land aufgestellt.

Orientierungsdaten sind kein Eingriff in die Tarifautonomie. Sie sind im Gegenteil ein Appell an die Verantwortung der autonomen Tarifpartner. Sie sind ein Angebot zu einem Stabilitätsbündnis aller im wirtschaftlichen Bereich handelnden und Verantwortung tragenden Gruppen.

Ein Beitrag zu stabilen Preisen ist auch ein Beitrag zur Stabilität der Gesellschaft. Die Bundesregierung appelliert deshalb an alle Beteiligten, ihre gesamtwirtschaftliche Verantwortung für und in unserem freiheitlichen System zu sehen.

Wer Fortschritt will, muß wissen, daß ein anhaltender und fortgesetzter Verteilungskampf in Wahrheit Stagnation und damit Rückschritt bedeutet. Die Aufforderung zu einem Stabilitätsbündnis will die Mobilisierung aller freiheitlichen Kräfte in diesem Land für die notwendige Stabilitätspolitik bewirken. Man sollte dabei den Zusammenhang zwischen wirtschaftlicher, gesellschaftlicher und damit staatlicher Stabilität nicht übersehen. Wirtschaftliche Stabilitätspolitik ist auch ein Beitrag zur Stabilität dieser Gesellschaft und dieser Demokratie.

Die Orientierungsdaten der Bundesregierung wenden sich an alle. Sie sind Signale für jeden, der wirtschaftliche Verantwortung trägt. Dieser Appell richtet sich nicht nur an Arbeitgeber und Gewerkschaften mit ihren gegensätzlichen Interessen, er richtet sich auch an beide Tarifpartner zusammen, wenn sie Entscheidungen für einen bestimmten Bereich treffen Jede tarifpolitische Entscheidung muß in ihren gesamtwirtschaftlichen Auswirkungen gesehen werden. Die Bundesregierung hat dort, wo sie selbst Tarifpartner ist, entsprechend gehandelt. Mit dem Tarifabschluß für den öffentlichen Dienst am Ende des Jahres 1970, der einen deutlichen Abstand zu den unmittelbar vorangegangenen Abschlüssen zeigte, wurde eine Annäherung an die Orientierungsdaten eingeleitet.

Schon ein Jahr zuvor habe ich durch die Vereinbarung vermögenswirksamer Leistungen den Versuch unternommen, gesellschafts- und konjunkturpolitische Wirkungen zugleich zu erzielen. Ich will dabei nicht ver-

kennen, daß diese Ergebnisse nur möglich waren, weil auch die andere Seite aus gesamtwirtschaftlicher Verantwortung heraus gehandelt hat. Meine Damen und Herren, es ist unsere gemeinsame Aufgabe, unserem Volk die Erfahrungen mancher Nachbarländer zu ersparen, die zum Teil schon seit Jahren mit der Inflation leben müssen.
Nicht allein die Lohn- und Preisbewegungen bestimmen die wirtschaftliche Entwicklung der Zukunft. Die Wirtschaft muß auch wissen, was der Staat mittel- und langfristig von ihr verlangt. Aus diesem Grund hat die Bundesregierung am 18. 1. 1971 erklärt, daß es 1971 keine Steuererhöhung geben wird. Die Entscheidung über die Eckdaten der Steuerreform muß nach gründlicher Beratung schnell fallen. Die Wirtschaft muß wissen, in welche Richtung der Steuer-Zug fährt. Das ist nicht allein eine Frage der steuerlichen Belastung insgesamt. Es ist auch eine Frage der Struktur dieser Belastung. Die Wirkung der Steuern besteht nicht allein darin, daß Mittel für die öffentlichen Haushalte aufgebracht werden. Steuern sind – das Stabilitätsgesetz sagt es – auch Mittel der Konjunkturpolitik. Steuerpolitik ist aber auch ein Mittel der Gesellschaftspolitik. Steuerpolitik kann die Voraussetzungen für Investitionen schaffen und verhindern. Sie kann Vermögen bilden und zerstören. Die Steuerpolitik von heute bestimmt das Gesicht der Gesellschaft vor morgen.
Die Bundesregierung hat bei ihrem Regierungsantritt erklärt, daß sie keine konfiskatorische Steuer will. Sie will im Gegenteil ein Steuersystem, das den Leistungswillen des einzelnen stärkt.
Wir bekennen uns damit eindeutig zum Leistungsprinzip, ohne das Fortschritt nicht möglich ist. Wer dagegen mit dem Begriff vom sogenannten Leistungsdruck argumentiert, muß wissen, daß er damit den gesellschaftlichen Fortschritt gefährdet.
Die Steuerpolitik der Bundesregierung will ferner die Investitionsbereitschaft der Wirtschaft fördern. Wer die Ernsthaftigkeit dieser Erklärung in Zweifel zieht, verunsichert die Wirtschaft. Wenn aber nicht mehr investiert wird, dann sind Stabilität und Wachstum in Gefahr. Ohne unternehmerische Initiative gibt es ebenfalls keinen gesellschaftlichen Fortschritt.
Die Wirtschaft muß langfristig disponieren können. Deshalb muß jeder undifferenzierten und voreiligen Steuerdiskussion eine klare Absage erteilt werden. So notwendig eine ernste Würdigung des Gutachtens der Steuerreform-Kommission zur Vorbereitung der Entscheidung über die Eckdaten der Steuerreform ist, so gefährlich ist jede Steuerdiskussion zur Unzeit. Deshalb heißt das Gebot der Stunde: „Ruhe an der Steuerfront."
Selbstverständlich darf die Steuerpolitik nicht isoliert betrachtet werden. Sie muß im Zusammenhang mit der Sozial- und Vermögensbildungspolitik gesehen werden. Ob Steuerpolitik, ob Sozialpolitik, ob Vermögensbildung: Die Leistungsfähigkeit der Wirtschaft setzt die Grenze. Sie steckt den Rahmen ab, in dem sich die Politik bewegen muß.

Diesen Rahmen muß man gerade dann sehr genau beachten, wenn man sich den Problemen der Vermögensbildung zuwendet. Es geht darum, auf breiter Grundlage Eigentum zu schaffen. Die Forderung nach einer breiten Vermögensbildung richtet sich gegen alle eigentumsverneinenden Ideologien, auch gegen die entsprechenden Varianten des Sozialismus. Vermögensbildung für breite Schichten ist eine der großen gesellschaftspolitischen Aufgaben unseres Jahrzehnts.

Wer das Eigentum als eine Voraussetzung unserer Ordnung anerkennt und erhalten will, muß den Zugang dazu für alle erreichbar machen. Eigentumspolitik wäre allerdings unglaubwürdig, würde sie die Zerschlagung bestehender Vermögen zulassen. Auch deshalb wäre eine konfiskatorische Steuerpolitik völlig sinnwidrig, weil sie ja das Vertrauen in die Idee des Eigentums zerstören müßte.

Eigentum und Marktwirtschaft sind die Voraussetzungen unserer Gesellschaftsordnung. Sie kann nur gedeihen in einer freiheitlichen demokratischen Ordnung, in einer funktionierenden Demokratie.

Das setzt voraus, daß die Regierten sich gleichzeitig als Regierende verstehen und auch so handeln. Diese Demokratie kann nur dann langfristig funktionsfähig sein, wenn die Bürger, wenn die politisch Verantwortlichen sich ständig und freimütig zu ihr und zu unserer freiheitlichen Gesellschaftsordnung bekennen, und wenn sie erkennen, daß die Bereitschaft zur Reform das Lebenselixier jeder Demokratie ist. Denn Reform ist die einzige, aber auch die siegreiche Alternative zur Revolution.

Wir wollen eine lebendige Demokratie. Wir wollen keine Friedhofsruhe, die einen doch nicht vorhandenen Konsens vortäuscht. Wir wollen Diskussion. Wir wollen die harte, aber faire Auseinandersetzung.

Wir brauchen für eine lebendige Demokratie nicht nur das Engagement der Älteren, sondern auch das ungestüme Drängen und das unbequeme Infragestellen durch die Jugend.

Eines allerdings ist unverzichtbar. Die Toleranz gegenüber den Andersdenkenden und die Achtung der Spielregeln dieser Demokratie. Denn sie allein garantieren den Freiheitsraum für jeden einzelnen von uns. Ich rufe Sie alle auf, von dieser Freiheit im Interesse unserer Demokratie Gebrauch zu machen.

I. Alfons Goppel
Antrittsrede des Bundesratspräsidenten

Meine sehr verehrten Damen und Herren! Ich danke Herrn Kollegen Kühn für seine Worte und für die freundlichen Wünsche, die er mir und dem ganzen Hohen Hause für das Jahr meiner Präsidentschaft mit auf den Weg gegeben hat. Herr Ministerpräsident Kühn kann als scheidender Präsident des Bundesrates auf eine ereignisreiche und auch spannungsreiche Amtsperiode zurückblicken. Dank seiner Persönlichkeit und Kollegialität hat jedoch der Bundesrat über alle ebenso unvermeidlichen wie erforderlichen Spannungen und Auseinandersetzungen hinweg seine verfassungsmäßigen Aufgaben als politisches Organ voll erfüllen können. Dafür gebührt Herrn Kollegen Kühn heute unser aller aufrichtiger Dank. Dank sei auch den scheidenden Herren Vizepräsidenten Koschnick, Röder, Schulz gesagt. Ihnen allen, meine sehr verehrten Herrn Kollegen, gilt mein Dank für das Vertrauen, das Sie mir mit der Wahl entgegengebracht haben, mag auch diese in dem in diesem Hause üblichen Wechsel erfolgt sein.

Zum dritten Mal stellt Bayern den Präsidenten des Deutschen Bundesrates. In den Jahren 1950/51 und 1961/62 präsidierte Herr Dr. Hans Ehard diesem Hohen Hause. Es ist für mich eine große Freude, daß ich diesen Staatsmann, dessen unermüdliches Bemühen der Wiederherstellung der deutschen Einheit wie der Sicherung, der Erhaltung und dem Ausbau der föderalistischen Struktur der Bundesrepublik Deutschland gegolten hat, zu seinem kürzlich gefeierten 85. Geburtstag auch als sein Nachfolger im Amt des Bundesratspräsidenten in Ihrer aller Namen gratulieren kann. In dem seit der letzten Amtsperiode Dr. Ehards verstrichenen Jahrzehnt hat sich in der Bundesrepublik Deutschland manche Veränderung vollzogen; das Verhältnis der Länder zum Bund, die Stellung der Länder im Bundesstaat haben sich in ihrer politischen Gewichtigkeit gewandelt. Es liegt auf der Hand, daß diese Veränderungen sich auch in der Arbeit des Bundesrates wie im Bild und der Bewertung des Bundesrats in der Öffentlichkeit niedergeschlagen haben. Eine gesteigerte politische Aktivierung der Allgemeinheit und wichtige innen-, deutschland- und außenpolitische Fragen, Entscheidungen, die auch der Bundesrat gerade in den beiden letzten Jahren mitzuentscheiden hatte, haben ihn stärker in das Bewußtsein der Öffentlichkeit treten lassen. Das ist zu begrüßen. Das Grundgesetz hat den Bundesrat nicht in den Schatten etwa des Bundestags verwiesen, es hat ihm vielmehr als eigenständiges Bundesorgan entscheidende Funktionen übertragen. Er ist mitverantwortlich für die *ganze* Politik des Bundes. Sein Wort, seine Entscheidungen sind für die Bundespolitik vielleicht gerade deswegen so bedeutungsvoll, weil der Bundesrat aus der Sicht der Länder um Lösungen für das Ganze, für die Bundesrepublik in ihrem inneren Bestand und in ihrer allseitigen Verwirklichung und Wirkung bemüht war und ist. Er ist eben nicht, wie es sich verdächtig in das Denken und in den Sprachgebrauch eingeschlichen hat, Länderorgan, er ist Bundesorgan. Er ist in seiner Konstruktion die große und starke Klammer jener Einheit der Nation, welche die Sehnsucht der Deutschen war und ist, der Einheit als Ausdruck der inneren Vielgestaltigkeit und Differenziertheit nicht nur der in Dynastien sich darstellenden Zusammengehörungen, sondern vor allem der stammesmäßig, historisch und kulturell gewachsenen Volks- und Gebietseinheiten.

Es entspricht der Stellung des Bundesrats im politischen Gefüge der Bundesrepublik, daß er, deswegen aber nicht unpolitischer, aufgrund sachbezogener Erwägungen entscheidet. Das Abstimmungsverhalten jeder Landesregierung im Bundesrat sollte unter diesem Gesichtspunkt des sachbezogenen und politisch verantwortlichen Handelns gesehen, gewürdigt und auch respektiert werden. Das gilt gerade in Zeiten verstärkter parteipolitischer Polarisierung gerade auch dann, wenn sich etwa in den Bundesorganen Bundesrat und Bundestag verschiedene Mehrheiten ergeben. Es liegt im unmittelbaren Interesse dieses Hohen Hauses wie auch der anderen Bundesorgane, dafür zu sorgen, daß Erwägungen und Entscheidungen seiner Mitglieder in der Öffentlichkeit nicht Fehldeutungen oder Mißverständnissen ausgesetzt werden, welche letztlich nicht nur die Arbeit des ganzen Bundesrates in ein schiefes Licht rücken, sondern die Substanz der föderalistischen Ordnung der Bundesrepublik Deutschland selbst treffen könnten.

Der Bundesrat ist eine Stätte legitimer und notwendig politischer Auseinandersetzung, wenn er, um die Antrittsrede meines Herrn Vorgängers zu zitieren, politisches und sachliches Integrations- und nicht Konfrontationsorgan sein will; er ist somit Träger und Bewahrer demokratischer und bundesstaatlicher Kontinuität in der Bundesrepublik. In der Erfüllung dieser Aufgaben hat sich der Bundesrat bewährt – im letzten Jahr wie in all den Jahren zuvor.

Diese sachbezogen-politische Funktion bedeutet nicht, daß der Bundesrat frei von parteipolitischer Auseinandersetzung sein könnte oder auch sein dürfte. In einer parlamentarischen Demokratie ist Politik zwangsläufig auch Parteipolitik. In den vergangenen Jahrzehnten ist daher im Bundesrat immer *auch* parteipolitisch argumentiert und parteipolitisch abgestimmt worden, allerdings abgeklärt, angenähert oder auch forciert in Kabinettsbeschlüssen. Den Argumenten des Parlamentarischen Rats für das Bundesratssystem kann weder die Absicht entnommen werden, die Parteipolitik dem Bundesrat fernzuhalten, noch etwa der Wille, die Mitglieder des Bundesrats auf die Vertretung regionaler Interessen zu beschränken,

obgleich die Struktur des Bundesrates die Geltendmachung solcher Interessen nicht nur legitimiert sondern sogar fordert.
Die Behandlung von Sachfragen läßt sich gerade im Bundesrat von der Stellungnahme zu politischen Grundsatzfragen und damit auch von parteipolitischer Argumentation nicht loslösen. Daß bei dem Bemühen um die sachlich beste Form, in der ein Gesetz verabschiedet werden soll, im Bundesrat aus sachlichen und grundsätzlichen Erwägungen von den Vorstellungen der Bundesregierung oder des Bundestags abgewichen wird, ist verfassungsmäßig legitim und auch politisch sinnvoll, wie auch zur Vermeidung offener Konflikte die Anrufung des Vermittlungsausschusses. Obstruktion wird hierdurch nicht betrieben.
Der Bundesrat hat sich auch in einem rauher gewordenen politischen Klima bewähren können, weil seine grundlegenden Strukturprinzipien, wie sie Artikel 51 GG festlegen, richtig sind. Der Verfassungsgeber hat durch diese Regelungen erreicht, daß der bundesstaatliche Aufbau optimal verwirklicht werden konnte, indem im Bundesrat die Gliedstaaten des Bundes *als solche* durch ihre demokratisch legitimierten Regierungen an der Willensbildung des Bundes mitwirken; d.h. die Willensbildung *innerhalb* der Länder für ihre Haltung im Bundesrat erfolgt nach deren eigenen Verfassungsrecht.
Dank der institutionellen Ausgewogenheit, die der Verfassungsgeber im gleichwertigen Neben- und Miteinander von Bundestag und Bundesrat als der Repräsentation des Gesamtvolkes und der Gliedstaaten des Bundes geschaffen hat, hat sich dann auch eine Stabilität der politischen Institutionen herausgebildet, die es unerwünscht und unbegründet erscheinen läßt, den Bundesrat etwa in Richtung auf einen Senat hin mit gewählten Senatoren „reformieren" zu wollen.
Das vor allem deswegen nicht, weil der Bundesrat vornehmlich der Hüter des föderalistischen Verfassungsprinzips ist und weil in ihm die Spannung von politischer Einheitlichkeit und naturgegebener Differenziertheit der Lebensverhältnisse gesetzgeberisch am ehesten ausgeglichen werden kann. Als Prinzip steht der Föderalismus gleichwertig neben Demokratie und Rechtsstaatlichkeit in unserer Verfassung. Zum Föderalismus als Verfassungs*grundsatz* und als politisches *Prinzip* bekennen sich in der Bundesrepublik alle demokratischen Kräfte. Doch das ist weithin nur ein Lippenbekenntnis. Anders wäre die unterschwellige oder auch offene stimmungsmäßige Diskreditierung des Föderalismus in der Öffentlichkeit nicht zu erklären. Für wie viele Unzulänglichkeiten in unserem öffentlichen und gesellschaftlichen Leben, deren Ursachen in Wirklichkeit ganz anderswo liegen, wird doch der Föderalismus allzugerne verantwortlich gemacht. Daß das föderalistische Bewußtsein in der Öffentlichkeit dadurch nicht gestärkt wird, liegt auf der Hand.
Daß angesichts dieser deutlichen Schwächung des föderalistischen

Bewußtseins in der deutschen Öffentlichkeit (dem übrigens ein spürbares Schwinden des Staatsbewußtseins in unserem Lande überhaupt entspricht) die institutionelle Aushöhlung des Föderalismus rasch Fortschritte macht infolge Diskrepanz der Aufgaben und Mittelverteilung und dadurch wachsende finanzielle Abhängigkeit der Länder vom Bund, durch die deswegen erforderlichen laufenden Grundgesetzänderungen mit den damit verbundenen Kompetenzverlagerungen von den Ländern zum Bund und nicht zuletzt als deren Folge durch die Gemeinschaftsaufgaben, ist eine Feststellung, die in diesem Hohen Hause leider nur schon zu oft getroffen werden mußte.

Wird nicht durch diese zunehmende Zentralisierung die jeweils behauptete größere technische Effizienz in der Lösung von Sachfragen vergebens mit einer bedenklichen Störung des verfassungsmäßigen Gleichgewichts der Kräfte in der Bundesrepublik erkauft? Angesichts der fast schon unzählbaren Verfassungsänderungen ist zu fragen, ob das eherne Gesetz jeder gesunden Demokratie, daß deren Lebenskraft wie die jeder Demokratie von der Stabilität ihrer Verfassung und ihrer Institutionen abhängt, noch anerkannt ist. Da und dort wird doch schon die Ernsthaftigkeit bezweifelt, daß die deutschen Länder angesichts dieser Entwicklung und angesichts ihrer finanziellen Abhängigkeit vom Bund ihre staatlichen Hoheitsrechte noch behaupten wollen.

Aus der Sorge um die Freiheitssicherung, für die unsere bundesstaatliche Ordnung ein wichtiges Element ist, richte ich an den Bundesrat und an den Bundestag, an die Bundesregierung und an die deutsche Öffentlichkeit den Appell, die Staatsqualität der Länder nicht weiter zu schmälern, sie im Gegenteil als Fundamente dieser Bundesrepublik zu festigen.

Vor Verfassungsänderungen zuungunsten der Länder sind alle Möglichkeiten der Aufgaben- und Mittelverteilung auszuschöpfen, auch wenn das Zuständigkeits-, Herrschafts-, Weisungs- und Kontrollfunktionen des Gesamtstaates einschränkt. Diese Forderung ist um so mehr gerechtfertigt, als die Gliedstaaten Demokratien sind mit gleicherweise wie im Bund vom Volk ausgewählten und gewählten Abgeordneten von sicher ebenbürtiger Qualität. Zudem: Kompetenzverlagerungen müssen sich auch aus sachlichen Erwägungen keineswegs immer nur auf der Einbahnstraße von den Ländern zum Bund abspielen. In diesem Zusammenhang gilt es auch das Problem der Gemeinschaftsaufgaben mit ihrem komplizierten, in seiner sachlichen wie politischen Wirksamkeit gleichermaßen umstrittenen System der Mischplanung, Mischfinanzierung, Mischverwaltung und Mischverantwortung zu überdenken, wenn ein echter „kooperativer" Föderalismus und nicht ein motivationsgefährdeter Mehrheitszentralismus unter Berücksichtigung der Planungshoheit und der Planungsverantwortung der Länder unseren Staat als eine Bundesrepublik und nicht als einen mehr oder weniger dezentralisierten Einheitsstaat existent erhalten soll.

Planungshoheit und Planungsverantwortung gehören auch heute noch zu den unabdingbaren Merkmalen der Staatlichkeit der Länder. Ihre Einschränkung oder gar ihre Beseitigung würde den Staatscharakter der Länder als Grundlage der föderativen Ordnung der Bundesrepublik Deutschland entscheidend treffen.

Die Länder der Bundesrepublik Deutschland sind nach Verfassung und eigenem Selbstverständnis Staaten mit eigenen Zentren politischer Willensbildung und Entscheidung, keine bloßen Verwaltungseinheiten, deren Existenz und Abgrenzung sich nach rein administrativen oder sozioökonomischen Bedürfnissen richten. Sie sind keine nach dem reinen Kosten-Nutzeffekt zu organisierende Dienstleistungsunternehmen; sie sind rechtsetzende und rechtwahrende Staaten. Jede weitere Aushöhlung der Staatlichkeit der Länder, jede weitere Aushöhlung des Länderstaatsbewußtseins und des föderalistischen Bewußtseins der Bevölkerung bedeutet ein Weniger an demokratischer, an rechtsstaatlicher, an freiheitssichernder Substanz für den Gesamtstaat.

Diese Überlegungen gilt es auch bei allen Verfassungsreformbestrebungen zu berücksichtigen. Aber: Weder ein starker Bundesrat, der seine verfassungsmäßigen Rechte und Pflichten voll ausfüllt, noch eine ausgewogene föderalistische Struktur der Bundesrepublik Deutschland mit leistungsfähigen und selbstbewußten Ländern sind politischer Selbstzweck. Es geht vielmehr um den freiheitlichen Rechtsstaat, um die Konstanz, Funktionsfähigkeit und Glaubwürdigkeit seiner Institutionen als Garanten von Bürgerfreiheit und sozialer Gerechtigkeit.

Dem ist nicht gedient, wenn Föderalismus praktiziert wird so, als ständen sich die Partner nach Art von Prozeßgegnern gegenüber, die voneinander soviel als möglich herausholen wollen.

Deshalb erscheint es wenig sinnvoll, Glaubwürdigkeit und Lebensfähigkeit des Föderalismus mit dem Problem der Neugliederung des Bundesgebiets zu verbinden. So wichtig es ist, daß sich annähernd gleichstarke Länder als Partner gegenüberstehen – viel entscheidender ist es insgesamt doch, daß die Länder die Aufgaben, die sich zunächst in ihrem Bereich stellen, erfüllen können durch eine aufgabengerechte Finanzausstattung.

Meine Herren Kollegen, im Mittelpunkt der Arbeit des Bundesrates hat stets das Bemühen gestanden, Fortschritt und Reformen in unserer freiheitlichen rechts- und sozialstaatlichen Demokratie mit der Bewahrung ihrer politischen Institutionen und Strukturen in Übereinklang zu halten. Um die Erfüllung dieser Aufgabe werden wir auch im kommenden Jahr als Kollegen und als Demokraten *gemeinsam* im Bundesrat ringen – und zwar – so hoffe ich – in fruchtbarem Zusammenwirken mit Bundesregierung und Bundestag.

Ich zweifle nicht, daß das bei der Tradition dieses Hohen Hauses, aus dem Verantwortungsbewußtsein seiner Mitglieder und bei der gegenseiti-

1 gen Achtung, Hochschätzung und Kollegialität, die uns immer auszeichnete, möglich sein wird. So wünsche ich dem Bundesrat ein Jahr reichen
3 Erfolges, wozu das Präsidium seine bescheidenen, aber guten Dienste aus Objektivität und Sachgebundenheit zu leisten verspricht.

K. Gustav Heinemann

Qualität des Lebens

Zunächst bekunde ich der Industrie-Gewerkschaft Metall Respekt und Dank dafür, daß sie diesen internationalen Kongreß mit seiner breiten Fächerung lebenswichtiger Fragen und seiner großartigen Beteiligung ermöglicht. Der Kongreß ist ein Zeugnis dafür, wie die Industrie-Gewerkschaft Metall ihre Mitverantwortung für die Gesellschaft in dieser unserer Zeit versteht und bestätigt.

Wir stehen inmitten stürmischer industrieller Revolution und steigenden zivilisatorischen Wohlstandes in freilich nur begrenzten Bezirken unserer Welt. Der Kongreß ruft zu einer Besinnung darüber, ob wir auf richtigen Wegen sind. Was wird das für ein Leben sein, wenn wir so weitermachen wie bisher? Haben wir insbesondere nicht viel zu lange manche Kosten unseres Wohlstandes in den Industrieländern auf die Umwelt abgewälzt, in der wir nun zu ersticken drohen? Haben wir nicht viel zu optimistisch, ja geradezu leichtsinnig manches nur als Fortschritt angesehen, was seine schweren Schattenseiten hat?

Die Qualität unseres Lebens in allen ihren Bezügen steht hier zur überprüfenden Erörterung.

Heute stehen wir vor gewaltigen technischen und finanziellen Anforderungen, wenn wir die Folgen vieler Versäumnisse in der Vergangenheit in den Griff bekommen wollen. Darüber hinaus müssen wir uns heute der Frage stellen, ob die Erde nicht in einen katastrophalen Zustand geraten wird, wenn die Bevölkerungsexplosion anhält und die Menschheit die nicht vermehrbaren Naturschätze in steigender Beschleunigung so in Anspruch nimmt, wie sie es zu tun im Begriffe ist?

Das Tempo, das die die unsere Luft, das Wasser und die Erde verseuchenden Einflüsse, sowie der Abbau lebenswichtiger Rohstoffe angenommen hat, ist erschreckend.

Dieser Kongreß ist nicht der erste Aufruf zur Besinnung. Ich erinnere nur daran, wie gerade hier im volk- und industriereichsten Land der Bundesrepublik Deutschland der heutige Bundeskanzler vor mehr als zehn Jahren forderte, der Himmel über der Ruhr müsse wieder blau werden. Er wurde damals verlacht. Oder denken Sie daran, wie lange man sich bei uns den Anforderungen unserer Zeit entziehen zu können glaubte, indem man ständig das Wort wiederholte: Keine Experimente!

Die junge Generation kritisiert mit Recht das Ausmaß unserer Gedankenlosigkeiten. Es ist an der Zeit, deutlich zu machen und auszusprechen, daß sich niemand – ich wiederhole: niemand – der durchgreifenden Überprüfung unserer Lebensgrundlagen und unserer Wertvorstellungen mehr entziehen kann. Alle Politiker, in welchem Land und auf welcher Ebene auch immer sie tätig sein mögen, die Wissenschaftler, die Pädagogen, die Unternehmer, die Landwirte, die Hausfrauen und mit ihnen allen zusammen die unsere materiellen Werte in vielfältiger Weise erzeugenden Arbeiter – sie alle sind gefordert!

Gefordert sein heißt nicht nur, sich den gebotenen Einsichten öffnen, sondern auch mitzutragen, was an eingreifenden Maßnahmen unumgänglich werden wird. Um der Zukunft derer willen, die unsere Kinder und Enkel sind, müssen wir alle bereit sein anzuhalten und, wo nötig, zurückzustecken. Lebensführung und Lebensstandard der Industrievölker im ganzen können fragwürdig werden. Um so mehr wird davon abhängen, daß gegebenenfalls auch die großen Organisationen der Berufe und Stände in unseren offenen Gesellschaften bei aller Wahrung natürlicher Interessen sich dem Notwendigen nicht entziehen.

Nur wenn die Verantwortlichen von breiter Zustimmung getragen werden, kann es gelingen, die Widerstände gegen Änderungen zu überwinden.

Ich stelle mir vor, daß der Kongreß dazu in doppelter Weise beitragen kann. Es wird einmal darum gehen, die Tatsachen überzeugend auszusprechen, also deutlich zu machen, was ist und was werden wird, wenn wir unsere bisherigen Wege weitergehen. Das ist eine Frage an die gewissenhafte Aufarbeitung aller verfügbaren Erkenntnisse.

Zum anderen wird es darum gehen auszusprechen, welche Änderungen unseres Handelns geboten erscheinen. Das wird in aller Offenheit und Bereitschaft zur Selbstkritik geschehen müssen. Hier darf es keine „heiligen Kühe" geben.

Je einfacher, je klarer alles gesagt wird, um so hilfreicher wird es für uns alle sein.

Ich schließe mit der Erinnerung an die uralte biblische Schöpfungsgeschichte. Dort heißt es: „Und Gott segnete die Menschen und sprach zu ihnen: seid fruchtbar und mehret euch, und füllet die Erde, und macht sie euch untertan, und herrschet über die Fische im Meer und die Vögel unter dem Himmel, über das Vieh und alle Tiere, die auf der Erde sich regen." (1. Buch Mose 1,28)

Gott hat also nicht gesagt, der Mensch solle die Erde ausbeuten. Er hat uns die Erde anvertraut, und wir haben die Pflicht, sie pfleglich zu behandeln, auf daß sie die Lebensgrundlage auch derer bleibe, die nach uns kommen.

Menschengeist und Tatkraft haben die Elemente freigemacht. Menschengeist und Tatkraft können sie bändigen.

Ich wünsche dem Kongreß, daß er unser aller Bewußtsein und unser aller Entschlossenheit stärke!

L. Bruno Kreisky
Rede vor dem Villacher Parteitag

Ich möchte den Versuch machen, an die Spitze meines Referats einige Betrachtungen über den Ideengehalt des Sozialismus zu stellen. Die Britische Enzyklopädie, das große Lexikon der Gelehrsamkeit, das sich außerdem durch die angelsächsische Neigung zur Prägnanz auszeichnet, definiert den Sozialismus so: „Sozialismus ist ein genereller Ausdruck, der im allgemeinen ein System öffentlichen Besitzes und öffentlicher Verwaltung der Produktionsmittel und Güterverteilung bedeutet – im Gegensatz zum Kapitalismus, der privates Eigentum und private Verwaltung in den Vordergrund stellt." Ich glaube, diese Definition ist nicht erschöpfend und wird eigentlich weder dem Begriff Sozialismus in unserer Zeit, noch dem des Kapitalismus gerecht. Und so möchte ich Ihnen eine Sozialismus-Definition aus dem „Philosophischen Wörterbuch", das in der DDR im Verlag Enzyklopädie (Leipzig) erschienen ist, zitieren. In dieser kommunistischen Enzyklopädie wird festgestellt: „Der Sozialismus ist die erste, niedere Entwicklungsphase der kommunistischen Gesellschaftsformation. Im Sozialismus, der Übergangsperiode vom Kapitalismus zum Kommunismus, wird die antagonistische Klassengesellschaft überwunden und die klassenlose Gesellschaft, der Kommunismus, vorbereitet. Der Sozialismus entsteht im Prozeß der sozialistischen Revolution, durch die Errichtung der Diktatur des Proletariats..."
Max Adler, der in der österreichischen Sozialdemokratie – um bei der alten Nomenklatur zu bleiben – jedenfalls zur Linken, links von Otto Bauer gehörte, kritisierte schon in den frühen zwanziger Jahren die in kommunistischen Staaten entstandenen Machtsysteme und stellte fest, daß die sogenannte Diktatur des Proletariats in Wirklichkeit in den kommunistischen Staaten die Politik einer Führungsgruppe ist und im Grunde nur eine Abart des aufgeklärten Absolutismus wäre.
Man könnte nun hier einwenden, seit Max Adler wären neue kommunistische Staaten entstanden, und es wäre nun alles ganz anders. Da haben vor einiger Zeit im Rundfunk drei ehemalige Kommunisten miteinander diskutiert: Ernst Fischer, Roger Garaudy und Wolfgang Leonhard. Und sie kamen zu dem Schluß, daß in den kommunistischen Staaten ein System der uneingeschränkten Herrschaft des Apparats entstanden ist. Ein System, das seinem Wesen nach nicht in der Lage ist, die komplizierten Probleme einer modernen Gesellschaft zu lösen. Der Versuch, im Rahmen dieses Systems mehr Selbstbestimmung, mehr Freiheit und Demokratie einzuführen, ist wiederholt gescheitert, etwa damals, als man im Jahre 1968 glaubte, einen solchen humanen Kommunismus verwirklichen zu können.

Ich wiederhole: Diese Feststellung stammt nicht von mir, sie kommt von verbitterten Kommunisten wie Ernst Fischer und Roger Garaudy, die lange Zeit unter Hintansetzung aller Zweifel bemüht gewesen sind, das Scheitern ihrer Vorstellungen zu übersehen, ja sogar zu verdrängen.

In unserem Wiener Programm wurden folgende Grundsätze niedergelegt, und ich erlaube mir, sie hier wörtlich zu zitieren. Denn man kann schließlich ein Parteiprogramm nicht oft genug in Erinnerung rufen, gerät es doch allzu leicht in Vergessenheit:

„Die Sozialisten wollen eine Gesellschaftsordnung, also eine Ordnung der Lebensverhältnisse und der Beziehungen der Menschen zueinander, deren Ziel die freie Entfaltung der menschlichen Persönlichkeit ist. Sie wollen die Klassen beseitigen und den Ertrag der gesellschaftlichen Arbeit gerecht verteilen.

Daher kämpfen die Sozialisten für die Freiheit der Menschen, für ihre volle Gleichberechtigung und für soziale Gerechtigkeit innerhalb der Gesellschaft. Sie treten für eine weltweite Gemeinschaft der Völker ein, die in gleichberechtigter Zusammenarbeit mit Hilfe der wissenschaftlichen Erkenntnisse und der technischen Errungenschaften Frieden und Wohlstand für alle statt Krieg und Vernichtung bringt.

Die Demokratie ist der politische Boden, auf dem allein die freie Entfaltung der menschlichen Persönlichkeit möglich ist. Sie muß dem Staatsbürger freie Wahl zwischen verschiedenen gleichberechtigten Parteien gestatten. Sozialismus ist uneingeschränkte politische, wirtschaftliche und soziale Demokratie; Sozialismus ist vollendete Demokratie."

Die Frage, die sich nun stellt, ist, wie man einen solchen Zustand, eine solche Ordnung unserer Gesellschaft zu erreichen vermag.

In der alten Sozialdemokratie, zwischen den beiden Weltkriegen, hat diese Frage eine entscheidende Rolle gespielt, und sie wurde mit dem ganzen intellektuellen Rüstzeug, das uns der Austromarxismus zur Verfügung stellte, und mit all den geistigen Kräften, die innerhalb der Sozialdemokratie wirkten, diskutiert. Es gab für uns, um mit den Worten Max Adlers zu sprechen, nur den Gegensatz zwischen Revolution und Reform: „Mit der ersteren wird die Veränderung und der Bruch mit dem bisherigen Zustand, mit der letzteren die Veränderung innerhalb des Zustands bezeichnet."

Wir sehen also, daß jedenfalls Max Adler in seiner Ablehnung der Reform nicht bereit war, sich auf die heute übliche Unterscheidung der Reformen in systemimmanente und systemändernde einzulassen. Wie überwand man nun innerhalb der Partei den Widerspruch, der entstehen mußte, zwischen der reformistischen Praxis des demokratischen Alltags, der Loyalität gegenüber den Gesetzen des bürgerlichen Rechts- und Verfassungsstaates und der Erkenntnis, daß der Weg zum Sozialismus nur der revolutionäre sein kann? Es gab diesen Gegensatz, auch wenn sich nicht alle, die sich damals zu den Linken zählten, dieses Gegensatzes bewußt waren.

Oscar Pollak hat 1930 zu diesem Widerspruch von Theorie und Praxis in einigen Artikeln im „Kampf" Stellung genommen. So heißt es in einem dieser Artikel:
„Die jüngsten politischen Ereignisse bestätigen die Auffassung, die an dieser und anderer Stelle des öfteren vertreten worden ist: Die gegenwärtige geschichtliche Situation der internationalen Arbeiterbewegung ist der Stellungskrieg im Klassenkampf, die politische ‚Pause' zwischen Revolution und Revolution – während unterdessen die neue industrielle Revolution bereits am Werk ist, die Formen der Wirtschaft und damit die Bedingungen der Politik umzuwälzen.
Haben darum die Reformisten recht, die den Kampf der Arbeiterklasse überhaupt in die parlamentarische und gewerkschaftliche Tagesarbeit, in die Sorge um Landesratsstellen und die Erfolge sozialistischer Gemeindeverwaltungen auflösen wollen? Nein, sie sehen nicht die geschichtliche Situation, in der sich diese Tagesarbeit abspielt."
Und später schreibt er:
„So kämpfen wir heute den Kampf: furchtbar mühsam an jedem einzelnen Tag auf lange, bange, schwierige Jahre hinaus. Aber doch ein Ende vor Augen, das Bewußtsein der geschichtlichen Nähe des Sieges."
Wir haben im weiteren Verlauf der Geschichte gesehen – darüber habe ich schon einige Male gesprochen –, wie beide unrecht behielten: die Reformisten und die Revolutionäre.
Die Reformisten deshalb, weil ihr ganzer Eifer vergeblich war und alle ihre Bemühungen sinnlos wurden in der Zeit der furchtbaren Weltwirtschaftskrise mit ihren vielen Millionen von Arbeitslosen, mit ihrem beispiellosen Elend und einer Hoffnungslosigkeit, in der sich die Verzweiflung der breiten Massen bemächtigte und sie zu willfährigen Opfern der faschistischen Diktaturbewegungen werden ließ.
Und die Revolutionäre bekamen unrecht, weil diese ungeheure Weltkrise nicht zur Krise des Kapitalismus wurde und in die Revolution mündete. An ihrem Ende stand die faschistische Diktatur, stand der Krieg.
Und nicht einmal nach dem Krieg, also als die Niederlage da war, gab es in den modernen Industriestaaten eine revolutionäre Bewegung, sondern den militärischen Sieg der großen kapitalistischen Mächte. Und im europäischen Osten wurde der Kommunismus auch nur durch die militärische Präsenz der Sowjetunion an die Macht gehoben.
Die Pause zwischen den Revolutionen, wie Oscar Pollak und viele von uns hofften, hat nicht stattgefunden, und eine Illusion mußte aufgegeben werden, so wie die vom „integralen Sozialismus", dem Zusammenfinden der demokratischen Sozialisten und der Kommunisten in der Welt. Diese Illusion – wahrscheinlich die letzte des Austromarxismus –, und für manche war sie eine Vision, wurde mit Otto Bauer auf dem berühmten Friedhof „Père Lachaise", unweit von den Gräbern der Pariser Kommune, begraben.

Gilt deshalb nichts von dem, was damals gedacht wurde für unsere Zeit? Ganz im Gegenteil! Ich glaube, daß es notwendig ist, vieles davon lebendig zu machen. Und ich empfinde all den jungen Autoren gegenüber, die sich um diese Zeit publizistisch bemühen, ein Gefühl der Dankbarkeit, und zwar nicht nur, weil wir von Nostalgie, von der Wehmut und der Sehnsucht nach diesen heute unbeschreiblichen geistigen Kämpfen erfüllt sind, sondern weil wir glauben, daß aus der Kenntnis dieser Auseinandersetzungen viel für die Zeit, in der wir zu wirken haben, zu gewinnen ist.

In manchen gegnerischen Publikationen wird der Umstand, daß einige von uns – und ich mit ihnen – immer wieder von der sozialen Demokratie als dem Ziel sprechen, als Ausdruck der Abwendung vom Sozialismus gedeutet. Der Umstand, daß ich mich sehr häufig bei der Standortbestimmung unserer Partei des Ausdrucks „sozialdemokratisch" bediene, entspringt keineswegs einem Fluchtversuch vom Begriff des Sozialismus, sondern ist ganz im Gegenteil sehr wohl begründet in den Diskussionen der Vergangenheit.

Der Ausdruck der sozialen Demokratie findet sich gerade bei Max Adler, und zwar, genauer gesagt, in seiner „Staatsauffassung des Marxismus", dort, wo er von der „Notwendigkeit der begrifflichen Verbindung von Demokratie und Sozialismus" spricht.

Er trennt die politische und die soziale Demokratie und hat mit dieser Trennung – so wenig man sich deshalb mit seinen sonstigen Schlußfolgerungen identifizieren muß – heute mehr recht denn je.

Ich behaupte nun, daß die Definition des Sozialismus, die es in unserem Parteiprogramm gibt, von allen, die ich kenne, die klarste und eindeutigste ist und daß dieses Prinzip, wonach der Sozialismus die uneingeschränkte politische, wirtschaftliche und soziale Demokratie, die vollendete Demokratie sei, nicht nur als Zielvorstellung weit in die Zukunft hineinreicht, sondern gleichzeitig auch die praktische Richtschnur unseres politischen Handelns in der Gegenwart darstellen muß.

Es handelt sich also bei der Verwirklichung des demokratischen Sozialismus, der Verwirklichung der sozialen Demokratie, um einen ununterbrochenen – wenn ich so sagen darf – dialektischen Prozeß. Und ich sage das bewußt. Die kommende Gesellschaft wird – und hier scheue ich mich nicht, ein Wort Marxens zu gebrauchen – das Ergebnis „einer ganzen Reihe geschichtlicher Prozesse sein, durch welche die Menschen, wie die Umstände, gänzlich umgewandelt werden".

Ich wurde in den letzten Wochen immer wieder von Journalisten gefragt, was bei diesem Parteitag denn herauskommen sollte. Meine Antwort war im wesentlichen folgende: Es wird die Aufgabe des Parteitages sein, festzustellen, ob wir Sozialdemokraten die Aufgabe haben, eine ganze Reihe wichtiger Probleme, mit denen wir heute konfrontiert werden, auf unsere Art neu zu durchdenken, zu analysieren und uns dann zu bemühen unter Bedachtnahme auf die reale Situation, sozialdemokratische Lösungen zu finden.

Das kann aber nur die eine unserer Aufgaben sein. Eine andere wird es sein, neue Orientierungslinien zu suchen und zu finden. Gewiß, wir müssen an alle diese Aufgaben herangehen mit dem Wissen um die Realität und die relativen Möglichkeiten, die wir haben, aber frei von jeder intellektuellen Überheblichkeit, mit der manche alles in Frage stellen, sich aber ersparen, auf das, was sie in Frage stellen, auch eine Antwort zu geben. Aber wir müssen uns auch gegen jene alles simplifizierende Art wenden, mit der uns die Anhänger des Kommunismus auf alles und jedes eine Antwort zu geben wissen.

Ich habe unlängst von dem Mut zum Unvollendeten gesprochen, den man in der Politik haben muß. Vielen, denen dieser Mut gefehlt hat, blieb die Kraft versagt, das Notwendige zu tun, ja viele sind davor zurückgeschreckt, es auch nur zu beginnen.

Als wir in den siebziger Jahren aufbrachen, um in Österreich die politische Verantwortung ungeteilt zu tragen, haben wir uns freigemacht von jener Zaghaftigkeit, die mitunter große sozialdemokratische Parteien in der Vergangenheit immer dann erfaßt hat, wenn sie mit der Verantwortung konfrontiert waren, ihre Aufgaben zu verwirklichen und ihren Zielen näherzukommen.

Heute, so glaube ich, sind die sozialdemokratischen Parteien überall von einem neuen Mut zur Verantwortung erfüllt. Das gilt nicht nur für Österreich und das demokratische Deutschland, das gilt auch für die skandinavischen Länder. Denn es wird vielfach übersehen, daß heute in allen vier nordeuropäischen Ländern sozialdemokratische Parteien sogenannte Minderheitsregierungen führen. Sie tun das alle nicht, um die politische Macht „an sich" auszuüben, sondern sie erfüllen ihre Regierungsaufgabe in dem Bewußtsein, daß die Verwirklichung der Ideen der Sozialdemokratie in dieser Phase der Entwicklung unserer Gesellschaft ein historischer Auftrag ist.

Soll aber die politische Macht nicht degenerieren, dann bedarf sie des Korrelats der wirksamen Machtkontrolle. Deshalb muß im eigensten Interesse der Sozialdemokratie ihre Machtausübung einer immer wirksameren Kontrolle unterworfen werden. Nur so kann jener schöpferische Spannungszustand erhalten werden, dessen die Partei bedarf, um im Spannungsfeld der Meinungsbildung zu bestehen.

Das ist es, was unsere politischen Gegner einfach nicht glauben: daß wir uns eine bessere Kontrolle der politischen Macht nicht nur gefallen lassen, sondern sie sogar fördern. Sie verstehen nämlich nicht, daß wir über diese Legislaturperiode hinaus denken, daß wir eine Partei im historischen Sinn sind. Daß wir vor allem von der Sorge erfüllt sind, nicht in der Verwaltungsroutine und in der Organisationsroutine zu erstarren, nicht zu erstarren in den hergebrachten Denkkategorien, sonst käme bald der Tag, wo wir von der Erfüllung von Regierungsaufgaben enthoben wären.

Sind wir jedoch bereit, uns im Streit der Meinungen zu behaupten, uns ständig zu stellen, dann erhalten wir uns auch die Fähigkeit zur geistigen Auseinandersetzung, und wir werden sie in immer überlegenerer Weise zu führen verstehen.

Ich möchte Ihnen vorschlagen – und tue das schon in diesem Teil meines Referats –, daß wir jenen Fragen, die sich in diesem Referat und in der darauffolgenden Diskussion und in der Diskussion, die diesem Parteitag vorausgegangen ist, besonders profilieren, daß wir diesen Fragen in der Politik der nächsten Jahre besondere Relevanz verleihen.

Das allein wird aber nicht genügen. Viele dieser Fragen werden ihres komplexen Charakters wegen erst noch gründlicher durchdacht werden müssen. Sie vorher politisch zu aktualisieren, wäre gefährlich und müßte uns scheitern lassen.

(Die Rede Kreiskys fährt hier mit den „wichtigsten Fragen dieser Zeit" fort.)

M. Georg Leber

Ansprache anläßlich eines Truppenbesuches

Soldaten und zivile Mitarbeiter der Marine im Raum Schleswig-Holstein! Unsere Sicherheit beruht auf zwei Fundamenten, auf der Solidarität im NATO-Bündnis und auf wohlausgewogenen eigenen Verteidigungsanstrengungen. Beide bedingen einander und in beiden Bereichen fällt der Marine eine ganz spezifische Rolle zu, eine Rolle, die die Marine nicht allein, nicht ohne das Heer und die Luftwaffe und nicht ohne die Bündnispartner erfüllen kann. Diese Rolle kann ihr aber auch weder das Heer noch die Luftwaffe und auch kein Bündnispartner abnehmen. Zu dieser Rolle der Marine möchte ich einige Worte sagen.

Die Notwendigkeit, für die Sicherheit des eigenen Staates Verteidigungsanstrengungen zu unternehmen, ergibt sich immer dann und in der Art und in dem Maße, in dem diese Sicherheit einer Bedrohung ausgesetzt ist. Und so sehr wir die Aussöhnung und das friedliche Zusammenleben mit unseren östlichen Nachbarn wünschen und suchen, muß uns doch ihr gewaltiges Kriegspotential daran mahnen, auf unsere Sicherheit ausreichend bedacht zu sein und Vorkehrungen zu treffen, daß diese militärische Macht weder in einer bewaffneten Aggression die Existenz unseres Staates gefährdet noch durch bewaffnete Pression unsere Handlungsfreiheit einengt.

Nun hat aber das Potential unserer östlichen Nachbarn eine besondere Komponente. Ich meine hier die Seestreitkräfte, deren Anwachsen wir aufmerksam beobachten und deren weltweiten Einsatz im Dienste einer zielbewußten Politik wir immer wieder beobachten.

Unsere Sicherheit gebietet es, das alles nicht zu übersehen und uns so zu verhalten, daß unser Friede dadurch nicht gefährdet wird. Es kommt dabei auf zwei Dinge an:

1. Wir müssen auch auf See die Solidarität des NATO-Bündnisses festigen und das auch deutlich zeigen. Wir müssen das nicht nur durch das Vorhandensein einsatzbereiter Streitkräfte tun, die eine mögliche bewaffnete Aggression abwehren können, sondern wir müssen bereits im Frieden durch entsprechende Maßnahmen den politischen Wirkungen der Seestreitkräfte des Warschauer Paktes im Sinne der Abschreckung und zum Schutze vor politischen Pressionen entgegenwirken.

2. Wir müssen in den vor unseren Küsten liegenden Seegebieten der Ostsee und der Nordsee die dort bestehenden spezifischen Verteidigungsaufgaben der NATO für das Bündnis gemeinsam mit den dänischen Streitkräften, übernehmen. Diese Verbindungswege zwischen den baltischen Küsten und den Ozeanen sind ein entscheidender Faktor.

Deshalb ist es unsere Aufgabe, daß die Marine bereits im Frieden die NATO in der Ostsee und Nordsee repräsentiert und unseren deutschen Anteil an der Freiheit der Meere durch ihr Auftreten auf See deutlich macht. Sie soll in gemeinsamer Aktivität mit den verbündeten Marinen zugleich den Zusammenhalt im Bündnis festigen und auch nach außen sichtbar machen. Sie soll im Falle einer Krise die Möglichkeiten zur Krisenbewältigung nutzen, die die Hohe See in unserer Region bietet. Sie soll im Verteidigungsfall das Territorium unseres Landes und Dänemarks gegen Angriffe schützen, die auch über See kommen können. Schließlich soll sie in einem Konfliktfall die Nutzung der Seewege zwischen der Ostsee und den Ozeanen einem Angreifer verwehren und für eigene Zwecke offen halten.

Mit diesen Aufträgen hat die Bundesregierung unserer Marine in der Bundeswehr und in der NATO eine eigenständige Rolle zugewiesen. Nur See- und Seeluftstreitkräfte können in Krisen die notwendigen Reaktionen und Gegenmaßnahmen außerhalb des eigenen Hoheitsgebietes durchführen, und niemand kann dies für uns unter unserer nationalen Verantwortung übernehmen. Nur Seeluftstreitkräfte können einen Angriff über See auf unsere Küsten bereits weit draußen auf See abwehren. Da die anderen Partner der atlantischen Gemeinschaft durch ihre eigenen Aufgaben voll ausgelastet sind, bleiben in der Ostsee und Nordsee dafür zunächst nur die deutsche und die dänische Marine.

Wir sprechen von Verteidigung und davon, daß wir in der Lage sein müssen, uns verteidigen zu können.

In Wirklichkeit geht es aber um die Sicherung des Friedens vor einem Angriff, das heißt um eine Sicherung, die versucht, überhaupt keinen Angriff aufkommen zu lassen.

Die Kraft unseres Bündnisses, und natürlich auch unser Beitrag dazu, muß im ganzen so überzeugend sein, daß er auf Angriffsgelüste abschreckend wirkt und bei keinem denkbaren Gegner ernsthafte Angriffsgelüste aufkommen lassen kann, weil es gegen die Kraft und die Wachsamkeit und die präsente Bereitschaft, die dem Bündnis innewohnen, keine Chance für einen Erfolg gibt.

Die Bundeswehr ist eine Verteidigungsmacht.

Das Grundgesetz verbietet die Vorbereitung und das Führen von Angriffskriegen. Weil das so bleiben soll, müssen wir unseren eigenen Frieden um so überzeugender schützen.

In diese Aufgabe eingebettet liegt auch der besondere Auftrag der Bundesmarine. Hohe Einsatzbereitschaft ist die unerläßliche Voraussetzung dafür, daß die Marine diese ihr speziell zugewiesene Aufgabe auszufüllen vermag. Ich möchte deshalb dazu einige Ausführungen machen.

Ich kenne Ihre Sorgen! Sie haben zu einem guten Teil überalterte Waffensysteme und Boote, mit denen Sie Ihren Auftrag angesichts eines modern gerüsteten möglichen Gegners erfüllen sollen. Ein Schritt zu hoher Einsatzbereitschaft heißt daher zwangsläufig Modernisierung der Flotte.

In dieser Richtung ist einiges im Gange! Die Schnellboote des 7. Geschwaders sind gerade umgerüstet worden. Zwanzig Schnellboote mit Flugkörpern sind in Frankreich für uns im Bau, und Ende September läuft das erste dieser Boote vom Stapel. Zehn weitere Schnellboote sind in Deutschland in Auftrag gegeben worden. Wenn diese dann in der Mitte dieses Jahrzehnts zur Flotte stoßen, dann ist die Schnellbootflottille auf einem bemerkenswerten Stand der Modernisierung angelangt.
U-Boote sind im Bau und sollen bis zu einer Gesamtzahl von 24 Booten zulaufen. Die Marineflieger erhalten bald ihren neuen Seenothubschrauber, und die Ablösung der Jagdbomber F-104G durch das MRCA ist in einem Programm gemeinsam mit der Luftwaffe vorgesehen. Ferner planen wir einen neuen Fregattentyp, der in absehbarer Zeit unsere älteren Zerstörer und Fregatten ablösen soll.
Was die Marine darüber hinaus in diesem Jahrzehnt noch verwirklichen kann, ist vorrangig eine Frage des Geldes. Ich kann daher vorsichtig sein und nichts versprechen, solange ich nicht sicher bin, ob wir das halten können. Aber da ich Ihre Sorgen kenne und die Notwendigkeit weiterer Modernisierung der Marine anerkenne, dürfen Sie mir glauben, daß ich den Erfordernissen der Marine das ihnen gebührende Gewicht durchaus beimesse.
Die geforderte hohe Einsatzbereitschaft bedingt eine besondere personelle Struktur und hat eine qualifizierte Ausbildung zur Voraussetzung. So erfordert die Ausrüstung der Marine mit schwierigen und komplizierten Waffensystemen den Einsatz von überwiegend längerdienenden Soldaten. Die Personalstruktur der Marine ist deshalb auf 85 Prozent Langdiener und 15 Prozent Wehrpflichtige ausgelegt. Die wirtschaftliche Situation in der Bundesrepublik Deutschland und die damit verbundene Lage auf dem Arbeitsmarkt haben dazu geführt, daß längerdienende Soldaten nicht in ausreichendem Maße zur Verfügung stehen. Die Marine muß sich daher – wie in den Teilstreitkräften Heer und Luftwaffe – auf einen größeren Anteil wehrpflichtiger Soldaten einstellen und auch so ihre Aufgaben bewältigen. Es ist mir bekannt, daß die Marine auf den verschiedensten Gebieten alle Anstrengungen unternimmt, um ihren Anteil an Langdienern quantitativ und qualitativ zu verbessern. Die Erfolge der personellen Innenwerbung der Marine können aber noch wesentlich verbessert werden, wenn die in ihren Reihen dienenden Soldaten immer wieder auf die besonderen Vorteile, die für langdienende Soldaten eingerichtet worden sind, hingewiesen werden.
Eine Verbesserung der Personallage und des Ausbildungsstandes wird durch die neue Bildungskonzeption erwartet. Die Marine hat schon in ihren bisherigen Ausbildungsgängen wesentliche Merkmale dieser neuen Konzeption verwirklicht. Die Umstellung auf das neue Bildungs-

konzept wird somit bei der Marine relativ einfach zu realisieren sein. Die mir vorliegenden positiven Berichte über den Ausbildungsstand der Marine lassen diesen Schluß aus meiner Sicht bereits heute zu.

Ihnen allen ist bekannt, daß Ende dieses Jahres die Umstellung von der 18- auf die 15monatige Wehrdienstzeit vorgenommen wird. Sicherlich werden für die Marine in einigen Bereichen Schwierigkeiten zu überwinden sein. Ich bin jedoch erfreut über die Tatsache, daß bei der Marine im Zuge der Umstellung keine Präsenzlücke eintreten wird, daß die Kontinuität der Einsatzbereitschaft der Flotte damit gewährleistet ist und das Ausbildungssystem insgesamt keine gravierenden Änderungen erfährt.

Hohe materielle Einsatzbereitschaft kann nicht erreicht werden ohne eine straffe Führung der Dienststellen und Verbände. Deshalb hat mein Vorgänger einer Neuordnung der Marine zugestimmt, von der auch ich eine beträchtliche Steigerung der Effektivität und Wirtschaftlichkeit im Bereich des Marineamtes und im Unterstützungsbereich der Flotte erwarte. Gleichzeitig dient diese Umgliederung der notwendigen Anpassung an die Neuordnung des Rüstungsbereiches. Mit vertretbarem organisatorischen Aufwand wird künftig mit Hilfe von Methoden moderner Unternehmensführung die materielle Einsatzbereitschaft der Seestreitkräfte erhöht werden. Außerdem soll die neue Organisationsform eine optimale Instandhaltung der modernen, komplizierten Waffensysteme auf den Einheiten gewährleisten. Es ist vorgesehen, die notwendigen organisatorischen Änderungen schrittweise zu vollziehen. Die Probleme, die sich durch die Neuordnung für die Soldaten und die zivilen Bediensteten ergeben, sind bekannt. Den persönlichen Belangen der Betroffenen wird im Rahmen der Fürsorge in jeder möglichen Weise Rechnung getragen werden.

Wenn ich bisher andeutete, was zur Verbesserung der personellen und materiellen Faktoren der Einsatzbereitschaft noch geschehen soll, so darf daraus nicht geschlossen werden, daß ich mit dem bisher Erreichten nicht zufrieden bin. Ich weiß genau, daß die Einheiten der Marine ihren Mann stehen und Vergleiche mit anderen Marinen nicht zu scheuen brauchen, das haben sie bei allen NATO-Manövern immer wieder bewiesen. Das wird auch bei dem bisher umfangreichsten NATO-Manöver „Strong Express" der Fall sein, das im September abgehalten wird. Dieses Manöver, an dem wir uns mit allen verfügbaren See- und Seeluftstreitkräften beteiligen, gehört in die Serie der regelmäßig wiederkehrenden großen Seemanöver. Es bezweckt einerseits, die Verteidigungsfähigkeit der NATO – besonders an der für sie so wichtigen Nordflanke – unter Beweis zu stellen und andererseits, sowohl den Zusammenhalt der Bündnispartner als auch ihren festen Willen zu dokumentieren, das erforderliche militärische Gleichgewicht aufrechtzuerhalten.

Und noch einen weiteren Beweis ihrer Leistungsfähigkeit wird die Marine demnächst liefern müssen. In vier Wochen wird im Rahmen der Olympischen Spiele hier in Kiel die Segelolympiade eröffnet. Ich weiß, daß die Marine bei den Vorbereitungen maßgeblich beteiligt ist und wie umfangreich die Arbeit ist, die geleistet werden muß. Allen, die daran beteiligt sind, möchte ich für ihr Engagement ausdrücklich Dank sagen. Wir hoffen, daß die olympischen Wettbewerbe in Kiel und München ein sportliches Ereignis von hohem Rang sein werden, das organisatorisch reibungslos abläuft, und daß die Spiele sich gleichzeitig als eine Stätte internationaler Begegnung erweisen, die der Vertiefung freundschaftlicher Beziehungen zu aller Welt und damit auch der Entspannung dienen. Wir jedenfalls wollen durch unsere umfangreichen Beiträge und gute Haltung und einwandfreies Auftreten das Unsere dazu beitragen.

Abschließend möchte ich mit herzlichem Dank an Sie, die Sie hier stellvertretend für die Marine stehen, anerkennen, daß gerade auch die vertrauensvolle Zusammenarbeit aller Offiziere, Unteroffiziere und Mannschaften, aller Beamten, Angestellten und Arbeiter es bisher möglich gemacht hat, daß die Marine die ihr zugewiesenen Aufgaben voll erfüllen konnte.

Ich bin überzeugt, daß dies auch in Zukunft so sein wird. Sie leisten damit den unersetzbaren Beitrag, der mithilft, daß unsere Bemühungen um Entspannung ohne Gefährdung unserer Sicherheit fortgesetzt werden können. Wir alle stehen im Dienste einer defensiven Strategie, eines auf reine Verteidigung gegen Angriffe gerichteten Bündnisses. Je mehr Sie bei Ihrem Auftreten auf See glaubhaft machen, daß Sie einen Angriff abwehren können, desto sicherer wird ein möglicher Angriff verhindert werden. Je besser Sie Ihre schwere, verantwortungsvolle – aber auch schöne und männliche Aufgabe – in vertrauensvoller und kameradschaftlicher Zusammenarbeit mit unseren Verbündeten in Ost- und Nordsee erfüllen, desto mehr tragen Sie zur Wahrung unserer Sicherheit und unseres Friedens bei. Ihr Dienst auf und über See und in den unterstützenden Einrichtungen der Marine ist damit im besten Sinne des Wortes auch Friedensdienst, ist Dienst an einem Frieden, den zu erhalten uns allen erstes und oberstes Anliegen ist.

N. Wolfgang Mischnick
Liberale Politik im Bundestag

Sehr geehrte Damen und Herren, liebe Parteifreunde!
Unsere Entscheidung vor einem Jahr in Nürnberg – übrigens fast auf den Tag genau – hieß: „Praktische Politik für Deutschland."
Mit diesem Auftrag der Mitglieder und Wähler ausgestattet, hat die FDP im 6. Deutschen Bundestag ihre Arbeit aufgenommen. Nach sorgfältiger Prüfung wurde mit der Sozialdemokratischen Partei Deutschlands ein Regierungsprogramm erarbeitet.
Dieses Programm, in dem sich unsere Beschlüsse von Nürnberg widerspiegeln, wollen wir und werden wir in der gleichen guten und vertrauensvollen Zusammenarbeit wie in den vergangenen acht Monaten gemeinsamer Regierungsverantwortung mit unserem Koalitionspartner in dieser Legislaturperiode verwirklichen.
Das ist – dessen bin ich mir bewußt – mit einer großen Herausforderung an unsere Partei verbunden.
Der Herausforderung nämlich, zu zeigen, daß das Vertrauen, welches uns die Wähler geschenkt haben, gerechtfertigt ist.
Und das können wir dem Wähler nur beweisen, wenn wir in der Regierungsverantwortung als ein zuverlässiger, in seiner politischen Meinung festgefügter Partner auftreten.
Mit unseren Beschlüssen von Nürnberg und mit dem Regierungsprogramm haben wir eine Plattform, die es uns ermöglicht zu zeigen, welche Bedeutung liberale Politik hat:
– zur Sicherung des Friedens;
– zur Sicherung der Rechte des einzelnen;
– zur Wahrung der sozialen und wirtschaftlichen Sicherheit des einzelnen;
– zur Wahrung des inneren Friedens eines Staates.
Gerade was den inneren Frieden unseres Landes betrifft, werden wir jetzt einen bedeutenden Beitrag zu leisten haben. Denn der Stil, den die Opposition in der politischen Auseinandersetzung eingeführt hat, setzt unsere Demokratie einer schweren Belastungsprobe aus.
Seit acht Monaten hat die CDU/CSU die Möglichkeit, ihre Alternativen oder das, was sie dafür hält, vorzutragen.
Die Unionsparteien beschränken sich aber, wenn sie von uns nach ihren Alternativen gefragt werden, auf die Kritik. Die CDU/CSU ist heute und nach meiner Überzeugung noch für überschaubare Zeit weder in der Lage sachliche noch personelle Alternativen anzubieten.
Nicht die Kritik, sondern die Methoden stimmen uns nachdenklich, angefangen von Unterstellungen bis hin zu persönlichen Diffamierungen.

Und solange die innenpolitische Auseinandersetzung von seiten der Opposition in einen für eine parlamentarische Demokratie unwürdigen und – wie gerade wir aus unserer Geschichte her wissen – verhängnisvollen Stil geführt wird, solange man also weiterhin das politische Geschäft mit der Angst der Bürger betreibt – solange müssen sich die Herren Barzel, Strauß, Kiesinger und Heck merken, daß die CDU/CSU keine wirkliche Alternative darstellt.

Demagogie ist kein Ersatz für eine Politik, die den wertvollen Beitrag aller Deutschen zum Aufbau dieses Staates und einer stabilen Demokratie sichert – eher das Gegenteil!

Wir sind weiterhin bereit, uns mit sachlichen Argumenten der Opposition auseinanderzusetzen.

Aber die CDU/CSU sollte uns so gut kennen, daß wir mit aller Kraft jeden und alles bekämpfen, was unserem Volke und unserer Demokratie schädlich oder auch nur gefährlich sein kann.

Wir haben seit Übernahme der Regierungsverantwortung eine positive Bilanz aufzuweisen, die uns die Berechtigung gibt, das hier so deutlich auszusprechen.

Jeder Bürger, der dazu bereit ist, kann sich davon überzeugen, daß von dieser Regierung und der sie tragenden Parteien in kurzer Zeit viel mehr geleistet wurde, als unsere Kritiker wahrhaben wollen.

Und jeder Wähler von uns, der dazu bereit ist, kann sich davon überzeugen, daß der liberale Beitrag zu dieser Politik nicht gering ist:

Die FDP hat sich in der Wahlplattform zu den Problemen der Verfassung und des Föderalismus geäußert. Es heißt dort: „... der Föderalismus als Prinzip der Machtverteilung entspricht freiheitlichem Verfassungsdenken."

Die Aufgaben von Bund, Ländern und Gemeinden müssen klar abgegrenzt sein, damit eindeutige Verantwortungen und wirksame parlamentarische Kontrollen gewährleistet sind.

Für übergeordnete Aufgaben, wie z. B. Forschung und Bildung muß der Bund mehr Zuständigkeit erhalten. Regionale Aufgaben erfüllen Länder und Gemeinden besser.

Auf dem Weg zu unserem Ziel, durch eine Neugliederung der BRD wirklich gleich leistungsfähige Länder zu schaffen, sind wir ein Stück weitergekommen.

Heute sind in allen Parteien viele bereit, uns auf diesem Weg zu folgen; gestern wurden wir darob noch belächelt.

Unser Parteifreund, Innenminister Genscher, hat Mitte April d. J. vor dem Rechtsausschuß über die verfassungspolitischen Ziele der Bundesregierung berichtet.

Zu diesem Bericht heißt es: „Die Bundesregierung will eine Kommission einberufen, die sich mit dem Thema Fortentwicklung der bundesstaatlichen Struktur befassen soll."

Insbesondere soll auch die Frage von Kompetenzübertragung vom Bund auf die Länder untersucht werden, wo doch sonst immer nur vom Gegenteil die Rede ist.
Die Einberufung der Kommission soll in Kürze erfolgen.
Darüber hinaus wird aufgrund eines Beschlusses der Fraktionsvorsitzendenkonferenz eine FDP-Kommission zur Weiterentwicklung der bisherigen Vorschläge zur Neugliederung gebildet werden.
Andere Forderungen von uns waren, daß innerhalb einer Neuregelung der Kompetenzen der Bund die Gesetzgebungskompetenz auf den Gebieten der Luftreinhaltung, Lärmbekämpfung, Tierschutz, Wasserhaushalt und bei der Beamtenbesoldung erhalten müßte.
In diesem Zusammenhang muß auch die eigenständige Richterbesoldung, eine alte Forderung der FDP, erwähnt werden, die im Rahmen der allgemeinen Justizreform erreicht werden soll.
Zum Zweck der Verwirklichung sind die Kompetenzverlagerungen bereits als Bundesratsdrucksache eingebracht.
Auch die in der Plattform unter der Überschrift „Eine Verfassung für Freie Bürger" aufgestellten Forderungen sind angepackt worden.
Auf einem gemeinsamen Gesetzentwurf der Regierungsfraktionen hin beschloß der Bundestag, das aktive Wahlalter auf 18, das passive auf 21 Jahre zu senken.
Ein Punkt, wo die FDP Urheberrechte besitzt.
Fragen der Erweiterung der Bürgerrechte, stärkere Mitwirkungsmöglichkeiten, wie z. B. das Volksbegehren werden in der in Kürze zusammentretenden Verfassungskommission diskutiert.
Alle in der Zukunft notwendigen Verfassungsänderungen sollen zusammengefaßt und in einem Paket verabschiedet werden, also eine „Verfassungsreform aus einem Guß".
Ferner soll so schnell wie möglich ein Hochschulrahmengesetz verabschiedet werden.
Die zur Vorbereitung dieses Gesetzeswerkes erarbeiteten Thesen sind von unserem Staatssekretär im Bundesministerium für Bildung und Wissenschaft, Frau Dr. Hamm-Brücher, maßgeblich mitgestaltet worden.
Damit wird einer alten FDP-Forderung genüge getan.
Eine wesentliche Etappe in der Entwicklung eines fortschrittlichen bildungspolitischen Konzepts ist auch mit der Vorlage des Bildungsberichts zurückgelegt worden.
Wir hoffen, daß die darin enthaltenen Zielvorstellungen und der klar vorgezeichnete Weg zur Verwirklichung einer umfassenden Bildungsreform nun die Zustimmung all derer in Bund und Ländern finden wird, denen an einer modernen Demokratie gelegen ist. Aber darüber wird morgen von Frau Kollegin Hamm-Brücher mehr gesagt werden.
Allein diese Arbeiten widerlegen eindeutig die voreiligen Angriffe, mit denen

einige Vertreter der CDU/CSU von ihren eigenen Versäumnissen in diesem Bereich ablenken wollten.

Entgegen allen anderen Behauptungen kann festgestellt werden, daß viele Forderungen zu Reformen, die diese Partei, diese Koalition und diese Bundesregierung aufgestellt hat, bereits eingeleitet worden sind.

Auch auf anderen Gebieten der Bildungspolitik ist der liberale Einfluß unverkennbar.

Die Empfehlungen des Bildungsrates sind ein behutsamer, aber dennoch mutiger Versuch, die Grundlage unserer Demokratie mit Hilfe einer gründlichen Reform des Schulwesens zu stärken.

Wir Freien Demokraten dürfen mit Genugtuung feststellen, daß wesentliche Teile der in der Nürnberger Wahlplattform umrissenen Bildungsvorstellungen in den Empfehlungen des Bildungsrates wiederkehren.

So ist z. B. das Konzept der Offenen Schule vom Bildungsrat dem Inhalt nach als wissenschaftlich fundiert und pädagogisch und demokratisch notwendig bestätigt worden.

Auch zum Strafvollzug haben wir in Nürnberg Stellung bezogen. Der Vollzug der Strafe soll nicht der Vergeltung, sondern dem Schutz der Gesellschaft dienen und die Wiedereingliederung des Täters in die Gesellschaft ermöglichen.

Bis Anfang 1971 wird die Arbeit der Strafvollzugskommission abgeschlossen sein.

Der dann vorzulegende Reformentwurf wird – unter unserem Einfluß – die Mängel in unserem Vollzugsverfahren beseitigen.

Unsere Forderung nach Errichtung eines Rechtspflegeministeriums ist Koalitionsvereinbarung, die zum Teil bereits verwirklicht wurde.

Der Arbeitskreis IV der Bundestagsfraktion bemüht sich z. Z. zu einer Prozeßbeschleunigung im Zivilverfahren zu kommen. Eine Regierungsvorlage dazu gibt es bereits.

Das Bundesjustizministerium arbeitet an einer Novellierung des Ehescheidungsrechtes, wobei unsere liberalen Vorstellungen zu diesem Thema berücksichtigt werden.

Auf einem gemeinsamen Gesetzentwurf der Regierungsfraktion wurde das Demonstrationsrecht neu, und wie ich meine, liberal gefaßt.

Durch dieses Reformwerk und die diesbezügliche Amnestie ist eine innere Befriedigung in unserem Lande eingetreten.

Entsprechend den Forderungen der FDP, mit denen sie schon in der vergangenen Legislaturperiode im Bundestag initiativ geworden war, hat die Bundesregierung durch unseren Freund Genscher mit einer Intensivierung der Verbrechensbekämpfung begonnen.

Die Steigerung der Leistungsfähigkeit des Bundeskriminalamtes ist eingeleitet, sowohl in technisch-räumlicher, als auch in personeller Hinsicht.

Eines der wichtigsten Ziele ist am Vorbild der Arbeit des nordrhein-westfälischen Innenministers, Willi Weyer, orientiert, sichere Städte zu schaffen. Nordrhein-Westfalen hat die sichersten Großstädte der Welt.

Die Vorlage eines Sofortprogramms mit weiteren Maßnahmen für die Intensivierung der Verbrechensbekämpfung zum Schutz der Sicherheit unserer Bevölkerung steht unmittelbar bevor.

Keine der letzten Regierungen konnte in einer so kurzen Zeit auf so viele sozialpolitischen Initiativen hinweisen, wie die Regierung Brandt/Scheel, die nicht nur in Angriff genommen, sondern auch durchgeführt worden sind.

Dies gilt ebenso für die klassische Sozialpolitik wie für die moderne Sozialpolitik und für die Kriegsfolgelasten.

Wir können nur dann unsere derzeitige wirtschaftliche Situation halten und die künftige gesellschaftliche Situation verbessern, wenn wir bereit und in der Lage sind, die vorhandenen Fähigkeiten und Reserven voll auszuschöpfen.

Solch einer Entwicklung stehen noch rechtliche oder tatsächliche Privilegien unterschiedlichster Art entgegen.

Es ist uns in der vergangen Legislaturperiode gelungen – übrigens zusammen mit der SPD – den Widerstand der CDU gegen ein allgemeines Ausbildungsförderungsgesetz zu knacken und damit die Initialzündung für eine allgemeine Ausbildungsförderung zu schaffen. Dieses Gesetz ist in mehrfacher Hinsicht von Bedeutung: Damit ist ein Sieg über den politischen Provinzialismus errungen worden.

Niemand wird bestreiten können, daß es fünf Minuten vor zwölf war, als sich alle Parteien – die CDU wie üblich als letzter im geistigen Geleitzug – auf dieses notwendige Gesetz besonnen haben.

In einem Anpassungsgesetz zum Ausbildungsförderungsgesetz sind die entsprechenden Leistungen angehoben worden, so daß im Prinzip ab 1. 7. 1970 Leistungen wie im Honnefer Modell gelten.

Die Familienpolitik ist in den vergangenen Jahren stehengeblieben, wenn man von dem Ausbildungsförderungsgesetz absieht. Eine Neugestaltung des Familienlastenausgleichs ist von dieser Regierung im Rahmen der Steuerreform vorgesehen, weil im derzeitigen System nur Steuervergünstigungen einen Teil des Familienlastenausgleichs darstellen. Das ist aber gerade für die niedrigen Einkommensgruppen nicht mehr erträglich.

Die Vorarbeiten zur Verbesserung haben begonnen. Die CDU hat kritisiert, daß hier zu wenig getan werde.

Die jetzige Koalition hat aber auch keinerlei brauchbare Vorarbeiten der CDU-Minister, die bis vor acht Monaten für dieses Ressort verantwortlich waren, für eine Reform des Familienlastenausgleichs vorgefunden.

Es ist deshalb für die Übergangszeit eine Verbesserung des Familienlastenausgleichs durch zwei Maßnahmen vorgesehen:
– eine Erhöhung des Kindergeldes,

— eine Erhöhung der Einkommensgrenze für den Bezug von Zweit-Kindergeld.

Die Rentenanpassungen sind durch Initiativen der jetzigen Koalition erstmals in einem ordnungsgemäßen Verfahren so rechtzeitig verabschiedet worden, daß im Zeitpunkt seines Inkrafttretens die erhöhten Rentenleistungen bereits gewährt werden können.

Ferner wurde in diesem Jahr rückwirkend ab 1. 1. 1970 der sogenannte Krankenversicherungsbeitrag der Rentner beseitigt, der im Grunde nichts anderes als eine Rentenkürzung war, die die große Koalition mit dem Finanzänderungsgesetz eingeführt hat.

Die CDU hat durch die Rentenreform 1957 die Selbstversicherung für Selbständige abgeschafft.

Übriggeblieben ist nur ein Weiterversicherungsrecht, welches allerdings die Selbständigen in zahlreichen Fällen auch bei gleicher Beitragsleistung gegenüber Unselbständigen diskriminiert.

Anträge der FDP in der Vergangenheit, diese Diskriminierung zu beseitigen und das Recht zur Selbstversicherung bei bestimmten Beitragsleistungen erneut zu eröffnen, sind von CDU und SPD gemeinsam abgelehnt worden.

Die jetzige Bundesregierung wird auch hier konkrete Schritte unternehmen, wie sie von unserer Seite gefordert worden sind.

Wir Freien Demokraten hatten es uns seit jeher zur Aufgabe gemacht, dafür zu sorgen, daß diejenigen Personengruppen, die als Kriegsopfer, als Heimatvertriebene, Flüchtlinge und als Kriegssachgeschädigte mehr als andere vom Krieg und seinen Konsequenzen betroffen sind, sozial nicht schlechter gestellt werden als andere.

Das erste große sozialpolitische Gesetz, das diese Regierung verabschiedet hat, war eine Verbesserung der Kriegsopferversorgung.

Neben der allgemeinen Erhöhung der Kriegsopferrenten liegt die entscheidende Verbesserung in einer jährlichen Anpassung entsprechend der allgemeinen wirtschaftlichen Entwicklung.

Damit ist für die Zukunft gewährleistet, daß in diesem Sektor in gleicher Weise wie in den anderen Sektoren eine jährliche Anpassung der Leistungen stattfinden.

Das klingt vielen als Selbstverständlichkeit, aber es erscheint wichtig darauf hinzuweisen, daß die große Koalition die Kriegsopfer total vernachlässigt hat.

Und in der Legislaturperiode davor mußte die FDP – wir waren mit der CDU in der Regierungsverantwortung – es bis zur Koalitionsfrage kommen lassen, um im mehrjährigen Abstand eine vertretbare Verbesserung durchzusetzen.

Der zweite entscheidende Schritt ist für die Flüchtlinge durch die 23. Novelle zum Lastenausgleichsgesetz unternommen worden. Aus politischen Erwägungen waren in der Vergangenheit Vermögensverluste bei

Heimatvertriebenen und Flüchtlingen unterschiedlich behandelt worden. Die FDP hat 1958 erstmals eine Initiative in Richtung auf eine rechtliche Gleichstellung unternommen. Damals sind wir an der absoluten Mehrheit der CDU gescheitert. Ich glaube, dies ist gerade im Moment erwähnenswert, weil bestimmte oppositionelle Kreise mit unverantwortlichen Mitteln den Eindruck zu erwecken versuchen, als seien nur in der CDU die wahren Vertreter berechtigter Interessen der Heimatvertriebenen und Flüchtlinge.

Mit der 23. Novelle zum Lastenausgleichsgesetz werden nunmehr eine Reihe diskriminierender Hürden beseitigt, so daß auch Flüchtlinge in weiten Bereichen das gleiche oder zumindest ein vergleichbares Entschädigungsrecht wie die Heimatvertriebenen und einheimischen Kriegsgeschädigten haben. Wenn jetzt aber, wie ich gerade höre, dagegen wieder Bedenken im Bundesrat erhoben werden, dann habe ich kein Verständnis dafür. Wir müssen endlich zu Abschlußgesetzen in diesem Bereich kommen.

Die große Koalition hat in der Vergangenheit das Krankenversicherungsrecht der Arbeiter dem der Angestellten angepaßt, nicht jedoch umgekehrt, so daß heute der Arbeiter unabhängig von der Höhe seines Einkommens einen Anspruch auf einen Arbeitgeberanteil von 50% hat, während ihn der Angestellte bei Übersteigen der Versicherungspflichtgrenze – heute bei 1200 DM monatlich – nach wie vor verliert.

CDU und SPD haben in der Vergangenheit Vorschläge der FDP, die Angestellten materiell gleichzustellen, abgelehnt.

Dem Bundestag liegt durch die jetzige Regierung ein Gesetzentwurf vor, der allen Angestellten einen entsprechenden Arbeitgeberanteil gewährt, unabhängig davon, ob sie gesetzlich oder privat versichert sind.

Auch hier wird weniger als ein Jahr nach Beginn der Arbeit der neuen Regierung das verwirklicht werden, was die FDP gefordert und was vorher CDU und SPD abgelehnt haben.

Die Entwicklung der Gesetze in den verschiedensten Sozialbereichen hat zu einer Undurchsichtigkeit des Sozialrechts geführt, das selbst Fachleute mehr und mehr als ein Buch mit sieben Siegeln betrachten.

Die FDP hat bereits 1961 eine Enquête gefordert, die sich mit diesen Fragen befaßt.

Sie wurde allerdings unter der Einflußnahme des Arbeitsministeriums von ihrem Auftrag her zu einer Rechtfertigung von CDU-Politikern verfälscht und hat daher nicht zu brauchbaren Ergebnissen geführt.

Die jetzige Regierung ist daher bemüht, durch verschiedene Kommissionen das nachzuholen, was in der Vergangenheit vernachlässigt wurde. Ziel dieser Arbeit ist eine bessere Überschaubarkeit und Durchsichtigkeit unseres Sozialrechts, das in seinen wesentlichen Bestandteilen den unmittelbar Betroffenen nicht nur mit Hilfe eines Fachmannes verständlich sein soll.

Die Erkenntnis, daß Eigentum den Freiheitsraum des einzelnen erweitert und das Maß seiner persönlichen Unabhängigkeit entscheidend beeinflussen kann, ist in der FDP länger vorhanden als in anderen Parteien.

Die Forderung der Vermögensbildung in *breiten Schichten* der Bevölkerung, hat sich diese Regierung zum Ziel gesetzt. Diesem Ziel sollen folgende Maßnahmen dienen, die vor wenigen Wochen im Bundestag beschlossen worden sind:

- eine Verdoppelung des begünstigten Sparbetrages von 312 DM auf 624 DM;
- eine Begünstigungsform, die auch diejenigen Sparer berücksichtigt, die wegen ihres geringen Einkommens Steuervergünstigungen nicht in Anspruch nehmen konnten;
- eine besondere Berücksichtigung der Familien ab drei Kinder, deren Sparleistungen durch einen höheren Zuschlag anerkannt wird;
- eine Ausweitung des begünstigten Anlagenkatalogs durch die Aufnahmen der Lebensversicherungen.

Wir wissen, daß dieses Gesetz allein nicht der große Durchbruch zur Vermögensbildung auf breiter Basis sein wird.

Wir müssen jedoch jene Stimmen und Urteile zurückweisen, die in Unkenntnis der möglichen Wirkungen glauben, diese Entscheidung als etwas Geringfügiges abtun zu können.

Der Gesetzgeber kann in vielem nur Rahmen und bestimmte Daten setzen. Es ist Aufgabe der Beteiligten, von den gebotenen Möglichkeiten Gebrauch zu machen.

Die Einstellung zur Vermögensbildung hat sich bei den Tarifpartnern entscheidend gewandelt.

Die allgemeinen Diskussionen zur Vermögensbildung haben hierzu das ihre beigetragen.

Wer das neue 312-Mark-Gesetz richtig beurteilen will, kann dies nicht mit Blick auf die Vergangenheit tun, sondern muß die jüngsten Daten mit berücksichtigen.

Der Anteil der Freien Demokraten an diesem Gesetz liegt insbesondere in zwei Punkten:

1. Wir haben durchgesetzt, daß der individuelle Sparvorgang genauso begünstigt wird wie tarifliche Vereinbarungen. Damit wird der einzelne nicht benachteiligt, wenn in seinem Tarifbereich eine entsprechende Vereinbarung der Sozialpartner nicht zustande kommt;
2. in einer Ausweitung der Anlageformen durch die Einbeziehung der Lebensversicherung.

Darüber hinaus haben die Koalitionsfraktionen mit einem Entschließungsantrag, dem übrigens auch die CDU zugestimmt hat, die Bundesregierung beauftragt, gesetzliche Regelungen zur Vermögensbildung für die Selbständigen vorzuschlagen.

Das System der Förderungsmaßnahmen hat sich nicht nur unterschiedlich entwickelt, es ist in bestimmten Bereichen auch unüberschaubar geworden.
Wir haben daher die Bundesregierung beauftragt, bis zum Herbst kommenden Jahres dem Bundestag Vorschläge zu einer Vereinheitlichung und einer besseren Durchsichtigkeit vorzulegen, soweit es sinnvoll und möglich ist.
Offen ist auch in unseren eigenen Reihen die Diskussion hinsichtlich einer Beteiligung aller am Vermögenszuwachs der Wirtschaft im Rahmen von Beteiligungen, die über die bisher vorhandenen Möglichkeiten hinausgehen.
In der letzten Hauptausschußsitzung in Saarbrücken stand ein Arbeitspapier zur Diskussion; außerdem sind die wesentlichen Fragen vorgetragen worden, die sich im Hinblick auf die Grundzüge der verschiedensten Modellvorstellungen ergeben.
Diese Modellvorstellungen lassen sich im Prinzip auf zwei Typen reduzieren:
– eine Beteiligung der jeweiligen Beschäftigten oder aller Beschäftigten an den Gewinnen der Unternehmen
oder
– eine Beteiligung der jeweiligen Beschäftigten oder aller am Wertzuwachs der Unternehmen bzw. des Gesamtvermögens der Wirtschaft.
Wer die Beteiligung aller in der einen oder anderen Form wünscht, wird ohne Fonds nicht auskommen, weil er sonst alle Beschäftigten aus Bereichen, deren Arbeit nicht auf einen wirtschaftlichen Ertrag ausgerichtet ist, ausschließt, es sei denn, über den Arbeitsmarkt könnte ein entsprechendes Regulativ geschaffen werden. Diese Fragen sind in der Diskussion jedoch höchst umstritten. Wenn Fonds geschaffen werden sollen, ergeben sich die Fragen ihrer Ausstattung mit Barmitteln – etwa aus ausgeschütteten Gewinnen – oder mit Anteilscheinen am Unternehmenskapital.
Diese Modelle lassen sich anhand von Kapitalgesellschaften durchspielen. Sie werfen aber bisher ungelöste Probleme im Hinblick auf andere Unternehmungsformen auf.
Die Diskussion um die Vermögensbildung kann sich nicht auf modellbezogene Planspiele begrenzen, es müssen auch die möglichen Gesamtwirkungen auf die wirtschaftliche Entwicklung gesehen werden, soweit sie fördernd oder bremsend wirken können.
Keiner der zahlreichen Pläne ist bisher reif für eine gesetzliche Entscheidung, es sei denn, man beschränke sich auf einen Dilettantismus, wie er aus einem CDU-Entwurf mit Zwangssparmaßnahmen hervorgeht.
Es kann aber nicht Sinn unserer Diskussion sein etwas nur vorzuschlagen, um in der Öffentlichkeit behaupten zu können, man habe etwas vorgelegt.
Unsere Mitglieder und die Gliederungen der FDP in Bund und Land waren

und sind aufgerufen, durch ihre Beiträge an der Entwicklung brauchbarer und entscheidungsreifer Modelle mitzuwirken.

Die Große Koalition hat aus ihrem Regierungsprogramm Änderungen des Mitbestimmungsrechts im betrieblichen und überbetrieblichen Sektor ausgeklammert.

Die jetzige Regierung und Koalition werden das Betriebsverfassungsgesetz und Personalvertretungsgesetz unter Berücksichtigung der gesammelten Erfahrungen den Gegebenheiten durch eine Novelle anpassen.

Der Biedenkopfbericht zur Mitbestimmung wird im Bundestag und mit allen Beteiligten diskutiert werden.

Die FDP wird dabei in den Mittelpunkt ihrer Überlegungen die Situation des einzelnen Arbeitnehmers im Erwerbsleben und Erwerbsprozeß und deren Verbesserung stellen.

Die Vorschläge und die Diskussion mit dem Koalitionspartner und den Beteiligten werden von dieser Grundhaltung ausgehen.

Es ist in diesem Zusammenhang genauso deutlich zu sehen, daß die Koalitionsfreiheit in keiner Weise beeinträchtigt werden soll.

Aber wir haben uns auch gegen jeden Versuch gewandt, die negative Koalitionsfreiheit anzutasten.

Soweit von der Koalitionsfreiheit durch Engagements in der einen oder anderen Form Gebrauch gemacht wird, soll dem einzelnen selbstverständlich jede Möglichkeit gegeben sein, eine entsprechende Hilfestellung in Anspruch zu nehmen.

Was wir nur nicht wollen, ist eine Entwicklung von organisatorischen Sonder- und Eigeninteressen innerhalb der Unternehmen, die mit den Interessen des einzelnen Beschäftigten in keinem direkten Zusammenhang mehr stehen.

Die konjunkturpolitische Diskussion – und das wird heute zuweilen vergessen – ist keine Angelegenheit der letzten Wochen und Monate, sondern sie erreichte ihren ersten Höhepunkt vor genau einem Jahr zu Beginn der heißen Phase der Bundestagswahlen.

Damals beharrten Strauß und Kiesinger angesichts einer sich abzeichnenden Preiswelle und angesichts einer Reihe wilder Streiks wie wir sie nach dem Kriege in der Bundesrepublik bis dahin nicht erlebt hatten, darauf, daß es sich um die „Spätphase" eines konjunkturellen Aufschwungs handele und Maßnahmen, insbesondere die Wiederherstellung der richtigen Währungsparität, unangemessen bzw. verfrüht seien.

Damals war es die FDP, die die Forderung des derzeitigen Bundeswirtschaftsministers nach sofortiger Aufwertung der DM unterstützte und diese Maßnahme unmittelbar nach Bildung der neuen Regierung mit durchsetzte.

Die Aufwertung stellte zunächst das außenwirtschaftliche Gleichgewicht wieder her. Die in Mrd-Höhe hineingeflossenen Spekulationsgelder flossen wieder ab und die Zahlungsbilanz glich sich aus.

Anfang Januar hat die FDP-Fraktion nach eingehenden Erörterungen sodann folgende 8 Maßnahmen zur Wiederherstellung auch des binnenwirtschaftlichen Gleichgewichts, insbesondere des Gleichgewichts zwischen Angebot und Nachfrage vorgeschlagen:
1. Zeitliche Zurückstellung des Steueränderungsgesetzes 1970.
2. Zurückhaltung bei der Kreditaufnahme der öffentlichen Hand.
3. Beschluß zur Bildung einer Konjunkturausgleichsrücklage für 1970.
4. Beibehalten der konjunkturgerechten Position in den Tarifverhandlungen für den öffentlichen Dienst.
5. Begünstigung für zeitlich begrenztes Konjunktursparen.
6. Zulassung steuerbegünstigter Investitionsrücklagen.
7. Schnellere Anpassung der Vorauszahlungen bei der Einkommens- und Körperschaftssteuer.
8. Begrenzung des Zuwachses der Konsumentenkredite.
Die ersten 6 dieser Maßnahmen wurden zusammen mit dem Koalitionspartner in die Tat umgesetzt, die beiden letzten stehen als weitere Instrumente noch zur Verfügung.
Unterstützt wurde von der FDP ferner die konjunkturgerechte Haushaltsgestaltung und -abwicklung.
Der kürzlich gefaßte Beschluß, 2 Mrd. DM aus dem Bundeshaushalt bei der Bundesbank stillzulegen, wurde mit den Stimmen der FDP gefaßt.
Im weiteren Verlauf der Diskussion hat die Fraktion der Bundesregierung wiederholt ihre volle Unterstützung zugesagt für alle Maßnahmen, die geeignet sind, eine zweite Preiswelle in diesem Jahr zu verhindern.
Ich selbst habe mehrfach auch auf die Möglichkeit der Schaffung zeitlich begrenzter zusätzlicher Sparanreize hingewiesen.
Desgleichen haben wir zu einem sehr frühen Zeitpunkt die Vorauszahlung von Lohn- und Einkommensteuer vorgeschlagen.
Die Rückzahlung bzw. Verrechnung soll mit dem nächsten Lohnsteuerjahresausgleich bzw. Einkommensteuervorauszahlungsbescheid verrechnet werden. Dabei wäre selbstverständlich der genaue Termin konjunkturgerecht zu wählen.
Aus all diesem ergibt sich, daß es bei uns weder an Phantasie und Einsicht, noch an gutem Willen gefehlt hat, bei dem Bemühen, den konjunkturellen Aufschwung durch eine Vielzahl geeigneter Maßnahmen in den Griff zu bekommen.
In krassem Mißverhältnis steht demgegenüber der von der Opposition veranstaltete Wirbel zu dem tatsächlich von ihr angebotenen Instrumentarium! Kann mir einer von Ihnen sagen, welche konkreten Maßnahmen die CDU/CSU, durch deren Versäumnisse die Preis-Lohnspirale letztes Jahr in Gang gesetzt wurde, nun wirklich zur Konjunktursteuerung vorgeschlagen hat?
Nein!

Aber damit nicht genug: die gleiche Opposition, die im Plenum und draußen im Lande der Regierung mangelnde Sparsamkeit vorwirft, stellte zur gleichen Zeit im Verlauf der Haushaltsberatungen in den Ausschüssen des Bundestages ausgabenwirksame Anträge über 3,5 Mrd. DM!

In der Frage der Erhaltung ausreichender Wettbewerbsbedingungen angesichts einer sich beschleunigenden Konzentration in der Wirtschaft wird die FDP ihr liberales Konzept, wie es in der Nürnberger Wahlplattform niedergelegt ist, nach keiner Seite verraten.

Dementsprechend werden wir zusammen mit dem Koalitionspartner das geltende Gesetz gegen Wettbewerbsbeschränkungen novellieren und den Verbraucher durch eine verstärkte Mißbrauchsaufsicht über marktbeherrschende Unternehmen vor Übervorteilung schützen. Als ein Bestandteil dieser Mißbrauchsaufsicht soll auch eine vorbeugende Fusionskontrolle eingeführt werden.

Auf der anderen Seite kann es aber nicht im Interesse einer marktwirtschaftlich orientierten Gesellschaft liegen, die Basis ihrer Existenz, ein dynamisches Unternehmertum in einer Sackgasse von kartellrechtlichen Paragraphen, Vorschriften und Reglements zu erdrosseln, während gleichzeitig die Industrien der anderen großen Nationen zum Sturm auf unsere traditionellen Märkte ansetzen.

Die außerordentliche Kompliziertheit dieser Gesetzesmaterie wird jeder bestätigen, der sich einmal die Mühe gemacht hat, nicht nur oberflächlich in die Dinge einzusteigen.

Die Auseinandersetzungen mit der parlamentarischen Opposition lassen sich neben der Konjunkturpolitik nicht weniger reizvoll auf dem Gebiet der Steuergesetzgebung führen.

Wenn die CDU/CSU im Hinblick auf die von den Regierungsparteien im Rahmen der großen Steuerreform beabsichtigten steuerlichen Änderungen sehr weitgehende Forderungen für fast jede der in ihren Bereichen vertretenen zahlreichen Gruppen und Verbände fordert, so sei es mir erlaubt, an dieser Stelle unsere Vizepräsidentin des Deutschen Bundestages, Liselotte Funcke, zu zitieren.

Sie hielt der erstaunten Opposition kürzlich entgegen, daß diese in den Jahren ihrer Regierung nicht weniger als 11 verschiedene Steuern erhöht bzw. eingeführt hatte, darunter die Tabaksteuer, die Mineralölsteuer, die Ergänzungsabgabe zur Einkommensteuer, die Erhöhung der Umsatzsteuer, als Mehrwertsteuer auf 11 %, Straßengüterverkehrsteuer, Exportsteuer usw.

Demgegenüber hat die FDP bereits bei den Verhandlungen zur Bildung der neuen Bundesregierung in der Regierungserklärung verankert, daß die Steuerlastquote nicht erhöht werden darf.

Bereits in den ersten Monaten ihrer Tätigkeit haben die Koalitionsfraktionen darüber hinaus eine Senkung verschiedener Steuern eingeleitet. Vor-

gesehen ist, wenn es die konjunkturelle Lage erlaubt: die Erhöhung des Arbeitnehmerfreibetrages; der stufenweise Abbau der Ergänzungsabgabe zur Lohn- und Einkommensteuer; der Wegfall der Kilometergrenze bei der Kilometerpauschale.
Von besonderer politischer Bedeutung ist das in Arbeit befindliche Städtebauförderungsgesetz. Nachdem frühere Entwürfe im Bundestag keine Mehrheit fanden, besteht im 6. Bundestag gute Aussicht, nunmehr ein Reformwerk zu verabschieden, das auch zwischen den beiden Grundwerten, dem individuellen Eigentumsrecht und den Erfordernissen der Gemeinschaft eine ausgewogene Lösung findet.
Es geht hier darum, den Gemeinden die Möglichkeit zu geben, die überfälligen Sanierungsmaßnahmen nunmehr durchzuführen, ohne weiterhin von Grundstücksspekulationen daran gehindert zu werden.
Andererseits gilt es, die im Grundgesetz zugesicherten Eigentumsgarantien soweit wie möglich auch den Eigentümern an Grund und Boden zu gewährleisten.
Die von interessierter Seite entfachte Kampagne gegen angebliche Sozialisierungstendenzen des geplanten Gesetzes entbehren jeder Grundlage. Es läßt sich ohne Einschränkung feststellen, daß dieser Gesetzentwurf in jeder Weise eigentumsfreundlicher als der seinerzeit von CDU-Wohnungsbauminister Lücke vorgelegte Entwurf ist.
Diese Bilanz widerlegt doch wohl sehr klar die Meinung all derer, die glauben, der Bevölkerung aufgrund der relativ geringen Mehrheit dieser Koalition voraussagen zu müssen, diese Regierung könne gar nicht regieren.
Wenn all diese „politischen Wetter-Vorhersager" noch einen Funken von Objektivität besitzen, dann werden sie zumindest feststellen müssen, daß schnell durchsetzbare Änderungen und Weiterentwicklungen beschlossen sind und aus der Natur der Sache langwierige Beratungen bereits im Gange sind.
Das trifft sowohl auf die Innenpolitik, als auch auf die Außenpolitik zu.
Im Bereich der West-Europapolitik brachten bereits die ersten Wochen der Tätigkeit dieser Bundesregierung den großen Durchbruch.
Worum sich die Regierung Kiesinger jahrelang vergeblich bemüht hat, – hier muß man jedoch einschieben, weil der CDU/CSU der Mut zum Handeln fehlte –, das gelang der Regierung Brandt/Scheel auf Anhieb: Die EWG-Gipfelkonferenz in Den Haag im Dezember 1969 brachte die Vereinbarung, nunmehr unverzüglich mit Verhandlungen über eine Erweiterung der EWG mit den vier beitrittswilligen Staaten, vor allem Großbritannien, zu beginnen.
Die FDP-Bundestagsfraktion ist über diesen großen Erfolg nicht nur deshalb besonders glücklich, weil damit eine alte Forderung der FDP aus ihrer Oppositionszeit erfüllt wurde.

Die West-Europapolitik ist damit endlich aus dem Stadium jahrelanger Stagnation herausgeholt worden. Die FDP-Bundestagsfraktion sieht darüber hinaus in dieser Politik eine wichtige Voraussetzung für eine erfolgreiche Ostpolitik.

Wir haben nie einen Hehl daraus gemacht, daß wir eine isolierte, vom Westen losgelöste Ostpolitik ablehnen. Eine erfolgreiche Europapolitik und die militärische Absicherung im NATO-Bündnis sind mit die wichtigsten Voraussetzungen für Fortschritte bei unseren Bemühungen um einen Abbau der Ost-West-Spannungen.

Für die FDP gibt es in der Europa- wie in der Ostpolitik kein Entweder-Oder.

Es ist unsere historische Aufgabe, gleichzeitig um eine Verständigung mit dem Osten unermüdlich bemüht zu sein und den Ausbau der EWG voranzutreiben.

Nur so können letztlich die Voraussetzungen dafür geschaffen werden, daß eines Tages unser Fernziel, das vereinte Europa, das sich nicht nur auf 6 oder 10 EWG-Staaten beschränkt, in den Bereich des Möglichen rückt.

Bei all unseren Bemühungen um Verbesserungen im Rahmen der EWG und um Verbesserungen im Ost-/Westverhältnis bekennen wir uns klar zu der historischen Aufgabe aller Europäer, ein vereintes Europa zu schaffen, das den Ost-West-Gegensatz aufhebt.

Dieses Europa ist allein in der Lage, die Rolle in der Welt zu spielen, die ihm aufgrund seiner historischen, wirtschaftlichen und kulturellen Leistungen in der Vergangenheit auch in der Zukunft zukommt.

Die Deutschland- und Ostpolitik der Bundesregierung und der sie tragenden Fraktionen ist in den vergangenen Wochen von interessierten Kreisen systematisch in ein Zwielicht gerückt worden.

In unverantwortlicher Weise wurde in diesem Zusammenhang – allen voran die Vertreter der parlamentarischen Opposition – vom „Ausverkauf nationaler Interessen" oder von „Verschenken deutscher Positionen" gesprochen.

Die Erfinder dieser Diffamierung schreckten bei ihren demagogischen Bemühungen vor nichts zurück – weder bei den Debatten im Deutschen Bundestag, noch bei den Auftritten im Wahlkampf.

Dabei haben Bundesregierung und Koalition in den vergangen Monaten ihre politischen Ziele offen dargelegt.

Dies geschah sowohl vor dem Deutschen Bundestag als auch in zahllosen Diskussionen.

Die Regierungserklärung, der Bericht der Bundesregierung über die Lage der Nation und die Aussprache darüber im Bundestag, sowie weitere Deutschland- und außenpolitische Debatten gaben Gelegenheit, ihren Standpunkt und die Zielrichtung ihrer Politik deutlich zu machen. Es ist

doch einfach nicht wahr, daß wir der Öffentlichkeit eine Antwort schuldig blieben.
Wenn die Opposition dennoch mit einem großen Aufwand, der übrigens im Stil dieser ernsten Frage nicht würdig war, immer wieder versucht hat, Zweifel in die nationale Zuverlässigkeit der Bundesregierung und der Regierungsparteien zu setzen, so disqualifiziert sie sich damit selbst.
Lassen Sie mich daher nochmals deutlich das Ziel darlegen, das die FDP-Bundestagsfraktion bei ihren Deutschland-politischen Bemühungen verfolgt.
Es geht darum, so wie wir es in Nürnberg beschlossen haben – durch einen Abbau der Ost-West-Spannungen mitten in Deutschland zu konkreten Vereinbarungen mit der DDR auf der Grundlage absoluter Gleichberechtigung und ohne jede Diskriminierung zu kommen. Diesen Beitrag wollen wir leisten, um das Leben der Menschen im geteilten Deutschland zu verbessern.
Nur auf diese Weise ist das Zusammengehörigkeitsgefühl der Deutschen in Ost und West zu erhalten und zu verstärken.
Die Erhaltung und Stärkung des Zusammengehörigkeitsgefühls aller Deutschen ist eine der wesentlichsten Voraussetzungen für eine endgültige Lösung der deutschen Frage.
Da nach menschlichem Ermessen diese Lösung nur im Rahmen einer europäischen Friedensordnung zu erwarten ist, erfüllen wir mit unserer politischen Zielsetzung eine wichtige Aufgabe im Hinblick auf das vereinte Europa.
Die FDP-Bundestagsfraktion unterstützt die Bundesregierung bei ihren Bemühungen um eine Verbesserung unserer Beziehungen zum Osten voll und ganz.
Sie bedauert es mit der Bundesregierung, daß die deutsche Position dabei durch unverantwortliche Maßnahmen, wie etwa die vorzeitige Veröffentlichung von Arbeitspapieren durch innenpolitische Gegner dieser Koalition, zusätzlich erschwert worden ist.
Wer Zwischenergebnisse von Gesprächen und Verhandlungen mit osteuropäischen Regierungen vorzeitig in die Öffentlichkeit posaunt, nimmt bewußt in Kauf, daß es der Bundesregierung dadurch sehr schwer wird, zu weiteren Verbesserungen zu gelangen.
Daß ein derartiges Verhalten das genaue Gegenteil von nationalem Verantwortungsbewußtsein ist, braucht nicht besonders betont zu werden.
Die FDP-Bundestagsfraktion wird sich durch alle diese Maßnahmen und Manöver in ihrem Ziel nicht beirren lassen.
Sie ist sich einig in dem Bemühen, sowohl in Moskau als auch in Warschau und Ost-Berlin an Verhandlungserfolgen herauszuholen, was nur immer herauszuholen ist.
Wir stellen mit Genugtuung fest, daß wesentliche Punkte des Entwurfes

eines Vertrages zwischen Bundesrepublik und DDR, die die FDP-Bundestagsfraktion vor 1½ Jahren vorgelegt hat, in die Regierungspolitik Eingang gefunden haben.

Wir haben die Nerven und die Ausdauer, um Verhandlungen mit unseren Partnern im Osten nicht nach dem Zeitaufwand, sondern nach dem Ergebnis zu bewerten.

Wir waren und sind um einen ehrlichen Ausgleich nach wie vor bemüht.

Die FDP-Bundestagsfraktion ist fest entschlossen, an dem einmal beschrittenen Weg festzuhalten.

Er ist charakterisiert durch das Bemühen, mit jedem zu verhandeln, der die Macht hat, die Situation in Deutschland im Guten wie im Schlechten zu beeinflussen.

Wir erfüllen damit eine Aufgabe von europäischem Rang und schaffen eine wesentliche Voraussetzung für eine dauerhafte Friedenssicherung.

Wer die gegenwärtige Lage Deutschlands und Europas lediglich juristisch festzuschreiben wünscht, wird nicht unsere Zustimmung finden.

Wer aber ehrlich bereit ist, an einer Verbesserung der europäischen Situation mitzuwirken, wird uns immer an seiner Seite finden.

Bei den Koalitionsverhandlungen im Oktober 1969 wurde zuerst einmal Einigung darüber erzielt, daß sich die SPD bereit erklärte, eine umfangreiche Bestandsaufnahme aller Probleme des Verteidigungsbereiches vorzunehmen.

In der Folgezeit stellte sich allerdings schnell heraus, daß das Verteidigungskonzept der FDP, das wir in der Vergangenheit immer wieder konsequent vorgetragen haben, im wesentlichen sachgerecht war.

Das bedeutete und bedeutet, daß man an unserem Programm nicht vorbeikommt, wenn man die Probleme der Bundeswehr lösen will.

Der erste Erfolg stellte sich mit der Übertragung von Befehlsgewalt und Disziplinarbefugnissen an die Inspekteure der Teilstreitkräfte ein.

Damit wurde einer wesentlichen Teilforderung Rechnung getragen, die die FDP in der vergangenen Legislaturperiode in ihrem Entwurf eines Organisationsgesetzes erhoben hatte.

Das Verteidigungs-Weißbuch der Bundesregierung 1970 brachte dann eine weitere Bestätigung der FDP-Verteidigungspolitik.

Wenn man sich auch noch nicht klar für eine Verkürzung der Dauer des Grundwehrdienstes entschied, so zeigen die im Weißbuch enthaltenen Modelle künftiger Strukturen der Bundeswehr doch eindeutig, daß eine höhere Wehrgerechtigkeit nur dann zu erreichen ist, wenn die Grundwehrdienstdauer in den nächsten Jahren entscheidend verkürzt wird.

Wir haben also guten Grund anzunehmen, daß unsere im 5. Bundestag abgelehnte Forderung den Grundwehrdienst auf wieder 12 Monate zu verkürzen, demnächst – vielleicht in Etappen – verwirklicht wird.

Unser in diesem Zusammenhang erhobener Ruf nach einer wesentlichen

Verbesserung des Mobilmachungssystems und einer besseren Ausnutzung des Reservistenpotentials fand in dem Verteidigungs-Weißbuch ebenfalls ein positives Echo.

Allerdings konnte sich die SPD genauso wie die CDU/CSU noch immer nicht zu einem Verzicht auf die kostspieligen – aber unserer Ansicht nach mangels der dazugehörigen Munition militärisch sinnlosen – atomaren Trägerwaffen durchringen.

Ich habe allerdings keinen Zweifel, daß die Entwicklung auch in diesem Bereich in die richtige, d. h. in unsere Richtung, gehen wird.

Ich weiß, daß damit nicht alle Fragen behandelt worden sind, ja gar nicht behandelt werden konnten, die im Deutschen Bundestag in den letzten Monaten zur Diskussion standen. Meine Kollegen Ertl und Genscher sowie Frau Dr. Hamm-Brücher werden in ihren Referaten speziell in ihren Sachbereichen noch Stellung nehmen.

Die FDP-Bundestagsfraktion ist sich bewußt, daß es der ganzen Einsatzbereitschaft bedarf, um auf der einen Seite die notwendige Mehrheit für diese Regierung immer sicherzustellen, auf der anderen Seite unseren Beitrag an dieser Regierungsarbeit, an dieser Koalitionsmehrheit deutlich zu machen.

Das wird nicht immer so sichtbar werden, werden können, wie wir es uns selbst wünschen. Wer 5,8 % hat, kann nicht die Wirkung erreichen, als wären es 58 %. Wir werden nicht wie eineiige Zwillinge in dieser Koalition handeln, aber immer die gemeinsam übernommene Verantwortung als vorrangig ansehen, um das in der Regierungserklärung verkündete Ziel zu erreichen.

Daneben wird es viele Fragen geben, die wir Freien Demokraten anders sehen als unser Koalitionspartner und als die Opposition.

Ich bin fest davon überzeugt, die Freie Demokratische Partei wird auch vor dem Urteil der Wähler bestehen können, wenn unsere sachliche Arbeit gemeinsam vor der Öffentlichkeit vertreten und nicht ständig aus den eigenen Reihen in Frage gestellt wird.

In der täglichen Bewährung gilt es dann immer zu entscheiden, welches Interesse zum Nutzen unseres Volkes höhergestellt werden muß. Denn letzten Endes dient unserer Partei am meisten, was wir für unser Volk durchsetzen können.

Ich danke allen Kollegen der Bundestagsfraktion, die die oft bis an die Grenze der physischen Belastbarkeit des einzelnen übernommenen Aufgaben wahrnehmen müssen und wahrgenommen haben.

O. Annemarie Renger

Antrittsrede der Bundestagspräsidentin

Meine sehr geehrten Damen und Herren!
Sie haben mir Ihr Vertrauen ausgesprochen, dafür danke ich Ihnen. Es wird mir helfen, meinen Pflichten nachzukommen, diesem Haus zu dienen, allen Gerechtigkeit widerfahren zu lassen und das Ansehen des Deutschen Bundestages zu mehren. In der Erfüllung dieser Aufgaben werde ich mich bemühen, meinem hochverehrten väterlichen Freund Paul Löbe, dem Präsidenten des Deutschen Reichstags, nachzueifern.
Erlauben Sie mir aber ein ganz persönliches Wort: Die Wahl einer Frau für dieses Amt hat verständlicherweise einiges Aufsehen erregt! Das Erstmalige und mithin Ungewohnte gerät in die Gefahr, zum Einmaligen und Besonderen erhoben zu werden. Damit wäre niemandem gedient, nicht diesem Amt und schon gar nicht der Abgeordneten aus Ihrer Mitte, die es verwaltet.
Ich meine, daß die Frauen unter den Mitgliedern des Hohen Hauses – auch wenn sie zahlenmäßig nicht so stark vertreten sind, wie es ihre Rolle in Staat und Gesellschaft erfordern würde – keine Ausnahmestellung wünschen.
Vielleicht kann gerade deshalb die Tatsache, daß einer Frau zum erstenmal in der deutschen Geschichte das Amt des Parlamentspräsidenten übertragen worden ist, dazu beitragen, Vorurteile abzubauen, die einer unbefangenen Beurteilung der Rolle der Frau in unserer Gesellschaft noch immer entgegenstehen.
Insofern hoffe ich, durch mein Bemühen dem Amt nach besten Kräften gerecht zu werden, zugleich aber auch der Sache der Frauen einen Dienst leisten zu können.
Nun darf ich Ihnen, sehr geehrter Herr Professor Erhard, der Sie als Alterspräsident den siebten Deutschen Bundestag eröffnet haben, für Ihre Rede, die Ihren politischen Lebensweg gekennzeichnet hat, herzlichen Dank im Namen des ganzen Hauses sagen. Vor allem aber Ihnen, meinem Vorgänger im Amt, sehr verehrter Herr von Hassel, gilt der herzliche Dank aller Mitglieder dieses Hohen Hauses. Durch Ihre menschliche noble Art haben Sie es immer verstanden, auch in heißen Auseinandersetzungen ausgleichend zu wirken. Besonders dankbar sind wir Ihnen aber für Ihre Initiativen auf dem Gebiet der Parlamentsreform.
Mein Dank gilt auch allen ausgeschiedenen Mitgliedern des Deutschen Bundestags. Und dort oben auf der Tribüne habe ich gerade Frau Minister Strobel gesehen, die hier für alle stehen mag. In unserer Mitte begrüße ich die neuen Mitglieder dieses Hauses, die mit ihrer großen Anzahl jüngerer

Abgeordneter zum erstenmal das Durchschnittsalter dieses Bundestages unter die 50-Jahres-Grenze gedrückt haben. Davon profitieren wir alle.

Daß es bis heute nicht gelungen ist, unsere Berliner Kollegen und Kolleginnen noch stärker in den Entscheidungs- und Meinungsbildungsprozeß der Bundesrepublik einzubeziehen und ihre gleichberechtigte Teilnahme in diesem Haus durchzusetzen, erfüllt uns alle mit tiefem Bedauern. Es ist meine Überzeugung, daß dieses Problem eine positive Lösung finden muß. Nicht versäumen möchte ich auch in dieser Stelle, dem Bundesrat sehr herzlichen Dank für seine immer verständnisvolle Zusammenarbeit zu sagen, um die ich auch für die Zukunft bitte.

Dieser siebente Bundestag ist aus einem Wahlkampf hervorgegangen, der zum Teil mit äußerster Härte geführt worden ist. Das Votum der Wähler hat klare Mehrheitsverhältnisse ergeben, eine Voraussetzung für die Arbeitsfähigkeit dieses Hohen Hauses.

Damit ist eine Periode der Unsicherheit beendet, die das Parlament in den Augen der Bevölkerung zunehmend belastet hatte, die Bürger unseres Staates bejahen das parlamentarische System im Wechselspiel von Regierung, Mehrheit und Opposition.

Sie wünschen die Kontrolle der Exekutive durch das Parlament, sie bejahen die großen Debatten, in denen der Streit der Meinungen ausgetragen wird, doch seien wir uns bewußt, daß es Grenzen gibt, die nicht überschritten werden dürfen, wenn das Ansehen der Volksvertretung nicht Schaden nehmen soll.

Kurt Schumacher sagte 1950 in einer seiner Reden in Berlin: Das Wesen des Staates ist nicht die Regierung, und das Wesen des Staates ist nicht die Opposition. Das Wesen des Staates ist die Regierung und die Opposition. Dies verdeutlicht und mit Leben erfüllt zu haben, gehört zu den großen Erfolgen der demokratischen Kräfte unseres Staates, erst von dem Augenblick an, da die Bürger in der parlamentarischen Minderheit nicht mehr die bloße Negation sahen und den Wechsel von Regierung und Opposition als etwas Selbstverständliches begriffen, war die Funktionsfähigkeit des parlamentarischen Systems gewährleistet.

Der Rolle der Opposition kommt eine entscheidende Bedeutung zu, denn sie trägt durch ihre prinzipielle Gegenposition zur Regierungspolitik zu jener Transparenz der politischen Verhältnisse und Verdeutlichung der politischen Alternativen bei, auf die der Bürger einen berechtigten Anspruch hat und die ihm erst die Entscheidung ermöglicht.

In den 23 Jahren unserer parlamentarischen Arbeit sind immer wieder Zweifel an der Verwurzelung des demokratischen Gedankens in der Bevölkerung, an der Stabilität der verschiedenen Institutionen geäußert worden. Vom Ausland teils beargwöhnt, teils beneidet, ist der demokratische Staat hierzulande manchmal als Schönwetter-Demokratie abgetan worden.

Selbstkritik ist stets geboten, aber mir scheint, daß auch ein Staatswesen einmal erwachsen werden muß und wir mit einem vernünftigen Selbstbewußtsein auf unser Staatswesen blicken können. Mit der hohen Beteiligung an den Wahlen zu diesem Bundestag, die in der westlichen Welt kein Beispiel hat, und mit der totalen Absage an extreme Parteien haben die Bürger unseres Landes ihre Mündigkeit bewiesen.
Die Wähler wollen eine Regierung, die regiert, aber auch ein Parlament, das mit verteilten Rollen seiner Aufgabe gerecht wird.
Nicht ohne Grund ist vor Jahren, als die nichtkommunistische Welt von Berlin über Washington bis Tokio mit einer Jugendrevolte konfrontiert wurde, hier der Begriff der außerparlamentarischen Opposition geprägt worden. Sie war der Ausdruck von Enttäuschung und eines tiefen Mißverständnisses vom Wesen und den Möglichkeiten des Parlamentarismus. Sie war eine Absage an die parlamentarische Demokratie und damit an die Grundlage unseres Staates.
Wenn die junge Generation für den Staat gewonnen werden will, muß sie zunächst einmal für den Parlamentarismus gewonnen werden. Gerade weil sie in so hohem Maße politisch interessiert ist, müssen wir dafür sorgen, daß sie in der Volksvertretung die Tribüne erkennt, auf der mit ihr und auch für sie um die besten Lösungen in den öffentlichen Angelegenheiten gerungen wird.
In der Integrationskraft des Parlaments, in der Fähigkeit, alle politischen Kräfte aufzunehmen und ihnen Ausdruck zu verleihen, liegt seine Stärke und seine ständige Bewährung. Dies gerade den jungen Wählerinnen und Wählern deutlich zu machen, die am 19. November mit einem Engagement ohnegleichen an der demokratischen Entscheidung mitgewirkt haben, ist unsere Aufgabe, wenn wir die hohen Erwartungen nicht enttäuschen wollen, die diese an die Abgabe ihres Stimmzettels gestellt haben!
Hierbei werden uns Älteren besonders die jungen Kollegen helfen können. Sie stehen mit für eine suchende und drängende Generation, die es gewiß nicht leicht hat, mit ihren Problemen fertig zu werden. Aber nicht nur sie hat Probleme. Irrtum und menschliche Unzulänglichkeit, zumal in der Politik, sind keine Frage der Generationen. Aber es liegt im Wesen des Parlamentarismus, und es macht seinen Wert aus, daß sie sichtbar gemacht und korrigiert werden können.
Dazu gehört ein Höchstmaß an Durchschaubarkeit des parlamentarischen Geschehens und die Zurückweisung jeden Versuchs, hinter den Kulissen anders zu handeln, als im Scheinwerferlicht der Öffentlichkeit gesagt wird.
Dazu gehört aber auch, schwierigen und unbequemen Fragen nicht auszuweichen, was die Menschen draußen beschäftigt, muß hier gelöst werden.
Erlauben Sie mir in diesem Zusammenhang ein Wort zur Presse. Die Verhandlungen des Parlaments bedürfen der Mittler in Presse, Rundfunk und Fernsehen. Mit den Übertragungen aus besonderem Anlaß durch das Fern-

sehen wird die ganze Bevölkerung zum Zeugen des parlamentarischen Geschehens, aber auch zum Kritiker und Richter. Was die normale Berichterstattung angeht, ist oft beklagt worden, daß die Presse nur die Sensationen suche: solche, die es wirklich sind, und solche, die sie dafür hält. Das ist aber nicht das eigentliche Problem. Wir haben in diesem Lande eine durchaus verantwortungsbewußte Presse, die ein hohes Niveau und Sachlichkeit gerade im politischen Teil aufweist. Die Mühen, die die Massenmedien auf sich nehmen, um mehr komplizierte Vorgänge der Parlamentsarbeit zu verdeutlichen und zu erklären, einschließlich der Illustrierten, verdienen Anerkennung. Ich meine deshalb, daß ein Parlament, das seine Aufgaben wahrnimmt, auch immer mit der Presse rechnen kann, sie auf seiner Seite hat.

Voraussetzung für das Interesse an den Vorgängen ist aber, daß etwas Wichtiges, etwas Durchgreifendes geschieht; mit einem Wort, daß politische Entscheidungen fallen.

Das könnte auch dadurch unterstützt werden, daß die Debatten in diesem Hohen Haus kurz und prägnant sind und auch wirklich zur Willensbildung beitragen. So läßt sich wohl sagen, daß, je überzeugender die Volksvertretung gegenüber den anderen Gewalten hervortritt, desto größer wird auch die Aufmerksamkeit sein, die man ihr widmet.

Meine Damen und Herren, sechs Legislaturperioden sind auch im Leben eines jungen Staatswesens eine lange Zeit. Der Bundestag ist durch die Umstände zu einem Arbeitsparlament geworden, dessen Beanspruchung oft bis an die äußerste Grenze der Belastung ging. Auch nach der hektischen Phase eines in vieler Beziehung überstürzten Wiederaufbaus war keine Zeit für jene Besinnung und Sammlung, wie sie vielleicht wünschenswert gewesen wäre.

Dieser Aufbau – materiell und politisch – ist aber kein Mythos, sondern eine der glänzendsten Leistungen unseres Volkes! Damit hat der freie Teil Deutschlands sein Bekenntnis zur Demokratie in einer gesicherten Ordnung verankert. Es ist dies aber auch ein wichtiger Beitrag zum Frieden auf dem europäischen Kontinent gewesen – und dafür haben wir nicht zuletzt auch nationale Opfer gebracht.

Der Alltag der politischen und parlamentarischen Arbeit in einem demokratischen Staat mag ohne besonderen Glanz sein. Das nimmt dieser Arbeit nicht ihre Bedeutung und schmälert nicht ihre Würde. Die Anforderungen wachsen nicht nur dem Umfang nach. Die praktischen Probleme sind schwer genug zu bewältigen, aber immer stärker fragen wir uns wohl alle auch nach dem Sinn des Ganzen.

Der Fortschritt ist kein Wert an sich, jede Veränderung muß danach bemessen und beurteilt werden, ob sie zum Wohle des Ganzen die Existenzbedingungen des einzelnen verbessert, und dies gewiß nicht nur in einem materiellen, sondern auch im sozialen und moralischen Sinne.

Um die Fülle der Aufgaben zu bewältigen, braucht dieses Haus das notwendige Handwerkszeug. Nach Lage der Dinge kann es sich meiner Meinung nach nicht um eine zeitlich begrenzte Parlamentsreform handeln, vielmehr müssen wir unseren Arbeitsstil und unsere Methoden ständig den neuen Notwendigkeiten anpassen. Nur wenn wir uns den Kopf für das Wesentliche freihalten, wird der Bundestag seinen Aufgaben gewachsen sein, sich gegenüber den anderen Gewalten behaupten zu können und auf der Höhe der Zeit zu sein!

Das heißt sicher, auch die Arbeitsmöglichkeiten für die Abgeordneten zu verbessern; ihnen Hilfskräfte und Räumlichkeiten zur Verfügung zu stellen, wie sie in vergleichbaren Bereichen von Wirtschaft, Wissenschaft und Bürokratie selbstverständlich sind. Sage da niemand, das sei übertrieben. Glauben Sie mir, nach nahezu 20 Jahren Parlamentszugehörigkeit weiß ich, wovon ich rede. Die das sagen, sind meistens diejenigen, die bereits alles Notwendige haben und sich darüber wundern, daß die anderen nicht darauf verzichten wollen.

Als Volksvertretung ist es für uns unerläßlich, eng mit der Bevölkerung verbunden zu sein. Die Arbeitsfülle bringt uns aber auch in Gefahr, diese Verbindung zu verlieren. Sie kann nur erhalten bleiben, wenn der Bürger das Parlament tatsächlich als das „politische Forum der Nation" betrachtet, daß heißt, wenn von diesem Haus die entscheidenden Impulse ausgehen. Darin liegt die große schwierige Aufgabe, die uns ständig beschäftigen wird.

Die Politik ist, meine Damen und Herren, wie man so sagt, ein hartes Geschäft. Wer wüßte das nicht. Aber, muß eigentlich bei diesem Geschäft der Spaß ganz aufhören? Lassen wir es bei aller Härte und bei allem Ernst menschlich zugehen, zur Glaubwürdigkeit unserer Arbeit gehört auch unsere eigene Menschlichkeit mit allen Fehlern und Schwächen, die wir nun einmal haben. Die Toleranz, eine Grundvoraussetzung der Demokratie, bedeutet nicht nur Duldung und Versöhnlichkeit, sondern auch Nachsicht. Ich danke Ihnen.

P. Walter Scheel
Europa-Politik

Scheel, Bundesminister des Auswärtigen: Herr Präsident! Meine sehr verehrten Damen! Meine Herren! Die Sondersitzung des Deutschen Bundestages gibt mir Gelegenheit, zu einigen Fragen Stellung zu nehmen, die in den letzten Wochen die Parteien und die Öffentlichkeit in besonderem Maße beschäftigt haben. Ich möchte mich dabei auf die Probleme, die mit der Westeuropapolitik zusammenhängen, beschränken.
Natürlich verlieren wir nicht aus dem Blick, was in der übrigen Welt vorgeht. Die Besprechungen, die der Herr Bundeskanzler kürzlich mit Präsident Nixon in Washington geführt hat, haben Gelegenheit zu einer weltweiten politischen Bestandsaufnahme geboten. Die Ankündigung der Reise von Präsident Nixon nach Peking für einen Zeitpunkt vor dem Mai 1972 macht die sich anbahnenden weitreichenden Veränderungen des globalen Gleichgewichts in der Welt deutlich. Die Erklärung des Präsidenten zu der beabsichtigten Reise ist ein würdiges Dokument der weltweiten Politik der Entspannung und der Normalisierung, wie sie auch von uns verstanden wird.
Die europäische Politik ist in Bewegung; das gilt sowohl für die Politik der Gemeinschaft als auch für die des Atlantischen Bündnisses. Diese Entwicklung wirft Fragen auf, auf die Sie, meine Kollegen, wie die deutsche Öffentlichkeit Antworten erwarten.
Darf ich zunächst einmal klarstellen, daß ich heute nicht über Berlin berichten will. Zu den unbegründeten Spekulationen eines Teils der Sonntagspresse hat die Bundesregierung bereits durch eine Veröffentlichung Stellung genommen. Die Fraktionen des Bundestages sind über den bisherigen Verlauf der Verhandlungen der Vier Mächte bis zur Stunde unterrichtet. Die Bundesregierung wird diese Übung auch während der Ferien beibehalten. Wenn der Stand der Verhandlungen es erforderlich machen sollte, wird sie den Bundestag oder seine Ausschüsse jederzeit über die Entwicklung informieren. Heute möchte ich nur sagen, daß wir den verhandelnden Botschaftern dankbar sind, daß sie auch während der Sommermonate zügig weiterarbeiten. Sie tun es im Interesse der Berliner, sie tun es in unser aller Interesse.
Nun vorweg einige wenige allgemeine Bemerkungen zur Lage in Westeuropa. Ich glaube, wir sind uns alle darin einig, daß das zurückliegende Jahr zu einem der erfolgreichsten in der Entwicklung der Europäischen Gemeinschaften geworden ist. Wenn wir das im vergangenen Jahr Geleistete und Erreichte an den Verpflichtungen messen, die uns die Verträge auferlegen, und mit den Zielen vergleichen, die wir uns auf der Haager Konferenz vom Dezember 1969 selber gesetzt haben, so können wir zufrieden

sein. Die Bilanz ist gut und voller Perspektiven für die Zukunft. Die bedeutsamsten Ereignisse des Jahres 1970 waren zweifellos die Schaffung einer europäischen Finanzverfassung mit eigenen Einnahmen für die Gemeinschaften, der termingemäße Beginn der Beitrittsverhandlungen, die Lösung der Kernprobleme des britischen Beitritts zu den Europäischen Gemeinschaften und der Beschluß, eine Wirtschafts- und Währungsunion der Gemeinschaft zu bilden.

Zur politischen Bedeutung dieser Beschlüsse bedarf es in diesem Hause keiner besonderen Ausführungen. Es gibt hierüber, wie ich dankbar feststellen möchte, auch keine Meinungsverschiedenheiten. Es muß aber doch festgehalten werden, daß diese Ergebnisse nur zustande gekommen sind, weil der Wille zum Erfolg und die politische Entschlossenheit aller Beteiligten sich als stärker erwiesen haben als noch so komplizierte wirtschaftliche oder technische Probleme. Die Gemeinschaft hat bewiesen, daß sie in der Lage ist, große Aufgaben zu bewältigen, und das gibt Kraft und Zuversicht für die weitere Arbeit.

Ich darf hierbei ausdrücklich den ausgezeichneten Geist hervorheben, der in den Verhandlungen über den Beitritt der vier künftigen Mitgliedsstaaten der Gemeinschaft herrscht. Hier gilt mein besonderer Dank der französischen Delegation, die im ersten Halbjahr 1971 den Vorsitz innehatte und ohne deren Einsatz und Vermittlungsbereitschaft die erfreulichen und schnellen Fortschritte nicht hätten zustande kommen können.

Im Zusammenhang mit dem Treffen zwischen Staatspräsident Pompidou und Premierminister Heath ist in der Presse die Besorgnis aufgetaucht, ob das britisch-französische Tête-à-tête nicht eine neue Politik der Erhaltung des Gleichgewichts in der Gemeinschaft einleiten könne. Das Wort von der „Entente cordiale" ging um. Nun, wenn es eine Entente cordiale heute gibt, dann ist es nicht die vom Anfang unseres Jahrhunderts, dann ist es eine Entente cordiale innerhalb der ganzen EWG. Es wäre töricht, zu vermuten, es käme heute ein ernsthafter Staatsmann auf den Gedanken, die Politik einer „balance of power" in Europa betreiben zu wollen.

Der italienischen Präsidentschaft möchte ich für die Erfüllung der jetzt am 1. Juli übernommenen Aufgaben einen vollen Erfolg wünschen und unsere stetige Unterstützung für diese Aufgaben zusichern. Die Aufgabe des Vorsitzes in den Gemeinschaften beschränkt sich ja nicht auf die Tätigkeit in Brüssel, die verantwortungsvoll genug ist. Sie schließt die Aufgabe ein, dafür zu sorgen, daß die Gemeinschaft sich überall einheitlich präsentiert, wo diplomatische Vertretungen in den Hauptstädten der Welt und an den Sitzen internationaler Organisationen tätig sind.

Auch die zweite Hälfte dieses Jahres wird für die Gemeinschaft große Aufgaben mit sich bringen. In den Erweiterungsverhandlungen sind zwar große Fortschritte erzielt worden; dennoch ist vieles noch offen. Wir werden uns anstrengen müssen, wenn wir bis zum Ende des Jahres alles unter Dach

und Fach haben wollen. Mit großer Anteilnahme und Aufmerksamkeit verfolgen wir die Diskussion, die nun in den beitrittsbereiten Ländern in aller Schärfe entbrannt ist. Die Intensität, ja, die Leidenschaft, mit der diese Auseinandersetzung geführt wird, zeigt erneut die gewaltige politische Bedeutung, die diese Erweiterung der Gemeinschaft nun einmal hat. In den Auseinandersetzungen tauchen viele Argumente wieder auf, die wir aus unseren parlamentarischen Debatten über die Schaffung der EWG noch kennen. Es mag vielleicht für unsere Kollegen in den beitrittswilligen Ländern gut sein, zu wissen, daß sich für uns heute viele Besorgnisse, die wir in diesem Hause im Jahre 1957 zum Ausdruck gebracht haben, anders darstellen. Der mutige Schritt, den wir damals gemeinsam mit unseren fünf Partnern getan haben, hat sich gelohnt. Niemand von uns möchte mehr zurück.
Wir hoffen also auch zuversichtlich und vertrauensvoll auf einen guten Ausgang der Diskussionen in den vier Ländern, die Mitglied der Gemeinschaft werden wollen. *Beifall bei den Regierungsparteien.*
In den nächsten Monaten werden die Verhandlungen über eine Regelung der Beziehungen zwischen der erweiterten Gemeinschaft und den nicht beitretenden EFTA-Staaten eine wichtige Rolle spielen. Im Haager Kommuniqué haben wir diesen Staaten in Aussicht gestellt, daß wir enge Bindungen zu ihnen suchen wollen. Natürlich darf durch diese Bindungen die Aktionsfähigkeit der Gemeinschaft nicht eingeschränkt werden. Zwischen diesen beiden Zielsetzungen besteht ein gewisses Spannungsverhältnis, mit dem wir in der Zukunft fertig werden müssen. Die Kommission hat nun den Mitgliedstaaten über diesen Komplex Vorschläge unterbreitet, über die in den nächsten Wochen, und zwar erstmals in der Ratssitzung am 26. und 27. Juli, gesprochen werden wird. Wir glauben, daß eine Freihandelsregelung im gewerblichen Bereich den Interessen aller Beteiligten am besten gerecht wird. Eine Regelung mit dieser Zielsetzung, die darüber hinaus entwicklungsfähig sein soll und mit den Regeln des GATT übereinstimmen muß, entspricht der von der Gemeinschaft im November 1970 bekundeten Absicht, daß neue Handelshemmnisse nicht aufgebaut werden sollten. Eine dahin gehende Erklärung habe ich seinerzeit als Präsident des Rates der Europäischen Gemeinschaften gegenüber den Delegationen der betreffenden Staaten abgegeben.
Die Bundesregierung wird sich ausdrücklich für eine zügige Behandlung dieser wichtigen Fragen einsetzen, so daß die Verträge mit diesen Staaten gleichzeitig mit den Beitrittsverträgen in Kraft treten können. Sie wird dabei aber auch die Interessen anderer Staaten im Auge behalten, die in ihrem Handel von dem Erweiterungsprozeß betroffen sind. Das gilt vor allem für unsere Partner jenseits des Atlantiks, aber auch für alle anderen Länder, für die die neuen Entwicklungen in Europa möglicherweise handelspolitische Probleme aufwerfen.

Während seines Besuchs in den Vereinigten Staaten hat der Bundeskanzler dem amerikanischen Präsidenten erneut versichert, wie sehr wir an einer besseren Zusammenarbeit zwischen den Vereinigten Staaten und dem Gemeinsamen Markt interessiert sind. Viele Probleme, die heute in den USA sehr ernst genommen werden, würden weit weniger schwierig aussehen, wenn der Informationsstand besser wäre und wenn es schon einen intensiven Kontakt zwischen der Regierung der Vereinigten Staaten und der Kommission und anderen EWG-Gremien gäbe. Aber hier sind wir auf dem Wege.

In diesem Zusammenhang, so meine ich, werden es alle Mitglieder des Deutschen Bundestages begrüßen, daß die Gemeinschaft im Bewußtsein ihrer Verantwortung gerade auch gegenüber den Entwicklungsländern als erste unter den Handelsmächten dieser Welt die allgemeinen Präferenzen für Entwicklungsländer mit Wirkung vom 1. Juli dieses Jahres in Kraft gesetzt hat.

Hinsichtlich der noch offenen Währungsprobleme mit ihrer eminenten Bedeutung für den Bestand und die Weiterentwicklung der Gemeinschaft werden wir uns auch im Interesse eines funktionsfähigen Agrarmarktes weiter um eine Gemeinschaftslösung bemühen. Dabei, so meine ich, sollten wir Meinungsverschiedenheiten nicht dramatisieren. Schließlich hat die Gemeinschaft mit dem Brüsseler Kommuniqué vom 9. Mai ja die Möglichkeit einer begrenzten Freigabe des Wechselkurses der D-Mark ausdrücklich zugelassen.

Die Wirtschafts- und Währungsunion ist ein Zehnjahresprojekt, das in Stufen erreicht werden soll. Die erste Stufe, die gerade begonnen hat, soll vor allem dazu dienen, daß sich die Mitglieder an die Erfordernisse der späteren Abstufungen herantasten. Zu diesen Erfordernissen gehört der Gleichklang in der Zielsetzung der Stabilitätspolitik, denn diese Gemeinschaft will eine stabile Gemeinschaft, eine Gemeinschaft der Stabilität sein – sie sollte es sein. Ist dieser Gleichklang gesichert und wird er mit Erfolg praktiziert, so ist auch der währungspolitische Gleichklang kein Problem mehr. Aber solange das nicht so ist, wird es Probleme geben.

Wir sind uns mit unseren Partnern – vor allem auch mit Frankreich – einig, daß sich die Gemeinschaft so bald wie möglich als ein eigenständiger währungspolitischer Faktor in der Welt profilieren sollte. Unsere Vorschläge zur Abwehr spekulativer Kapitalzuflüsse über eine Erweiterung der Bandbreiten nach außen sind in jeder Hinsicht gemeinschaftlicher Natur gewesen. Wir haben sie auch mit konkreten Zusagen untermauert. Wir waren und wir sind bereit, einem gemeinschaftlich abgestimmten Interventionssystem an den Devisenmärkten zuzustimmen und eventuell auch den europäischen Fonds für währungspolitische Zusammenarbeit schon früher verwirklichen zu helfen, obwohl er nach den bisherigen Beschlüssen erst für einen späteren Zeitpunkt vorgesehen ist.

Wir sind bereit, bei den administrativen Maßnahmen, die die Kommission zur Abwehr von Kapitalzuflüssen vorgeschlagen hat, mitzugehen, freilich im Rahmen unserer marktwirtschaftlichen Grundhaltung.
Das gegenwärtige Fehlen des Gleichklangs in der Währungspolitik hat freilich auch ein Gutes gehabt. Wir wissen jetzt alle besser, was nötig ist, damit die Wirtschafts- und Währungsunion funktionieren kann. Es wird hoffentlich aus späterer Rücksicht eine Episode bleiben, eine etwas steinige Strecke auf dem Wege zur Wirtschafts- und Währungsunion.

Die Währungsfrage war auch ein wichtiges Thema bei den deutsch-französischen Konsultationen, zu denen Präsident Pompidou, sein Premierminister und die Fachminister am 5. und 6. Juli in Bonn weilten. Gerade in der Währungsfrage hat sich der Wert dieser regelmäßigen Konsultationen erneut gezeigt. Auch wenn wir noch nicht zu konkreten Lösungen gekommen sind, ist es doch gelungen, Mißverständnisse zu beseitigen oder gar nicht erst aufkommen zu lassen.

In der Berlin-Frage haben die Konsultationen völlige Übereinstimmung der Ansichten ergeben. Wir haben diese Gelegenheit benutzt, der französischen Seite für ihre Verhandlungsführung in Berlin zu danken. Präsident Pompidou versicherte uns erneut, daß wir in unserer Politik gegenüber Osteuropa weiter auf die Unterstützung Frankreichs rechnen können.

Die Zusammenarbeit mit Frankreich in der Technologie macht Fortschritte. Schließlich haben wir bei diesen Konsultationen unseren Partnern durch Ministerpräsident Filbinger mitteilen können, daß dem französischen Wunsch, ihrer Sprache an den deutschen Schulen eine bessere Stellung im Sprachunterricht einzuräumen, in gewissem Umfang Rechnung getragen wird. Aber nicht nur wegen dieses letzten Punktes waren beide Seiten mit dem Ergebnis der Konsultationen vollauf zufrieden. Der Teil der Presse, der Enttäuschung auf der einen oder anderen Seite oder gar beiden Seiten feststellen zu können glaubte, hat sich einfach geirrt. Ich bin sicher, daß die deutsch-französische Zusammenarbeit trotz der Schwankungen der Tagespolitik im Prozeß der Einigung Europas weiterhin ein wichtiges, wertvolles und dauerhaftes Element darstellen wird.

Meine Damen und Herren, parallel zur Integration in den Europäischen Gemeinschaften und in einer zunehmend enger werdenden Verbindung mit dem Europäischen Parlament und der Europäischen Kommission findet die außenpolitische Zusammenarbeit der Gemeinschaftsstaaten statt. Seit der Verabschiedung des Luxemburger Berichts am 27. Oktober 1970, zu dessen Zustandekommen die Initiativen der Bundesregierung erheblich beigetragen haben, ist als erste Phase der europäischen politischen Einigung ein Mechanismus qualifizierter Konsulationen zwischen den Sechs sowie des Meinungsaustauschs zwischen den Gemeinschaftsstaaten und den vier beitrittswilligen Staaten über wichtige außenpolitische Fragen in Gang gesetzt worden.

Darüber hinaus wurden eine Reihe praktischer Maßnahmen ergriffen, die zu einem sich ständig verdichtenden Netz außenpolitischer Zusammenarbeit führen. Durch sie wird der eigentliche Konsultationsmechanismus ergänzt und werden seine Wirksamkeit und Kontinuität gewährleistet. Wenn auch die bisherigen Erfahrungen notwendigerweise noch begrenzt sind, so läßt sich doch heute schon sagen, daß diese Form der außenpolitischen Zusammenarbeit noch für lange Zeit der erfolgversprechende Weg bleiben wird, damit Europa mit einer Stimme sprechen kann.

In einer deutschen Wochenzeitschrift ist jüngst eine interessante Betrachtung über die Zukunft der europäischen Einigung erschienen. Der Verfasser, der sich durch sein Vornamen-Pseudonym als Deutscher ausweist, macht aus dem Mechanismus der politischen Zusammenarbeit geradezu eine Antisupranational-Ideologie. Ich kann dem Verfasser in einigen, jedoch nicht in allen seinen Folgerungen beitreten. Vor einem Dogmenstreit vor allem sollten wir uns hüten. Wir haben ihn ja Gott sei Dank gerade überwunden. Aber ein zielbewußtes, in der Methode pragmatisches Handeln ist vor allem nach dem Beitritt Großbritanniens der allein erfolgversprechende Weg der politischen Zusammenarbeit. Wir sollten diesen Weg auf die Gemeinschaft hin entwickeln, nicht neben der Gemeinschaft her. Bald wird man auch über erste gemeinsame Institutionen sprechen müssen. Wir vergessen nicht, meine verehrten Kollegen, daß das einige Europa, das wir schaffen wollen, ein Europa ist, das durch eine europäische Regierung handelt.

Bei den bisher konsultierten Themen gelang es trotz natürlicherweise bestehender Meinungsunterschiede, zu einem bestimmten Grad außenpolitischer Zusammenarbeit zu kommen. Das gilt auch für die Frage der Abstimmung einer gemeinsamen Nahostpolitik innerhalb der Europäischen Gemeinschaft.

Nun hat gerade dieses Thema in den letzten Tagen die deutsche und die internationale Öffentlichkeit lebhaft beschäftigt. Das hat seinen Grund. Zunächst stellt sich nämlich die Frage, ob denn die Mitglieder der EWG, ob denn die Europäer überhaupt ein Recht haben, sich mit dem Konflikt im Nahen Osten zu beschäftigen. Und dann ist es dieses völlig Neue. Da versuchen sechs Länder, von denen jedes natürlich seine eigene Politik im Nahostraum betreibt, und zwar unterschiedliche Politik, wie man weiß, über gemeinsame Analysen zu gemeinsamer Meinung und danach zu gemeinsamem Handeln zu kommen.

Lassen Sie mich zunächst ein paar Worte zur Nahostpolitik der Bundesregierung sagen, um danach zu untersuchen, ob sie mit der sich entwickelnden EWG-Haltung vereinbar ist.

Die Bundesregierung tritt in ihrer Außenpolitik allgemein für die Erhaltung oder Wiederherstellung des Friedens in der Welt ein. Das ist der oberste Grundsatz, von dem sie sich insbesondere auch in ihrer Nahostpolitik leiten

läßt. Die Frage, ob Krieg oder Frieden im Nahen Osten herrscht, berührt
die Interessen Europas und der Bundesrepublik in direkter Weise, und wir
unterstützen daher alle Bemühungen um eine friedliche Beilegung des
Nahostkonflikts.
Die Nahost-Entschließung des Sicherheitsrats der Vereinten Nationen von
1967 ist nach langwierigen und schwierigen Erörterungen zustande gekommen und stellt nach unserer Auffassung die beste Grundlage für die
Herbeiführung einer den Interessen aller Völker dieser Region dienenden
friedlichen Lösung des Konflikts dar. Eine Regelung, die den Grundsätzen
der Nahost-Resolution Rechnung trägt, müßte in freier Vereinbarung die
Zustimmung aller Beteiligten finden. Dafür gibt jetzt die Jarring-Mission
den Rahmen ab. Wir sind bereit, jederzeit alles in unserer Macht Stehende
zu tun, um zu ihrem Erfolg beizutragen und nach Wiederherstellung des
Friedens in diesem Raum bei einer sozialen und wirtschaftlichen Stabilisierung mitzuwirken.
Den Ländern dieser Region gegenüber strebt die Bundesrepublik ein ausgewogenes Verhältnis an. Die guten, sich weiter entwickelnden Beziehungen zu Israel haben ihren besonderen Charakter durch das, was im deutschen Namen den Juden angetan wurde. Niemand kann sich aus seiner
Geschichte stehlen. Andererseits liegt es sowohl in unserem Interesse als
auch im Interesse der Nahostländer, daß wir den Versuch machen, in absehbarer Zeit die diplomatischen Beziehungen zu den arabischen Ländern wiederherzustellen, zu denen sie seit 1965 unterbrochen sind. Manch
besonnene Stimme aus der arabischen Welt gerade in den letzten Tagen ist
hier mit Aufmerksamkeit beachtet worden.
Meine Damen und Herren, der von den Direktoren der sechs europäischen
Außenministerien erarbeitete Bericht trägt diesen Grundsätzen, nach denen
die Bundesrepublik ihre Nahostpolitik orientiert, Rechnung. Er wurde – das
möchte ich hier unterstreichen – von den sechs Außenministern einstimmig
gebilligt. Er stellt somit ein gemeinsames Dokument der Sechs dar.
Was die leider so häufig diskutierte Frage anlangt, ob den Beratungen die
Nahost-Entschließung des Sicherheitsrats im englischen oder im französischen Wortlaut zugrunde lag, so möchte ich sie wie folgt beantworten.
EWG-Nahostpapier und Sicherheitsratsentschließung sind klar zu unterscheiden; es sind zwei verschiedene Dinge. Das letzte ist eine Empfehlung
an den Generalsekretär der Vereinten Nationen, das erste ein Arbeitspapier
der an der politischen Zusammenarbeit der europäischen Staaten beteiligten Regierungen. Es enthält nicht eine Auslegung der Nahost-Resolution
des Sicherheitsrats, sondern eine eigene, auf der Resolution aufbauende
Konzeption der Sechs, die sich insbesondere von der inneren Ausgewogenheit der Nahost-Entschließung des Sicherheitsrats leiten läßt.
Meine verehrten Kollegen, anläßlich meines Besuchs in Israel hatte ich Gelegenheit, die deutsche Nahostpolitik in all ihren Aspekten zu erläutern. Sie

zielt, wie ich eben sagte, darauf ab, gute Beziehungen zu allen Staaten dieser Region zu unterhalten. Ich hatte auch Gelegenheit, die Motive darzustellen, von denen sich die beteiligten Minister bei ihrer Erörterung der Lage im Nahen Osten leiten lassen. Ich habe u. a. ausgeführt, daß das Dokument der Sechs natürlich nicht die Haltung eines einzelnen Partners reflektiert, sondern eine gemeinsame Meinung aller an den Konsulationen beteiligten Regierungen. Ich habe ferner das Bemühen der europäischen Regierungen begründet und erläutert, in Fragen gemeinsamen politischen Interesses mit einer Stimme zu sprechen, und deutlich gemacht, daß die Haltung der Sechs oder der Zehn naturgemäß eine andere ist als die unkoordinierte Meinung einzelner Regierungen.

Über meine Gespräche in Israel sind die Regierungen der EWG-Länder und der vier beitrittswilligen Länder im einzelnen unterrichtet worden. Es ist daher abwegig, wenn in einzelnen Presseorganen immer weiter spekuliert wird, ob da oder dort vielleicht doch eine Verstimmung eingetreten sein könnte. *Abg. Dr. Barzel: Immer nur die Presse!*

Ich glaube, bei meinen israelischen Partnern Verständnis für unsere Haltung gewonnen und damit zur Festigung der deutsch-israelischen Beziehungen beigetragen zu haben. Das war auch das Ziel meiner Reise. Nach meiner Abreise aus Jerusalem hat mein Gastgeber, Außenminister Abba Eban, gesagt, daß manche Besorgnisse der Israelis durch den Besuch zerstreut worden seien. *Abg. Dr. Barzel: Also nicht alle!*

– Das kann ja gar nicht sein! Oder er hat gesagt, manche Besorgnisse seien offenbar übertrieben gewesen. *Abg. Dr. Barzel: Aber nicht alle!*

Das spricht dafür, meine Damen und Herren, daß in Israel das Verständnis auch für die politische Zusammenarbeit der EWG-Länder wächst.

Ich fasse zusammen. Wir haben nicht nur das Recht, sondern die Pflicht, zum Frieden im Nahen Osten beizutragen. Ein Frieden der dauerhaft sein soll, muß zwischen den Beteiligten in freier Vereinbarung geschlossen werden. Teillösungen können den Weg zu einem endgültigen Friedensvertrag erleichtern. Jedes Volk soll das Recht haben, in gesicherten Grenzen zu leben. *Abg. Ott: Auch das deutsche!*

– Aber ja, Herr Ott. Wer würde das bezweifeln! *Abg. Wehner: Unglaublich!* Wir haben daran wirklich lange gearbeitet. *Abg. Wehner: Das kann nur hier passieren!*

Das sich einigende Europa muß schon jetzt dazu beitragen, daß Haß und Krieg von den großen Aufgaben der friedlichen Zusammenarbeit, der wirtschaftlichen und sozialen Entwicklung aller Völker in diesem Raum abgelöst werden können. In diesem Sinne hat sich die Bundesregierung an der politischen Zusammenarbeit der Sechs zu diesem Problem beteiligt, und in diesem Sinne wird sie sich auch weiterhin daran beteiligen.
Beifall bei den Regierungsparteien.

Q. Carlo Schmid

Die Intellektuellen und die Demokratie

Meine Damen und Herren! Sie leben in Hamburg in der Woche des Wahlkampfes, und Sie erwarten vielleicht von mir, daß ich – wie Ihre Landsleute die sich um einen Platz in der Bürgerschaft bewerben – Sie mit feurigen Worten auffordern werde, SPD zu wählen. Das werde ich nicht tun. Ich habe zum Bundestagswahlkampf so viele „feurige" Reden halten müssen, daß ich für meinen Teil genug davon habe. Ich möchte die Gelegenheit benutzen, um heute zu Ihnen einiges über den Anteil der Intellektuellen unseres Landes an den Ursachen des schlechten Funktionierens der Demokratie bei uns zu sagen. Das hat nichts mit den Parteien im einzelnen zu tun. Ich meine – und das kann man auch in einem Wahlkampf sagen –, daß die Demokratie für sich selbst wichtiger ist als die Parteien, die ihre Instrumente sind.

Warum habe ich gerade dieses Thema für eine Rede in einem Wahlkampf gewählt? Aus dem einfachen Grunde, daß die Demokratie heute mehr denn je unser Schicksal ist. Entweder gelingt es uns, in unserem Lande eine lebendige Demokratie aufzurichten, oder es wird nicht mehr sehr viel Sinn haben, daß wir uns um die Dinge des Staates kümmern. Ohne lebendige Demokratie werden wir im Obrigkeitsstaat versumpfen, oder die Massen unseres Volkes werden durch einen neuen Totalitarismus domestiziert werden. Wir werden in dem einen Fall statt eines Volkes von Bürgern ein Volk von Untertanen sein, im anderen Falle ein Volk von Sklaven oder Robotern – zwei Zustände, die der Mensch ohne Verzicht auf Selbstachtung nicht akzeptieren kann. Freilich kann es einem – rein materiell gesehen – in dem einen und anderen Fall ganz gut gehen. Es gibt durchaus gut behandelte und gut genährte und gut logierte Untertanen, und es gibt gut genährte und gut logierte Sklaven. Mancher mag sich da, materiell gesehen, ganz wohl fühlen. Nur ist man dann eben kein Mensch mehr, d. h. ein Wesen, das ein Anrecht auf ein Leben hat, mit dem es zufrieden sein kann, ohne dabei auf das verzichten zu müssen, was man die Selbstachtung nennt.

In der amerikanischen Menschenrechts-Deklaration steht u. a. unter den Grundrechten des Menschen auch das Grundrecht der „pursuit of happiness": der Mensch habe nämlich das Grundrecht, seinem Glück nachzugehen. Aber das Glück, das die Väter der amerikanischen Verfassung gemeint haben, war nicht das Glück des Kraft-durch-Freude-Betriebs – es war das Glück, das der Mensch im Bewußtsein seines Frei-seins findet, nicht das Glück, das einer empfinden mag, der sich in der Huld Serenissimi weiß – das Glück von Leuten, die darum sich glücklich fühlen, weil sie wissen, daß sie selber die Ordnungen bestimmen, in denen ihr Leben sich vollzieht. In den Lebensordnungen, die ein Volk akzeptiert – und ein Volk besteht auch in seiner Millionenzahl aus Individuen –, kommt zum Ausdruck, welcher Idee des Menschen ein Volk sich je und je zuordnet. In der Dialektik von Individuum und Gemeinschaft, in der Art und Weise, wie der Mensch sich in diesem Spannungsverhältnis sieht, zeigt sich, was er vom Menschen schlechthin hält, welches für ihn die Idee des Menschen ist. Eines der schrecklichsten Dinge, die man im Alter, da man zu denken anfängt, erleben kann, ist, sehen zu müssen, daß die Idee des Menschen nicht mehr mit der Wirklichkeit übereinstimmt, in der der Mensch zu leben gezwungen ist. Der Schrecken darüber, daß die Idee des Menschen sich nicht mehr mit der Wirklichkeit des menschlichen Lebens deckt, ist es gewesen, was den jungen Karl Marx einst dazu bewogen hat, darüber nachzudenken, was man denn in der Welt ändern müsse, damit sich Idee und Wirklichkeit des Menschen wieder zu decken vermöchten. Das ist der eine Grund, warum ich dieses Thema gewählt habe. Der zweite Grund ist, daß, wenn heute die Demokratie unser Schicksal ist, die Intellektuellen das Schicksal der Demokratie sind. Staat ist Ordnung; nicht Ordnung in einem klein geschriebenen Sinne, sondern schon recht groß geschriebene Ordnung, eine umfassende Gemeinschaft, eine geordnete Gemeinschaft, eine Gemeinschaft, kein Haufe, sondern ein in sich nach bestimmten Schwerpunkten Gegliedertes. Was ihn ausmacht, ist keine bloße Masse, aber auch nicht eine sogenannte „Elite", die glaubt, daß, weil sie aus „Wenigen" bestehe, sie mehr sei als die „Vielen". Darüber hat man schon vor zweieinhalbtausend Jahren nachgedacht. Bei Platon, bei Aristoteles finden Sie dieses Problem schon erwogen und Lösungen vorgeschlagen. Allen, die über das Schicksal, über die Möglichkeit der Demokratie nachgedacht haben, war es klar, daß ohne eine lebendige Beteiligung der intellektuellen Schichten – die Russen nannten sie einst die „Intelligenzia" – am Leben des Staates eine Demokratie schlechthin nicht möglich ist. Man kann den Staat nicht sich selber überlassen. Man kann ihn auch nicht den Interessenten überlassen, mögen es Interessenten dieser oder anderer Art sein: ich mache keinen Unterschied. Man muß den Staat in die Hut des Geistes nehmen. Und wer sollte das anders tun, wer anders sollte dabei vorangehen als eben die Leute, deren Beruf es ist, mit den Dingen vom Geiste her umzugehen? Das geht jedoch nicht, wenn man sich dabei in den Hochmut des Elite-Bewußtseins verkriecht. Die sogenannte Elite ist vollkommen nutzlos, wenn sie sich außerhalb stellt oder wenn sie sich oberhalb placiert; sie taugt nur dann, wenn sie sich in die Gesamtheit dessen eingliedert, was die Römer die Res publica nannten, nämlich die Sache, die alle angeht – in den Staat. Nur, wenn sie die Leitbilder des Staates und des Verhältnisses des Menschen zum Staate mitgestaltet, nur wenn sie die „Ordnungen" findet und festigt, nur dann wird sie im Staate wirklich führen können, nur dann wird sie trotz ihrer numerischen Unterlegenheit das Bild des Staates entscheidend mitzubestimmen vermögen.

Das setzt eine Tugend voraus, die im Widerspruch zu dem zu stehen scheint, was ich eben gesagt habe, nämlich die Tugend der Demut. Man muß wissen, daß, was man für seine Überlegenheit hält, einem nicht das Recht gibt, sich als mehr zu fühlen als ein anderer, sondern einem die Pflicht auferlegt, zu dienen und die Pflicht, sich so tief zu bücken, wie tief nun einmal die Erde unter unserer Stirne liegt, diese Erde, auf der die Trümmer liegen, auf der das Gestrüpp wächst, die man wegräumen muß, wenn man für den Staat, für diese uns alle angehende Sache, ein gutes Fundament legen will. Gerade dann, wenn man nach den Sternen geblickt hat, muß man bereit sein, sich zur Erde zu bücken. Mancher, der sich zu gut dünkt, sich zu bücken, blickt nicht nach den Sternen, wie er meint, sondern hält oft nur den Kopf in den Wolken. Und das ist nicht das Rechte.

Was ist denn, so verstanden, der Intellektuelle? Er ist der Mahner an das Ewige im Menschen, jener, der dieses Ewige weiß und zu verkünden vermag – bei allem Wissen um den Wechsel der Erscheinungen und um den Wechsel der Umstände, in denen das Ewige im Menschen sich verkörpern muß. Er ist jener, der sich nicht mit den Ansätzen der denkerischen Verarbeitung der Wirklichkeit begnügen darf, sondern dem es auferlegt ist, diese Ansätze zu Ende zu denken, diese Ansätze auszuziehen, wie der Ingenieur und Architekt von einem Punkt zum anderen seiner Einfälle Linien auszieht bis an den Rand des Blattes. Es ist insbesondere die Funktion des Intellektuellen – und das ist die entscheidende Funktion –, sich dagegen zu wehren, daß der Mensch zu einem bloßen Objekt seelenloser Mechanismen reduziert wird. Das ist doch das Schreckliche unserer Zeit, daß wir fast alle in den Klauen solcher seelenlosen Mechanismen hängen – nenne man sie nun Wirtschaft, nenne man sie Gesellschaft, nenne man sie Technik – und daß, wenn wir uns nicht dagegen wehren, zu bloßen Objekten gemacht zu werden, wir eben zu bloßen Sachen werden. Es ist die Aufgabe des Intellektuellen, bei dieser Gegenwehr des Menschen gegen seine Reduktion zum bloßen Objekt die Stimme zu führen.

Zu diesen seelenlosen Mechanismen gehören auch die Apparate unseres öffentlichen Lebens; dazu gehören auch die Tabus, die in Vergangenheit und Gegenwart um uns herum aufgerichtet worden sind und uns oft mehr knechten als manches andere, das sinnfälliger ist als sie. Dazu gehört auch das Sich-Unterwerfen unter das Nur-Herkömmliche, das keinen anderen Legitimitätsgrund hat als den, schon immer so gewesen zu sein. Nur so kann der Mensch aus der Gefahr der Versteinerung gelöst werden. Nur so kann auch der Staat aus der Versteinerung gelöst werden, der jedes Gebilde durch die Wirkung der Zeit verfällt, wenn man nicht Widerstand leistet. Dabei gibt es zwei oder drei gestaltende Kräfte: einmal die Umstände, in die hinein der Mensch im Wechsel der Zeiten gestellt wird, jene Umstände, die die Tendenz haben, uns zu Funktionen ihrer selbst zu machen; dann unser unreflektiertes Reagieren auf diese Umstände, d. h. das bloße Hinnehmen sogenannter Elementarkräfte, die so oder so mit suggestiver Kraft auf uns wirken und uns die Klarheit des Denkens und die Sauberkeit des Willens nehmen können; schließlich der analysierende, die Wirklichkeit definierende, uns die Richtung weisende, formgebende Geist, der das bloße Geschehen, den Mechanismus des Geschehens auf das Maß des Menschen hebt oder auf das Maß des Menschen zurückführt. Platon läßt einmal den Sokrates dafür ein seltsames Wort finden: „agorazein", d. h. sein Leben auf der Agora verbringen – auf dem Forum, hätten die Römer gesagt – nämlich dort, wo das öffentliche Leben – eben der Staat – seine Inhalte und seine Formen findet. In jenen Zeiten war man davon überzeugt, daß es nicht die Aufgabe des Intellektuellen ist, sich in einen Elfenbeinturm zurückzuziehen, sondern auf den Markt zu gehen und dort durch sein Wirken sein Teil dazu beizutragen, daß die Menschen richtig denken und richtig wollen. Das ist das eigentliche, das spezifisch politische Verhalten, das dem Intellektuellen geziemt, und ich erinnere Sie an ein Wort des alten Goethe, der einmal, als ihm jemand die Wonnen des nur beschaulichen Lebens im Geiste pries, gesagt hat, es gäbe nichts, das des Menschen würdiger wäre, als ein Leben in einem sehr würdigen Staat. Der Staat „wird" nicht einfach – er ist nicht eine bloße Naturgegebenheit, die dem Menschen vorgegeben ist oder plötzlich spontan entsteht – der Staat wird vom Menschen geschaffen. Und jeder von uns trägt dazu bei, daß er so ist, wie er ist, ob wir uns nun aktiv in den Staat hineinstellen oder ob wir uns dessen enthalten. Denn auch wer Enthaltung übt, bestimmt Kräfte, die bildend auf den Staat wirken – leider meistens sehr negative Kräfte. Wer Enthaltung übt, „paßt" und läßt den anderen das Spiel machen und gewinnen, oft einen, der ihm durchaus nicht willkommen sein kann. So einer darf sich nicht beklagen, wenn der Staat nicht dem Bilde entspricht, das er sich selber vom Staat macht. Das Leben im Bereich des Politischen ist auch im demokratischen Staate immer etwas Kämpferisches; es ist ein Wettkampf um Führung, wobei ich unter Führung nicht verstehe, was man einmal „unserem Führer" zugeordnet hat, es ist immer Auseinandersetzung. Es gibt ein Wort Petrarcas, daß alles Geschehen nach dem Gesetz des Wettstreits geschehe, und daß, was auch immer sich ereigne, Produkt eines Kämpfens, eines Sichauseinandersetzens sei. Das gilt für die Demokratie besonders, denn sie ist nur dort lebendig, wo sie ein ständiger Wettstreit um die Führung, ein ständiger Wettstreit um die Bestimmung der Inhalte und der Formen unserer Lebensordnungen ist. Demokratie ist im Grunde nicht sehr viel anderes als der politische Ausdruck für den Grad des Willens zur Selbstachtung, dessen ein Volk fähig ist. Wo die Völker aus Willen zur Selbstachtung und nicht aus Schwäche, Demokratien geschaffen haben, da halten die Demokratien, und dort bleiben die Völker gesund und stark. Bei diesem Werk sind die Intellektuellen immer maßgebend gewesen. Sie haben das Maß gegeben und ausgesteckt, im Positiven so gut wie im Negativen, wo sie ihre Pflicht getan haben, ein

schönes, großes Maß; wo sie versagt haben, ein kleines und oft verächtliches. In seinen Intellektuellen spricht sich ein Volk selbst das Urteil, und der Intellektuelle spricht sich das Urteil selbst, wenn er sich enthält. Er wird dann eben entweder ein Philister oder ein Zyniker – beide sind sehr schlechte Erscheinungsformen des menschlichen Vermögens – oder er wird ein impotenter Meckerer oder ein Lakai der Macht, und beides ist gleich schlecht. Bestenfalls noch wird er ein Hieronymus im Gehäuse, ein „Mönch, geneigt auf seinem Buche". Freilich gilt das vom Menschen, vom Intellektuellen im allgemeinen: das Genie, ja der auch nur Außerordentliche, hat seine eigenen Gesetze. Wir können aber das Politische nicht unter die Gesetze stellen, die für das Genie und den Außerordentlichen recht sind. Wir müssen sie unter das Gesetz des Normalen stellen. Es gibt Leute, die sich gern auf Goethe berufen, auch auf Hölderlin, um zu rechtfertigen, warum sie sich um diese schmutzige Sache, die man Politik nennt, nicht kümmern wollen. Nun, diese Leute haben weder den einen noch den anderen unserer großen nationalen Dichter gut gelesen. Wenn sie den Wilhelm Meister recht gelesen hätten und den zweiten Teil des Faust, wenn sie die Hymnen Hölderlins richtig gelesen hätten, würden sie es nicht wagen, sich auf diese heiligen Namen zu berufen. Überall in den Werken dieser Großen ist doch der Aufruf für öffentliches Wirken, für ein Wirken in der Res publica, zu finden.
Die deutsche Geschichte ist, mehr als die Geschichte einer anderen großen Nation, charakterisiert durch einen verhängnisvollen Abstentionismus der Intelligenzschichten von der Politik. Unter Politik verstehe ich hier Gestaltung der Inhalte und der Formen der Lebensordnungen der Nation. Man kann dies auf verschiedene Weise tun, und die deutsche Intelligenz hat sich dabei auf recht verschiedene Weise verhalten: das eine Mal obrigkeitsgläubig, das andere Mal nihilistisch, nämlich, wenn sie sah, daß das Ideal des Staates in dieser zeitlichen Wirklichkeit doch nicht zu verwirklichen war; zuzeiten verhielt sie sich konformistisch, so in den letzten Jahrzehnten des vergangenen Jahrhunderts, als man der Meinung wurde, einziger Maßstab für richtiges Verhalten sei der Erfolg; zum Teil hat sie sich dann und wann in den Elfenbeinturm begeben oder wie Voltaires Candide ein Gärtchen bestellt; oder sie hat sich in Grimms Märchenwald geflüchtet – der, genauer betrachtet, fast immer nur eine Art von Gartenlaube gewesen ist; wiederum manche glaubten, die Sagazeit sei das gültige Ziel rechter Sehnsucht; andere emigrierten geistig in die Antike oder nach Utopia oder lebten ihre politischen Gemütsbedürfnisse im Historizismus aus – jedenfalls ist es für den deutschen Intellektuellen charakteristisch gewesen, daß er versuchte, aus der Zeit in eine Welt zu fliehen, die ihn von der Zeit entband, zu fliehen ins Unverbindliche.
Schaut man sich nun genauer an, was dabei geschah, so merkt man bald, daß, was für Ewigkeitswerte ausgegeben wurde, oft nichts anderes war als

Gemütsbedürfnisse. Dies ist nichts besonders Großartiges. Man war stolz auf seine sogenannte Innerlichkeit und glaubte, wenn man ihr lebe, verwirkliche man das dem Menschen Aufgegebene am reinsten – und mit dieser Flucht der deutschen Intellektuellen in die Innerlichkeit machten sie in der äußeren Welt den Platz für die Unmenschen frei, die uns und die Welt über ein Jahrzehnt hin in Ketten und Schande gehalten haben. Wie es im Bereich des Religiösen einen Quietismus der Pietisten gibt, gibt es auch im Bereich des Politischen einen laizistischen „Pietismus". In der Politik geht es aber so wenig wie in der Religion um die Stillung von Gemütsbedürfnissen, es geht vielmehr in beiden Bereichen um Entscheidungen, die man bereit ist, zu verantworten.

Wie ist es denn dazu gekommen, daß die deutschen Intellektuellen so geworden sind? Dies datiert nicht von heute und auch nicht von gestern. Die Gebrechlichkeit unserer Demokratie, die weitgehend durch die Abstinenz der Intellektuellen bewirkt worden ist, hat Ursprünge, die weit zurückliegen. Hugo Preuß, einer der geistigen Väter der Weimarer Verfassung, hat einmal gesagt, der undemokratische Charakter unseres Staatsgefühles komme daher, daß Deutschland bis 1918 ein Obrigkeitsstaat und nicht ein Volksstaat gewesen sei, also nicht ein Staat, in dem das Volk die Inhalte und die Formen der nationalen Existenz verantwortlich bestimmt, sondern einer, bei dem es sich diese Inhalte und Formen von einer Obrigkeit vorgeben ließ. Der Obrigkeitsstaat bringt es ja mit sich, daß alles im Staate vom Institutionellen her bestimmt wird, d. h. Funktion objektiver Einrichtungen ist, denen der Mensch sich anpassen kann, deren Wirkung er erleiden kann, wobei er gewisse Chancen wahrnehmen kann, bei denen er aber nicht der Bestimmer und Bewirker seines Schicksals ist, soweit Staat Schicksal sein und wirken kann. In einer solchen obrigkeitsstaatlichen Welt denkt man hierarchisch, von oben nach unten; die Kriterien sind Befehl und Gehorsam. Das gilt dort nicht bloß für das Leben im Staat, das gilt dort auch für das Leben in den großen gesellschaftlichen Körpern, seien es nun die Militärapparate, sei es die Ökonomie, sei es, was man Verwaltung nennt – jedenfalls läßt dieses Denken die Menschen außerhalb der Dinge stehen, die die Geschichte bewirken, die den geschichtlichen Raum schaffen, in dem wir uns als Individuen zu entfalten haben.

Das war nicht die Folge eines Zurückgebliebenseins im Bereich der Wirtschaft oder in anderen Bereichen allein; Deutschland war zwar in der Tat gegenüber anderen Staaten zurückgeblieben, es war später als England und Frankreich dazu gekommen, eine moderne industrielle Gesellschaft zu bilden, aber dieser Zustand wurde weitgehend durch eine besondere Prägung des Empfindens und der Denkbilder der Deutschen geschaffen. Nicht weil wir länger als andere Staaten einen Agrarstaat hatten, nahm unsere Geschichte ihren sonderbaren Verlauf, sondern weil wir Deutschen unser Verhältnis zum Staat von anderen Ideologien her bezogen haben als etwa

die Franzosen, die Amerikaner oder die Briten. Thomas Mann, der in seinem Alter ein rechter Patentdemokrat geworden ist, konnte noch im Jahre 1917 schreiben, daß der Obrigkeitsstaat die dem deutschen Volk angemessene, zukömmliche und von ihm im Grunde gewollte Staatsform sei. Er verherrlichte also damals den Obrigkeitsstaat geradezu, und eine ganze Reihe sehr beachtlicher Denker und Schriftsteller haben noch in meiner Studentenzeit diesen preußisch-deutschen Obrigkeitsstaat als Ausdruck – ich zitiere wörtlich – „des wesenhaften Unterschieds Deutschlands gegenüber den sogenannten Westmächten" bezeichnet, „als die spezifische Form, in der sich die deutsche Idee von der Freiheit verwirklicht". Dies hat kein geringerer gesagt als Troeltsch, der bedeutende liberale Theologe, Historiker und Philosoph. Diesen Leuten, die wirklich sehr respektable und bedeutende Denker waren, galt Westeuropa, insbesondere Frankreich, als Ursprungsland eines abstrakten und unfruchtbaren Rationalismus, als die Heimat gefährlicher und destruktiver Ideen, die sich in der Französischen Revolution in verhängnisvoller Weise ausgewirkt hätten. Thomas Mann nannte seinen Bruder Heinrich, der diesen Ideen zugetan war, ein wenig verächtlich einen Zivilisationsliteraten und stellte demgegenüber den deutschen Menschen, der nicht Zivilisation, sondern „Kultur" wolle. Man warnte davor, dieser westliche Geist drohe das deutsche Wesen zu zersetzen, man warnte davor, sich ihm hinzugeben. So wurde der erste Weltkrieg von den ideologischen Apologeten dieses Obrigkeitsstaates ganz konsequenterweise als „Aufbruch deutschen Geistes" – ich zitiere hier Plenge – gefeiert, als ein Kampf – auch das ist ein Zitat – der Ideen von 1914 gegen die Ideen von 1789, oder wie Sombart sagte, ein Kampf zwischen Händlern und Helden. Wir waren natürlich die Helden. Es wurde um den Begriff der Tiefe herum eine ganze Ideologie aufgebaut, fast eine Mystik. Wir Deutsche seien „tief", und weil wir doch so tief seien, deswegen sei der Obrigkeitsstaat für uns das richtige Gefäß, das uns erlaube, dieser Tiefe zu leben. Man hat dabei das böse Wort Nietzsches vergessen, der von solchen Leuten sagte, sie trübten ihr seichtes Wasser, damit es tief scheine.
Damit Sie sich eine genaue Vorstellung von dieser eindeutigen Absage der deutschen Intelligenz an die westlich demokratischen Ideen und deren vorbehaltlose Bejahung machen können, und um Ihnen die vorbehaltlose Bejahung des Obrigkeitsstaates durch diese Intelligenz zu demonstrieren, will ich Ihnen Äußerungen zweier ihrer Vertreter wiedergeben, zweier sehr großer Namen, des Philosophen Max Scheler, und des großen Schriftstellers, der Thomas Mann war – zwar kein Hamburger, aber immerhin auch ein Hanseat. Im Jahre 1916 bejahte Max Scheler den Obrigkeitsstaat mit folgenden Worten: „Dieser Obrigkeitsstaat ist im Prinzip das System, in dem Deutschland regiert sein will: mit jenem tieferen Willen ‚will', der über die Summe des Parteiwillens erhaben ist, da er nur das in die öffentliche Praxis und den Staat umgewandelte deutsche Ethos selbst darstellt

und darum auch innerhalb der Parteien bis zur Sozialdemokratie als Bürokratisierung, Disziplingeist, Unterordnung der Führenden und Geführten unter die unsichtbare Parteieinheit immer wieder erscheint, jene deutsche Grundauffassung des Staates, nach der der Staat – analog gebildet zum alten kirchlichen, von Paulus zuerst im Begriff des Corpus christianum gefaßten Anstaltsbegriffs – ein selbständiges unsichtbares Willenswesen ist, dem sich alle (Fürst wie Volk) zur Lösung verschiedener, vom Wohl des Ganzen objektiv geforderter Aufgaben als verschiedenwertige ‚Organe' gleichzeitig eingeordnet und untergeordnet fühlen", – es geht noch weiter – „und der gleichzeitig fest beharrende Anspruch auf eine staatsfreie Sphäre geistiger und innerer, gemüthafter Freiheit der Individualität bilden erst zusammengenommen ein sich ergänzendes und bedingendes System eigentümlichen menschlichen Daseins." Der Mann, der diesen Satz geschrieben hat, war – ich sage das ohne jeden Sarkasmus – wirklich einer der bedeutendsten Philosophen, die Deutschland in den Jahren vor dem Weltkrieg, im Weltkrieg und dem Jahrzehnt nach dem Weltkrieg hatte! Noch entschiedener wurde die Bejahung des Obrigkeitsstaates durch Thomas Mann – ich kann ihm das nicht ersparen – ausgesprochen, der 1918 vor seinem Wandel zum Demokraten und vor seiner Aussöhnung mit dem „Zivilisationsliteraten" Heinrich Mann in den „Betrachtungen eines Unpolitischen" schrieb: „Ich bekenne mich tief überzeugt, daß das deutsche Volk die politische Demokratie niemals wird lieben können, aus dem einfachen Grund, weil es die Politik selbst nicht lieben kann, und daß der viel verschriene ‚Obrigkeitsstaat' die dem deutschen Volk angemessene, zukömmliche und im Grunde von ihm gewollte Staatsordnung ist und bleibt... Nie wird der mechanisch-demokratische Staat des Westens Heimatrecht bei uns erlangen." So Thomas Mann. An anderen Stellen hat er noch energischer bestritten, daß es die Sendung, daß es die Aufgabe, daß es das Los Deutschlands sein könne, Ideen politisch zu verwirklichen. Politik und Demokratie, sagte er, seien unvereinbar mit dem deutschen Wesen, und er sagte das besonders schön anläßlich einer Aufzeichnung Nietzsches über Wagners Meistersinger, in denen die Meistersinger den Gegensatz zur Zivilisation, den Gegensatz des Deutschen gegen das Französische, symbolisieren sollen – ich zitiere: „Im blendenden Blitzschein genialischer Kritik steht hier auf eine Sekunde der Gegensatz, um den dieses ganze Buch sich müht –, der aus Feigheit viel verleugnete, bestrittene und dennoch unsterblich wahre Gegensatz von Musik und Politik, von Deutschtum und Zivilisation." – Nun, wenn das am grünen Holz geschah, was sollte dann am dürren Holz geschehen! Wenn selbst Leute von diesem geistigen Rang solche Dinge, – ihre Manen mögen mir verzeihen – solche Albernheiten sagten, was konnte man dann von den Kleineren verlangen?

Was ich Ihnen da vorgelesen habe, sind nicht irgendwelche zufällige Äußerungen, sondern ist ein Selbstbekenntnis der deutschen Intellektuellenschicht jener Zeit. Es handelt sich nicht bloß um eine Episode, sondern hier kommt zum Ausdruck, daß dieses sich vom Politischen, vom Staate, von der Demokratie Fernhalten etwas ist, das tief in das deutsche Bewußtsein eingesenkt worden ist. Diese Art ist den Deutschen so wenig angeboren wie irgend etwas anderes. Solche Dinge werden nicht mit uns geboren, sondern sind das Produkt der Geistesgeschichte eines Volkes. Und dieser Geistesgeschichte gilt es nachzugehen. Ihr Studium läßt uns erkennen, daß diese Art wahrscheinlich zusammenhängt mit dem Mythos einer besonderen Sendung der Deutschen – am deutschen Wesen könne einmal die Welt genesen –, der uns die Vorstellung kreiert, die Deutschen hätten in der Welt nicht eine bloße Funktion zu erfüllen, sondern ihnen sei aufgegeben, in dieser geschichtlichen Welt, die vom Zeitlichen, vom Oberflächlichen her bestimmt sei, das Wesen der Tiefe zu verwirklichen, und das gehe eben nur außerhalb des Politischen. Leute wie Lagarde, wie Langbehn in seinem Rembrandt-Deutschen, wie Houston Stewart Chamberlain sind es gewesen, die weitgehend das Denken der Menschen in diese Richtung führten.

Trotz des Zusammenbruchs des Obrigkeitsstaates im Jahre 1918 hat sich auch in den Jahren der Weimarer Republik in weiten Kreisen der deutschen Intelligenz hartnäckig die Meinung gehalten, daß die politische Struktur des preußisch-deutschen Obrigkeitsstaates jener der westlichen Demokratien nicht nur technisch, sondern auch von der Idee her gesehen überlegen sei und daß die Einführung der Demokratie ein Unglück für das deutsche Volk bedeute. Diese Vorstellung ist es letztlich gewesen, was verhindert hat, daß die Weimarer Demokratie im Bewußtsein und in den Herzen der Deutschen ein echtes und tragfähiges Fundament finden konnte. Erst dann konnten die Rollkommandos und die Hannaken des Nationalsozialismus überhaupt reüssieren. Ist nun 1945 wirklich, wie manche Leute glauben, zu einer echten Peripetie geworden, zu einem Sichbesinnen auf die Ursachen des Unglücks, auf die Ursachen unserer Tragödie, zu einem reinigenden Unsbesinnen, das uns Kraft geben könnte, umzukehren im Fühlen und Umzukehren im Denken? Es ist schon eine sehr schicksalhafte Frage, ob, was 1945 in unserem Volk an Begeisterung für die Demokratie zutage trat, nur Demokratismus gewesen ist, eine Art von Mimikry, eine Art von Schutztarnung, ein Versuch, aus der Geschichte zu flüchten. Viele Leute in Deutschland setzen ja Demokratie gleich mit Schwäche des Staates, mit Unpolitischsein, mit Verzicht auf Gestaltung der Geschicke der Welt, während doch in Wirklichkeit Demokratie nur dort echt ist, wo sie Ausdruck eines leidenschaftlichen Willens zur Gestaltung der Welt ist! Wenn wir diesem Prozeß nachgeben, können wir feststellen, in welchem Maße sehr noble Ursachen sehr schlimme Wirkungen hervorrufen können. Wenn im Wirkungsbereich dieser Ursachen eine Verschiebung eintritt, bewirken eben diese Ursachen, denen sich der Wirkungsraum entzogen hat, den Zustand, den Engels das falsche Bewußtsein genannt hat.

Erlauben Sie mir einen kleinen geschichtlichen Exkurs. Der zentrale geschichtliche Vorgang, der im 18. Jahrhundert in Europa und Amerika die ganze politische Szenerie grundlegend veränderte, war das politische Erwachen des Bürgertums. In diesem 18. Jahrhundert gelangte das Bürgertum zum Bewußtsein seiner selbst und wurde inne, daß es im Begriff stand, zum ausschlaggebenden sozialen und damit auch politischen Faktor zu werden. In dieser Zeit entstand auch die Presse, und wenn wir den Ursprüngen und Anfängen der großen Revolutionen dieses Jahrhunderts, die die Welt verändert haben, nachgehen, sehen wir, daß ihr Ursprung fast immer um Buchhandlungen herum lag, um Zeitungen oder um Kaffeehäuser – genauso wie jetzt in Ungarn und in Polen der Versuch einer Revolution der Freiheit von Zeitungen ausging, charakteristischerweise von Studentenzeitungen. Die Absolutismen waren nicht imstande, in die richtigen Kanäle zu leiten, was sich hier an Kräften freisetzte. Das Bürgertum wollte ja nicht nur gut behandelt werden, es wollte aktiv am Staate teilhaben; es wollte nicht mehr bloßes Objekt der Geschichte sein, sondern deren Mitgestalter. Diese politische Bewegung, die auch ihre soziologischen und ökonomischen Ursachen hatte, wurde ideologisch vorbereitet und gestaltet durch die Philosophen der Aufklärung – englische, französische, dann amerikanische, Montesquieu, Locke, Rousseau – und wie sie alle heißen mögen –, denen gemeinsam war die Entdeckung, daß der Staat nicht ein Ding an sich und für sich ist, sondern daß der Staat nur dann ein echter Staat ist, wenn er das in Verfassung gebrachte Volk ist, wobei man unter Volk bis in die zweite Hälfte des 19. Jahrhunderts hinein den Teil der Bevölkerung verstand, der bisher von der Gestaltung der politischen Geschicke des Staates ausgeschlossen gewesen ist.

So entstand ein neuer Freiheitsbegriff. Freiheit sollte nun nicht mehr bloße Sicherheit vor der Willkür eines Fürsten, nicht mehr nur das In-Frieden-und-Ruhe-leben-Können des einzelnen, sondern Freiheit sollte nur dort sein, wo das Volk selbst den Willen des Staates bestimme, den Willen, dem der einzelne zu gehorchen hat. Freiheit sollte nicht Libertinage sein, sondern das Recht des Bürgers, zu bestimmen, was der Staat zu wollen hat, und der freie Gehorsam, den man diesem Willen schenkt und den man auch dann mitbestimmt hat, wenn man im Rate überstimmt worden sein sollte. Diese Vorstellung von der Freiheit des Civis, des „Bürgers", verband sich mit dem Bewußtsein, daß ein Volk dann geschichtsmächtig wird, wenn es zur Nation wird; eine Nation ist aber nach der schönen Definition Ernest Renans ein Plebiszit, das sich jeden einzelnen Tag still wiederholt. Diese Gedanken sind nicht zuerst in Frankreich geschichtliche Wirklichkeit geworden, sondern in Amerika. Jefferson ist es gewesen, der dort zum Wortführer des Liberalismus wurde, der Religion der Freiheit, der Demokratie. Benedetto Croce hat das Wort, Liberalismus sei die Religion der Freiheit, geprägt. Die Menschenrechtsdeklaration Jeffersons war reines Naturrecht und beruhte in erster Linie auf den Traditionen angelsächsischen Denkens und der Philosophie Lockes. Die amerikanische Revolution hat auch in Deutschland Sympathien bei den Intellektuellen geweckt, aber wirksam wurde, was in der Neuen Welt geschah, in Deutschland im Bewußtsein der Intellektuellen erst, als das Volk Frankreichs das Beispiel des Volkes Amerikas nachahmte. Erst in der Französischen Revolution wurde die Idee der Freiheit vom Staat und zum Staat für Europa zur erreichbaren politischen Wirklichkeit.

Die Erklärung der Menschenrechte in Paris im Jahre 1789 wirkte wie ein Fanal und hat lange Zeit das blutige Geschehen in Paris überstrahlt. Es hat kaum je in der Geschichte ein politisches Ereignis gegeben, das die überwältigende Mehrheit der denkenden Menschen so ergriffen hätte wie der Ausbruch der Französischen Revolution. Goethe hat in „Hermann und Dorothea" darüber unsterbliche Sätze geschrieben, und auch ein Mann wie Hegel hat in seiner Berliner Zeit – als er schon meinte, den preußischen Staat als das Endprodukt der Entfaltung des Weltgeistes preisen zu müssen – von der Französischen Revolution geschrieben: „Solange die Sonne am Firmament steht und die Planeten um sie herumkreisen, war das nicht gesehen worden, daß der Mensch sich auf den Kopf, das ist auf den Gedanken, stellte und die Wirklichkeit nach diesem erbaut." Er schreibt weiter von der Rührung, der Begeisterung, die alle Denkenden, die Intellektuellen, Deutschlands erfaßt habe, als dieses Wunder in Paris geschehen sei.

Es gibt keinen führenden Geist der deutschen Klassik, der nicht darüber begeisterte Worte geschrieben hätte. Schiller, Pestalozzi und andere haben nach Paris geschrieben und ihrer Bewunderung Ausdruck verliehen. Freilich folgte bezeichnenderweise auf die begeisterte Zustimmung, mit der man zunächst die Französische Revolution begrüßt hatte, in Deutschland bald ein Umschlag der öffentlichen Meinung, als die Revolution ins radikale Fahrwasser geriet und der Terror zur Waffe fanatischer Freiheitsapostel wurde. Aber es war nicht so sehr das Blut, das auf der Place de la Grève floß, was die deutschen Intellektuellen veranlaßte, sich abzukehren, als vielmehr die Erkenntnis, daß auch in einem sich demokratisch gebärdenden Staat Absolutismus möglich war; der Volksabsolutismus, der Parlamentsabsolutismus erschien diesen Deutschen als ebenso verwerflich und ebenso sehr als Feind der Idee wie vorher der Absolutismus der Fürsten. Das war einer der Gründe, vielleicht der Hauptgrund, weshalb der Funke der Französischen Revolution zwar in Deutschland da und dort wetterleuchtete, weshalb er aber dort nicht ein dauerndes Feuer zu entzünden vermochte. Dazu kam noch, daß die Kleinstaaterei, der Mangel

einer Hauptstadt es unmöglich machte, daß an einem Ort eine große Volksbewegung entstand und sich über das ganze Land ausbreitete, wie es sooft die Funktion von Paris gewesen ist.
Aber das war nicht das Entscheidende.
Das Entscheidende war, daß der Freiheitsimpetus, der von Frankreich, von der Revolution ausging, der breiten Masse der deutschen Intelligenz durch die deutsche idealistische Philosophie vermittelt wurde. Aus einem klaren politischen Wollen, einem Gestaltenwollen der Geschichte in der Zeit, in der man lebt, machte die Philosophie des deutschen Idealismus eine Art von idealistischer Religion, ein philosophisches System. Sie hat damit den theoretischen Ausdruck dieses Vorgangs von den politischen Interessen, von dem politischen Geschehen im eigentlichen Sinn des Wortes getrennt. Sie wandelte den Freiheitswillen lebendiger Menschen, die die Welt verändern wollten, um in den Begriff der Freiheit an und für sich und knüpfte damit unbewußt an Epiktet an, der da gesagt hatte, der philosophisch ganz einsichtige Mensch sei auch dann frei, wenn er als Galeerensklave an die Ruderbank angeschmiedet leben müsse. So verwandelte sich bei den Deutschen die politische Freiheit und ihre Problematik in das Problem der philosophischen Freiheit. Sie lehnten es ab, auf dieser Welt Freiheit durch Veränderung der Umstände zu schaffen, in denen die Menschen leben, sie meinten, es genüge, wenn der Mensch sich in seinem Inneren, in seinem Bewußtsein, seinem Denken und Fühlen so frei stelle, daß er von jeder Wirklichkeit frei denken, frei empfinden und frei erleben könne. Ein Holsteiner, Lorenz von Stein, hat als erster, in den dreißiger und vierziger Jahren des letzten Jahrhunderts, begriffen, daß es mit dieser „Freiheit an sich" nicht weit her ist, wenn man sie nicht in gesellschaftliche und politische Wirklichkeit verwandelt; er versuchte dies den Deutschen klar zu machen, indem er ein schönes Buch über die gesellschaftlichen Verhältnisse im zeitgenössischen Frankreich schrieb. Es ist heute noch lesenswert.
Dieses humanistische Bildungsideal des deutschen Idealismus ist es im wesentlichen gewesen, das den Abstentionismus der deutschen Intelligenz vom Staat zu verantworten hat. Die Jugendschrift Wilhelm von Humboldts über die Grenzen der Wirksamkeit des Staates ist sehr lange eine der Bibeln der deutschen Intelligenz gewesen, genauso wie es die Postulate des Kantschen Rechtsstaates gewesen sind. Freiheit war etwas so Hohes, so Absolutes, daß man gar nicht daran denken konnte, sie durch politische Tätigkeit und Gestaltung zu verwirklichen. Freiheit war etwas, das auf das Innere des Menschen beschränkt bleiben mußte, weil das Ideal doch nicht zu verwirklichen ist; so wurde der Staat wesentlich als eine Art von Nachtwächter gesehen, der dafür zu sorgen hat, daß dem Bürger nichts von Bösewichten und Verbrechern geschieht. Die Volksmassen wurden nicht als mögliche Faktoren des politischen Lebens in

Rechnung gestellt. Die Wirkungen dieser noblen Ursachen waren verhängnisvoll. Die Teilhabe der Deutschen an der Res publica reduzierte sich auf die Teilhabe am Leben in der Gemeinde und die Sorge für die Verwirklichung der großen, fast metaphysischen Aufgabe, die Einheit der deutschen Nation zu schaffen. Man glaubte nämlich, daß, wenn einmal die deutsche Nation in einem einzigen Staat zu einer geschichtsmächtigen Einheit geworden sei, der Volksgeist aus sich heraus selber das rechte schaffen würde. Es war die Burschenschaft gewesen – die alte, „klassische" Burschenschaft –, die dieses Ideal in Generationen deutscher Akademiker eingesenkt hat.

Schließlich meinte man aber, daß Besitz und Bildung die beiden einzigen, wirklich wichtigen, wesentlichen Dinge seien, und daß der rechte Staat der sei, in dem Besitz und Bildung in rechter Weise gehütet würden. Doch mit der Zeit überwog dann doch auch bei den deutschen Bildungsschichten die Sehnsucht nach Besitz die Sehnsucht nach Bildung. Das zeigte sich gleich im Jahre 1848 in der Paulskirche zu Frankfurt: die Vertreter des deutschen Liberalismus spalteten sich, als sie der Meinung wurden, daß es jetzt darauf ankomme, den Schichten des Volkes, die das „Ziel" noch nicht erreicht hatten, den Weg, der zur Macht führen würde, zu verwehren, man fürchtete, diese Schichten könnten das „Ziel" nur erreichen, indem sie andere verdrängten. Bildung und Freiheitspathos flohen ins Kommersbuch, in den Mythos von der blauen Blume, und die begeisternden Impulse von einst gingen genügsam in die Chorgesänge der Liedertafeln ein. Lieder, wie „Die Gedanken sind frei" und „Böse Menschen kennen keine Lieder" – ersparten den Deutschen das schlechte Gewissen, daß es ihnen nicht gelungen war, in ihrem Land Freiheit konkret zu verwirklichen, wie es ihre Nachbarn schon getan hatten.

Schließlich erfolgte das verhängnisvolle Bündnis der Bildungsschichten mit etwas, das man „Realpolitik" nannte, worunter man all das verstand, was einem in diesem Leben Erfolg bringt. Der nationale Machtstaat erschien als etwas sich selbst Genügendes, etwas, das einen eigentlich der Verpflichtung enthebt, sich zu fragen, wie man denn selber dazu beitragen könnte, den Staat auszugestalten – Männer wie Hegel, wie Ranke, wie Droysen und wie Treitschke haben sich nicht gescheut, den Staat als bloße Macht zu deklarieren und es für genügende Rechtfertigung zu halten, daß ein Staat so mächtig war, daß er sich selbst durchzusetzen vermochte. Daneben entstand eine Art von Prosperitätsmoral. Man sprach noch nicht vom Wirtschaftswunder; man sprach von Gründerzeiten, aber diese waren fast dasselbe wie das heutige Wirtschaftswunder. Und was schließlich die Demokratie anbetrifft, so begnügte man sich mit Konstitutionalismus. Rechtlich gesicherte Ordnung galt schon als Freiheit, eine Freiheit, die von der Polizei garantiert, ja sogar gereicht wird. Der Staat wurde nicht mehr von der Idee des Menschen aus begriffen, sondern als das Instrument für die Aufrechterhaltung bestimmter gesellschaftlicher Machtverhältnisse. So hat z. B. Bismarck das allgemeine Wahlrecht zum Reichstag nicht eingeführt, weil er eine besondere Hochachtung vor der Demokratie gehabt hätte, sondern weil er glaubte, daß, wenn man den Tagelöhnern und Landarbeitern und Proletariern der Industriestädte das Wahlrecht gebe, diese abstimmen würden, wie der Herr Baron und der Herr Fabrikant es ihnen beibringen würden. Er glaubte, auf diese Weise das liberale Parlament des Drei-Klassen-Wahlrechts loswerden zu können, bei dem das städtische gebildete Bürgertum im allgemeinen die Mehrheit zu bilden vermochte.

In dieser Zeit kam das Wort von den staatserhaltenden Schichten auf, und die Intelligenz bemühte sich, diese staatserhaltende Schicht katexochen zu sein. Man wurde Beamter, man wurde Professor, man wurde Arzt oder Anwalt oder Richter oder Kaufmann oder Ingenieur, war in diesen Berufen „tüchtig" und hatte damit genug für die Res publica getan. Kurz und gut: das Verhältnis der Bildungsschicht zum Staat war das Verhältnis des Staatsdieners zum Herrenstaat, zum Obrigkeitsstaat. Man wurde gewissermaßen Fachmann für staatliche Verwaltung oder für Aufrechterhaltung der gesellschaftlichen Ordnung. Sie können das nirgends witziger und großartiger persifliert sehen als in Gerhart Hauptmanns „Biberpelz".
Was die anderen Schichten anlangte, so sprach man von Bassermannschen Gestalten. Man sprach vom Neid der besitzlosen Klasse, als sich die Arbeiterschaft zum Wort meldete. Das Grundgefühl der arrivierten deutschen Intelligenz dieser Zeit wurde die Furcht vor denen, die noch nicht arriviert waren und erst noch arrivieren mußten, die dort, wo man selber schon war, erst noch ankommen mußten. Was sich da und dort an schlechtem Gewissen über diese so unvollkommene Welt regen mochte, verwirklichte sich in oft großartiger Weise in Nächstenliebe, in individueller karitativer Tätigkeit, etwa im Bethel des Pastors von Bodelschwingh, einer der großartigsten Leistungen menschlicher Nächstenliebe. Dies konnte durchaus zusammengehen mit einem ausgesprochenen Sich-Niederwerfen vor dem Obrigkeitsstaat herkömmlicher preußischer Prägung.

In diese Welt hinein trat nun die Arbeiterbewegung, die Karl Marx und Ferdinand Lassalle geprägt und mit ihrem Gedankengut gefüllt haben. Marx lehrte, daß er die Welt Hegels vom Kopf auf die Füße stellen wolle, nämlich das Wissen um das, was ist, vom bloßen Gedanken auf die Erde, auf die Realitäten; die Geschichte vollziehe sich nach festen, vorbestimmten Abläufen und in dialektischen Umschlägen; dabei könne der Mensch nicht sehr viel mehr tun, als Vollstrecker des Werdensgesetzes seiner Epoche zu sein. Diese Vollstrecker wechselten im Laufe der Geschichte. In der vorausgegangenen Epoche sei das Bürgertum der Vollstrecker gewesen. In der Epoche, die nunmehr anhebe, sei es das Proletariat. Die Geschichte sei nichts anderes als ein Ablauf von Klassen-

kämpfen, und der Staat sei kein Ding an sich und für sich, kein Selbstwert, überhaupt nichts in sich Wertvolles, sondern er sei bloßes Instrument dieser Klassenkämpfe, ein Instrument, mit dem die gerade herrschende Klasse die anderen unterdrücke. Deswegen komme es darauf an – und das sei die spezifische Aufgabe des Intellektuellen, der diese Dinge begreift –, den Staat zu zerstören, als das, was nichts anderes sei als ein Instrument, dessen die herrschende Klasse sich bediene, um die Klasse, die vor der Tür steht, weiter in der Unterdrückung zu halten. Es hat das in großartigen Worten geschildert; in Worten, die so großartig sind, wie die Worte der Apokalypse und die darum nicht weniger geschichtsmächtig wurden.
So wurde der Sozialismus, den er inspiriert hat, für die Intelligenz dieser Zeit, soweit sie nicht staatshörig wurde, zu einer Art von Ersatz-Religion. Es war ein nobler Impuls, welcher diese Intelligenz bewegte, doch hat er sich zuzeiten recht verhängnisvoll ausgewirkt. Denn indem die Intellektuellen dieser Zeit den Staat ihrer Zeit negierten, verfielen sie der Versuchung, den Staat überhaupt zu negieren. Hatte doch Karl Marx gesagt, daß der Staat eines schönen Tages – nämlich wenn die klassenlose Gesellschaft sich gebildet haben werde – sich aufheben würde und man dann keinen Staat mehr brauche. So entstand eine andere Art von Staatsabstinenz.
Die eine Schicht der deutschen Intellektuellen enthielt sich der politischen Gestaltung des Staates, indem sie sich darauf beschränkte, ihm als Beamte usw. zu dienen, und die andere enthielt sich, indem sie sich gegen ihn stellte, schlechthin gegen ihn, und glaubte, die eigentliche Aufgabe der Intelligenz sei, den Staat überflüssig zu machen. Das konnte man doch wohl nur, indem man ihm die Grundlage entzog. So wurde für diese Leute Politik eine Form der Bekämpfung des Staatsglaubens, Vollstreckung der Gebote der geschichtlichen Dialektik, Entlarvung der Ideologien. Es sollte nicht Politik im klassischen Sinn getrieben werden, nicht „Demokratie", sondern es sollte der Klassenkampf geführt werden.
Lassalle, der andere Vater der deutschen Arbeiterbewegung – gelegentlicher Gesprächspartner Bismarcks –, hat es anders gesehen. Er war der Meinung, daß die sozialen und wirtschaftlichen Bedingungen dieser Zeit nur dadurch geändert werden könnten, wenn die Arbeiterschaft selbst die Macht im Staate erwürbe. Und das gehe nur durch demokratische Maßnahmen, über das allgemeine Wahlrecht. Er war davon überzeugt, daß, wenn es einmal das allgemeine Wahlrecht gebe, die Parlamente Mehrheiten von Arbeiter-Vertretern bekommen würden, da ja die Mehrzahl der Menschen Arbeitnehmer seien; diese Mehrheiten würden dann schon das richtige tun. Auch er hat sich getäuscht.
Neben dieser Ideologie der Arbeiterbewegung trat die Praxis der Gewerkschaften, Zusammenschlüsse von Arbeitern, die sich bemühten, über den Arbeitskampf und über die Gesetzgebung die Lebensverhältnisse der

Arbeiterschaft zu verbessern. Es entstand die Vorstellung, daß man Bildungsmöglichkeiten für alle schaffen müsse, nicht nur Ausbildungsmöglichkeiten, sondern Bildungsmöglichkeiten. Man war überzeugt, daß man Massenparteien schaffen müsse, daß das Parlament und auch das intellektuelle Leben der Nation das Forum sein müsse, auf dem die aus den Fugen geratene Welt wieder ihre Ordnung, eine Ordnung aus der Gegenwart, finden könne.

Auf der anderen Seite standen die Leute auf, die auf Treitschke schworen, Leute, die glaubten, dem Pastor Stöcker anhängen zu müssen, und wohlmeinende Menschen, die meinten, man könne diese Entwicklung abstoppen, indem man ihr ein Stück entgegengehe. Friedrich Naumann gehörte dazu und die sogenannten Katheder-Sozialisten. Die Weimarer Republik war ein Stück Verwirklichung dieser Art zu denken – diese Republik ohne Leidenschaft zur Demokratie, wenn auch nicht ohne Demokraten.

Was haben wir heute als Intellektuelle in einer Demokratie zu tun, die zum mindesten vom Formalen her eine echte und schöne Demokratie ist und die es nun mit echtem Leben zu erfüllen und dadurch überhaupt erst zu verwirklichen gilt? Da ist das erste Gebot für die Intellektuellen: Hinein in den Staat, nicht nur als Beamter, nicht als Kannegießer am Stammtisch, die sich weise unterhalten, wenn weit hinten in der Türkei die Völker aufeinanderschlagen, auch nicht nur in der Art der Ortsklugen, die da zetern: Nein, der gefällt mir nicht, der neue Bürgermeister! wie es im „Osterspaziergang" heißt, sondern als Bürger, als Vollbürger, wie Sokrates einer war, als Leute, die wissen, daß sie Rechte haben und daß diese Rechte nichts anderes sind als die andere Seite der Pflichten gegen sich und die Gemeinschaft. Da genügt es nicht, als einzelner aufzubegehren. Wer das tut, dem könnte es gehen wie jenem Ritter aus der Mancha: da nimmt man plötzlich Windmühlen für Riesen und wundert sich, wenn man nach seinem Anritt im Staube liegt. Man kann nur dann wirksam handeln, wenn man es über sich bringt, in eine politische Partei zu gehen oder zumindest mit einer politischen Partei zusammen den Staat in Ordnung zu bringen zu suchen.

Politische Parteien sind ja keine zufälligen Erfindungen; sie sind Dinge, die von dem Tage an notwendig wurden, an dem das allgemeine Wahlrecht in einem Staat eingeführt wurde, der von einer Gesellschaft ausgefüllt wird, die im Zeichen der Vermassung steht. Und das ist nun einmal leider Gottes mit der Gesellschaft, in die wir hineingeboren sind, der Fall. Da ist die politische Partei der einzige Schutz vor der Macht und dem Machtmonopol der Interessenten-Verbände. Auch in der geringsten aller politischen Parteien weht, verglichen mit den Interessenten-Verbänden, noch etwas vom Geist. Darum ist es besser, selbst in eine – von mir aus gesehen – „falsche" Partei zu gehen als in gar keine. Und vergessen Sie eines nicht: Demokratie verwirklicht sich auch durch Wahlen. Wie

könnten Kandidaten für die Wahl anders ausgewählt werden als durch Organisationen, die dafür geschaffen sind, nämlich durch Parteien? Das Entscheidende, meine Damen und Herren, ist aber dabei nicht so sehr der Wahltag als der Tag, an dem die politischen Parteien ihre Kandidaten küren. Denn das Niveau ihrer Kandidaten bestimmt das Niveau des Parlaments. Wenn das Niveau aller schlecht ist, ist es ziemlich gleichgültig, welche Partei die Mehrheit bekommt. Das Niveau können Sie aber nur dann mitbestimmen, wenn Sie selber bei der Auswahl der Kandidaten mitwirken. Das können Sie nur, wenn Sie in einer Partei sind, dort arbeiten und sich dort einen Namen gemacht haben. In einer hiesigen Zeitung — der „Zeit" — ist ganz mit Recht geschrieben worden, daß an dem Tage, an dem die Wahllisten geschlossen wurden, 80% der Abgeordneten schon gewählt waren, einfach, weil sie auf der Liste standen. Und Sie haben nicht den geringsten Einfluß darauf gehabt, wer auf die Liste gesetzt wurde, nicht wegen der Bosheit derer, die die Liste machten, sondern weil Sie nicht mitgewirkt haben, weil Sie draußen geblieben sind! Wenn Sie das weiter so machen, wird es Ihnen weiter so gehen. Dann werden Ihnen weiter Leute vorgesetzt werden, die Sie nicht wollen. Deswegen müssen gerade die Intellektuellen in die Parteien gehen. Sie müssen wissen, daß praktisch auch der Ursachen setzt, der sich nicht an diesen Dingen beteiligt, indem er nämlich anderen den Platz freigibt, an dem sie dann tun können, was ihm ganz und gar nicht recht sein wird.
Ich selber habe es bis nach dem zweiten Krieg so gemacht. Auch ich habe gemeint: Mein Gott, das Leben in der Politik ist doch etwas Scheußliches! Parteien sind doch etwas Schmutziges! Was geht das dich an? Lies schöne Bücher und schreib ein paar Bücher und pflege deine Freundschaften. Das ist doch viel schöner und würdiger. — Aber im Dritten Reich habe ich mich fragen müssen: Bist du denn nicht auch schuld daran, daß der Unmensch ans Ruder kam? Hättest du dich nicht so wohlgefühlt in deinem schönen Garten in Tübingen, wärest du auf den Markt gegangen und andere mit dir, dann wäre der Unmensch vielleicht nicht hochgekommen. Weil du das nicht getan hast, bist auch du schuldig, vielleicht schuldiger als irgendein dummer SA-Mann, der es nicht besser wußte. Dann habe ich mir gesagt: du darfst nicht ein zweites Mal schuldig werden; jetzt mußt du es anders machen: heraus aus deinem Garten! Hin auf den Markt! Hinein in eine Partei! Wenn es auch nicht schön ist, und wenn man da auch jeden Tag einmal eine Kröte schlucken muß, anders geht es nicht!
Sie können auf das politische Leben dieses Volkes, auf diesen Staat keinen Einfluß nehmen, wenn Sie sich nicht an der Diskussion der Dinge beteiligen, um die es in Staat und Gesellschaft geht — und es ist ständig etwas in der Diskussion! Nur darf man das nicht spielerisch tun, und man darf das insbesondere als Intellektueller nicht mit dem Hintergedanken tun: „Wir Intellektuellen sind ja die geborenen Führer des Volkes!" Sie

haben eine Chance, es zu sein; aber geboren sind sie nicht zu Führern des Volkes! Man muß sich diesen Rang und diese Ehre erst verdienen, und dazu muß man ins Geschirr gehen, und zwar vorbehaltlos ins Geschirr gehen. Und da ist nun eine der Hauptaufgaben, die die Intellektuellen zu leisten haben, die Verwirklichung des alten Hugenottenwortes: „Savoir résister!" Widerstand leisten können, „Nein" sagen können, nicht bloß Tyrannen gegenüber – das ist relativ leicht –, jeden Tag muß man Nein sagen können zu etwas, das glaubt, es sei schon deswegen legitim, weil es gestern schon bestanden hat; „Nein" sagen zu können zu allem, das sich uns mit der stumpfen Gewalt der Materie aufzudrängen bemüht. Das kann man nicht in jeder Zeit auf beliebige Weise machen. Das muß man nach der Forderung der Zeit machen, an den Dingen der Zeit und mit den Mitteln der Zeit. Die Geschichte ist nicht reversibel. Sie können die Zeit nicht umkehren. Sie können heute, 1957, keine Realität schaffen, die 1857 gut und richtig gewesen wäre. Das können Sie nicht. Die Uhr kann man nicht zurückdrehen. Man kann nicht Vergangenes wiederherstellen. Man kann nicht einmal Gegenwärtiges bewahren. Man kann es nur fortentwickeln. Alles, was da ist, ist schon in der Entwicklung auf ein Morgen, und nur, wenn wir das begreifen und den Trend dieser Entwicklung sehen, haben wir eine Chance, daß, was als eine gute Kraft diese Gegenwart bewirkt hat, morgen noch als dieselbe gute Kraft weiterwirkt.

Wir leben in einer Zeit industrieller Revolutionen. Die erste ist im Begriff abzulaufen; die zweite dieser Revolutionen, die mit der Atomenergie und der Automatisierung beginnt, ist bereits im Gange. Und das macht eben ein Leben à la Weimar unmöglich! In einer solchen Zeit kann man nicht leben wie die Helden Jean Pauls – da muß man nach den Möglichkeiten dieser Zeit leben, mit den Impulsen dieser Zeit und auch mit den Kriterien dieser Zeit. Die Flucht ins Idyll ist keine Lösung, selbst dann nicht, wenn sie höchst anmutig ist und etwa in einer Villa im Tessin endet. Wir leben doch ständig in der Gefahr – und damit knüpfe ich abschließend an das eingangs Gesagte –, daß der Mensch auf ein bloßes Objekt reduziert wird; daß unser Leben entmenschlicht wird; daß das Humane vollkommen verlorengeht und sich bestenfalls noch in den Netzen romantischer Erinnerungen fängt. Wenn es nicht das Privileg weniger bleiben soll, es zu vergegenwärtigen, müssen wir eine Gesellschaftsordnung, eine Wirtschaftsordnung, eine politische Ordnung schaffen, die den Menschen aus dem Zwang schierer mechanistischer Anhängigkeiten löst. Mit Maschinensturm kann man hier so wenig bessern wie mit dem Idyll, und durch Schaffung einer Menschenbewahranstalt kann man es auch nicht. Man kann aber den Versuch machen, das Humanum trotz der industriellen Revolution zu erhalten, ja, die Möglichkeiten, es zu leben, zu steigern, weil einem die industrielle Revolution dazu ganz neue Möglichkeiten und Mittel gibt, wenn wir die Forderung des Tages begreifen.

Hierfür tätig zu sein, ist heute die eigentliche Aufgabe, die den Intellektuellen gestellt ist. Nur dann werden wir den Zustand überwinden, den Carlyle meinte, als er schrieb, daß sich in der einen Nation in Wirklichkeit zwei Nationen verbergen, die sich gegenseitig bekämpfen. Nur dann werden wir wirklich Volk und Volkheit zur Deckung zu bringen vermögen, und nur dann wird der Staat mehr sein als ein bloßes Instrument, dann kann er ein echtes Gehäuse werden, in dem sich der Mensch, in dem sich das Volk entfalten kann. Freiheit von Not ist nicht bloß eine Angelegenheit karitativen Denkens, sondern ist eine Voraussetzung dafür, daß der Mensch wirklich sich zum Menschen entfalten kann und daß er nicht gezwungen wird, wie Ungeziefer zu leben. Als ich im letzten Jahr in Indien war, bin ich krank geworden davon, daß ich sehen mußte, wie von 450 Millionen Menschen 440 Millionen gezwungen sind, zu leben wie Ungeziefer. Da können Sie weder Demokratie noch sonst etwas Gutes einrichten, da ist man am Ende, und dann gibt es wahrscheinlich keine andere Lösung als die böse Lösung, die vom Osten her droht: denn dem indischen Dorf, wie es heute ist, gegenüber ist die Kolchose nicht nur ein technischer, sondern sogar ein humaner Fortschritt. Das ist ein schrecklicher Satz, aber er ist wahr!

Die Intelligenz sollte immer auf der Seite jener stehen, die nicht von der Automatik des Gefälles der gesellschaftlichen Umstände Nutzen ziehen. Es gibt zu allen Zeiten Schichten, zu deren Gunsten die Schwerkraft der gesellschaftlichen Mechanik ganz von selbst wirkt, die sich darum nicht zu regen brauchen. Aber es gibt Schichten, denen jene Schwerkraft der gesellschaftlichen Verhältnisse entgegenwirkt. Ich meine, die Aufgabe der Intelligenz sei ihr nobile officium, auf der Seite der Schlechtweggekommenen der Geschichte zu stehen. Dabei ist rein karitatives Denken unangebracht. Man sollte begreifen, daß das Notwendige zu geschehen hat, um unserer eigenen Möglichkeit der Selbstachtung, um unserer eigenen Ehre willen. Dabei muß man mehr tun, als ein Bekenntnis zur Freiheit des Geistes zu schmettern. Da muß man schon entschlossen sein, die Voraussetzungen für die Möglichkeit der Freiheit zu schaffen, die den Mut hat, auch das Risiko ihrer selbst auf sich zu nehmen.

Das ist nicht leicht. Man spricht gern von Toleranz. Aber sehen Sie, es gibt eine sehr schäbige Toleranz, die Toleranz, die sagt: ich toleriere dich und deinen Glauben, weil ihr so belanglos seid, daß man euch gar nicht ernst zu nehmen braucht. Das ist schlecht. Die wirkliche Toleranz sagt: „Du bist anders als ich, und ich will, daß es dich gebe, obwohl du anders bist als ich." Das ist die richtige Toleranz. Das Wissen darum in den Menschen hineinzubringen, scheint mir eine der großen Aufgaben der Intellektuellen zu sein. So zu leben, leidet keine Flucht in Sentimentalität und Romantik. So zu leben, täglich so zu leben, zwingt uns, jeden Tag zu überlegen, was eine sachgerechte Entscheidung abgeben könnte. Wirklich sachgerecht ist etwas aber nur dann, wenn es nicht nur technisch richtig ist, sondern wenn es vom Herzen aus geschehen ist. „Le cœur a des raisons que la raison ne connaît pas", hat Pascal gesagt.

Lassen Sie mich das Wort Gottfried Kellers an dieser Stelle in Ihre Erinnerung zurückrufen, das da lautet, die Herzseite der Menschheit sei die linke Seite. Herz ist etwas anderes als Stimmung und bloßes Gemüt; Herz, das ist eine wirkende Kraft. Pectus, sagten die Römer dazu, das ist, was die Brustweite des Menschen ausmacht. Es ist der Eros zu einem bestimmten Menschenbild; es verbietet uns, einfach hinzunehmen, daß sich die Wirklichkeit des menschlichen Lebens so selten mit der Idee des Menschen deckt.

Das war vielleicht alles ein wenig abstrakt und ein wenig professoral. Man kann seinen Beruf nicht immer vergessen, und ich möchte ihn nie verleugnen. Sie sind im Wahlkampf. Ich habe Ihnen gesagt, daß ich keine flammende Rede halten werde. Wählen Sie, was Sie meinen wählen zu sollen! Aber eines möchte ich Ihnen doch sagen: es gibt viele Parteien, und in allen Parteien sind gute Menschen und schlechte Menschen, und ich glaube nicht, daß eine das Privileg und das Monopol der Vortrefflichkeit hat. Aber zu bestimmten Zeiten liegt die eine Partei auf der richtigen Seite des Koordinatensystems des politischen Geschehens und die andere auf der falschen. Man muß weiter bedenken, daß echte politische Entscheidungen weder dogmatische Glaubensbekenntnisse sind noch solche erfordern, sondern daß sie Schwerpunkt-Entscheidungen sind. Man muß sich fragen: wo, bei welcher Partei ist im Schwerpunkt die Garantie gegeben, daß die Dinge, die mir wichtig sind, verwirklicht werden? Dieser Partei gebe ich meine Stimme – auch dann, wenn anderes an dieser Partei mir nicht gefallen mag! – Eines wollte ich Ihnen am Ende dieser Rede noch sagen: Ich habe, was mir wichtig ist, gestatten Sie, daß ich Ihnen das hier sage, im Schwerpunkt bei der Sozialdemokratischen Partei am reinsten aufgehoben gefunden. Deswegen bin ich Sozialdemokrat geworden.

R. Helmut Schmidt
Regierungserklärung

Herr Präsident! Meine Damen und Herren! Aus Anlaß der auf die heutige Tagesordnung gesetzt gewesenen Beantwortung zweier Großer Anfragen zur Sicherheitspolitik habe ich namens der Bundesregierung das Folgende zu erklären.
Die Sicherheitspolitik ist Teil des außenpolitischen Gesamtkonzeptes der Bundesregierung, sie ist eingebettet in die politische Gesamtstrategie des westlichen Bündnisses. Seit dem Harmel-Bericht von 1967 wird Sicherheitspolitik durch die NATO als Verteidigung und Entspannung definiert. Überragendes Motiv ist, das Gleichgewicht der Kräfte und dadurch die Abschreckung weiter glaubwürdig zu erhalten. Wir halten dabei an der Strategie der flexiblen Reaktion und am Prinzip der Vorneverteidigung fest.
Wer glaubt, daß Zusammenarbeit und Integration im Westen sowie Entspannung und Aussöhnung nach Osten einander behindern, muß die Tatsachen zur Kenntnis nehmen. Im Dezember 1970 haben die europäischen Verteidigungsminister im Bündnis ein gemeinsames Verstärkungsprogramm für die nächsten fünf Jahre beschlossen. Daraus können sich eine wirkliche europäische Verteidigungszusammenarbeit und auch ein besseres europäisch-amerikanisches Verhältnis entwickeln. Gleichzeitig hat das Bündnis einen Bericht über die Verteidigung der Allianz in den siebziger Jahren verabschiedet.
Außerdem ist es gleichzeitig dem Bündnis gelungen, das Problem ausgewogener, beiderseitiger Truppenreduzierungen — oder, wie es im internationalen Abkürzungs-Slang heißt, MBFR: Mutual Balanced Force Reductions — in die Ost-West-Diskussion einzuführen und an dem Projekt einer Konferenz über die Sicherheit Europas zu arbeiten.
Die Europäische Wirtschaftsgemeinschaft hat Verhandlungen mit Großbritannien, Norwegen, Dänemark und Irland über den Beitritt zur EWG aufgenommen — nach einer langen Zeit vorheriger Stagnation. Die Außenminister der Gemeinschaft haben eine engere politische Konsultation vereinbart, und über den Weg zu einer Wirtschafts- und Währungsunion ist konkrete Einigung erzielt worden.
Andererseits aber haben die Vereinigten Staaten, England und Frankreich mit der Sowjetunion Verhandlungen über eine Berlin-Regelung aufgenommen. Westliche und östliche Staaten bemühen sich um den Atomwaffen-Sperrvertrag. Gleichzeitig laufen die Verhandlungen über eine Begrenzung der strategischen Rüstung — SALT genannt — zwischen den Vereinigten Staaten und der Sowjetunion. Im Zusammenhang mit diesen ausgrei-

fenden Entspannungsbemühungen des Westens hat die Bundesrepublik Verträge mit Moskau und Warschau geschlossen; die Verhandlungen mit Prag werden in Kürze beginnen, hinzu kommen die Bemühungen um ein Vertragsverhältnis zur DDR.

Dies alles berechtigt niemanden zu euphorischer Stimmung. Aber es wird deutlich, daß Entspannungspolitik auf der Grundlage unmißverständlicher Sicherheitspolitik die Perspektive eines Europas der Zusammenarbeit eröffnet – eine Perspektive, an die John F. Kennedy glaubte und an deren Verwirklichung heute pragmatisch gearbeitet wird.

Für diejenigen, die ihre Augen und Ohren benutzen wollen, liegen viele Zeugnisse für die weitgehende Übereinstimmung zwischen der Auffassung der Bundesregierung und den Auffassungen der uns verbündeten Staaten vor, von den Kommuniqués der Ministertagungen der NATO bis zu den einzelnen verantwortlichen Äußerungen, welche die uns verbündeten Regierungen vor ihrem jeweiligen nationalen Parlament oder ihrer nationalen Öffentlichkeit abgeben. Die Bundesregierung weist in diesem Zusammenhang auf einen Aufsatz des belgischen Außenministers Pierre Harmel in der jüngsten Ausgabe des „Europa-Archivs" vom 10. März hin und unterstreicht z. B. die Aussage des belgischen Außenminister – ich zitiere –:

„Die schrittweise Vereinigung Westeuropas... ist unbestreitbar ein Faktor des Friedens... Wenn man den Blickwinkel erweitert und an ganz Europa denkt, kann man gewiß feststellen, daß diese neuen Bindungen verhindert haben, daß der Kalte Krieg in einen dritten Weltkrieg ausgeartet ist. Diese Interdependenz wird in glücklicher Weise durch die atlantische Verteidigungssolidarität ergänzt. Diese Situation des Gleichgewichts hat die Vorstellung der Koexistenz möglich gemacht, die zunächst zur Entspannung geführt hat und morgen vielleicht zum Einvernehmen führen wird... Wenn wir auf diese Weise eine relativ befriedigende Bilanz ziehen können, so dürfen wir uns dennoch nicht einem leichtfertigen Optimismus hingeben. Wenn Europa auch ein gutes Stück auf dem richtigen Weg zurückgelegt hat, so ist es doch noch weit vom Ziel entfernt... Die solidarische Haltung des Westens entspringt einer gemeinsamen Philosophie: seinem Friedenswillen und seiner Bereitschaft zum Dialog... Sie hat bisher den bewaffneten Frieden in Europa gewährleistet, aber sie müßte jetzt Wege finden können, auf unserem Kontinent ein neues Gebäude des Friedens und der Sicherheit zu errichten."

Soweit das Zitat aus der Feder des belgischen Außenministers. Meine Damen und Herren, die Koppelung von Sicherheit und Entspannung bedeutet, daß die Aufgaben der Streitkräfte des Bündnisses und die Aufgaben der Bundeswehr heute genauso wichtig sind wie zuvor. Wer anderes behauptet, ist naiv oder handelt bewußt unverantwortlich. Denn: mit der Bundeswehr leisten wir unseren Beitrag zur Aufrechterhaltung des Gleich-

gewichts und zur Beibehaltung einer glaubwürdigen Abschreckung durch das Bündnis als Ganzes.
Weil diese Aufgaben der Bundeswehr so wichtig sind, haben wir sogleich zu Beginn der Amtszeit dieser Bundesregierung versucht, ihren inneren Zustand zu diagnostizieren. Diagnose und Therapie – Ergebnisse einer kritischen Bestandsaufnahme – sind im Verteidigungsweißbuch 1970 veröffentlicht worden.
Vielleicht darf ich hier hinzufügen: Ich habe manchmal das Gefühl bei dem einen oder anderen, dessen Kommentare ich in der einen oder anderen Zeitung lese, er sollte vermeintliche Neuigkeiten nicht überbewerten, sondern sollte lieber das Weißbuch noch einmal lesen. Er wird dort das meiste wiederfinden, was er heute als Neuigkeit verkauft.
Meine Damen und Herren, die Bundeswehr ist im Laufe der letzten 18 Monate für die öffentliche Meinung und für die Organe der öffentlichen Meinung durchsichtiger geworden als jemals vorher. Dies ist weitgehend auch ein Ergebnis der öffentlich durchgeführten kritischen Bestandsaufnahme, der dienstlichen Tagungen von Unteroffizieren, Einheitsführern, Kommandeuren und Vertrauensleuten sowie der durch die Bundesregierung ermutigten Beteiligung der Soldaten an der öffentlichen Diskussion in unserem Land. Zum Zwecke der Durchsichtigkeit hat auch das Verteidigungsweißbuch 1970 bisher hier nicht übliche detaillierte Darstellungen der Aufgaben und der Probleme einschließlich detaillierter Zahlen vor aller Öffentlichkeit ausgebreitet. Die Berichterstattung in Presse, Funk und Fernsehen hat davon profitiert und somit das öffentliche Interesse an den Streitkräften gefördert.
Je mehr man die Öffentlichkeit an seinen eigenen Sorgen teilnehmen läßt, ohne dabei zu übertreiben und ohne dabei unverschämte Forderungen zu stellen, desto mehr ist die öffentliche Meinung zu interessierter Teilnahme geneigt. Für die Bundeswehr jedenfalls ist dies letztere auch statistisch feststellbar. Meinungsumfragen der letzten Zeit zeigen, daß die Bundeswehr von der Gesamtgesellschaft weit überwiegend positiv eingeschätzt wird. Ich will dazu ein paar Zahlen nennen, weil hier und da auch aus dem Bereich der Truppe selbst, aber auch von solchen, die glauben, es mit der Truppe gut zu meinen, Klagen über angeblich mangelndes Verständnis durch die öffentliche Meinung geäußert werden.
Nach der letzten großen EMNID-Umfrage dieses Winters, die wir haben machen lassen, glauben 68 % der Menschen in unserem Staat, daß die Bundeswehr in der heutigen Zeit wichtig oder sehr wichtig sei, und legen ihr eine positive Bedeutung bei. Die Bürger der Bundeswehrstandorte entschieden sich sogar zu 77 % für dieses Urteil. Zehnmal so viele Menschen in unserem Land finden die Bundeswehr „eher sympathisch" denn „eher unsympathisch". Zwei Drittel der Befragten meinten zur Frage des Führungsstils in der Bundeswehr, in der Armee eines demokratischen Staates

könne auch über den Dienstbetrieb diskutiert werden, und sie glaubten, daß dies möglich sei, ohne daß Disziplin und Einsatzbereitschaft darunter leiden.

Die insgesamt sehr sorgfältigen Untersuchungen lassen keinen Zweifel, daß die Einordnung von Bundeswehr und Soldaten in die Gesamtgesellschaft weitestgehend gelungen ist und übrigens dort am stärksten zum Ausdruck kommt, wo die engsten Kontakte zwischen zivilen Bürgern und Bürgern in Uniform bestehen. Drei Viertel aller Befragten bejahten die Notwendigkeit der Friedenssicherung durch die Bundeswehr; zwei Drittel aller Befragten äußerten das Vertrauen, daß die Bundeswehr mit unseren Verbündeten gemeinsam ihre Abwehraufgabe in einem Ernstfall würde lösen können.

EMNID stellt als Bewertung des Ergebnisses der Umfrage folgende sechs Thesen heraus.

1. Die persönlichen Kontakte von Menschen, die in Bundeswehrnähe leben, sind zu Soldaten und zur Bundeswehr intensiver ausgeprägt als die der Gesamtheit.

2. Der Soldat ist ein selbstverständlicher Bestandteil der Gesellschaft geworden, um so mehr, als Kontaktmöglichkeiten zwischen ihm und der Bevölkerung bestehen.

3. Das Verhältnis hat sich normalisiert. Die Notwendigkeit und die Funktionsfähigkeit der Bundeswehr wird von der großen Mehrheit bejaht.

4. Die Massenmedien gelten als ein „fast normales Spiegelbild" dieser Situation.

5. Von einer Sonderstellung der Berufssoldaten in der Gesellschaft kann nicht mehr die Rede sein.

6. Die Einschätzung der Bedeutung der Bundeswehr in Garnisonstädten ist noch positiver als in der Gesamtbevölkerung.

Soweit die zusammengefaßte Bewertung von zwei dicken Bänden Meinungsbefragung durch die auswertende Stelle, in diesem Falle EMNID. Wir vermuten, daß die Bundeswehr auch im Vergleich mit anderen Einrichtungen unserer Gesellschaft gut aussehen wird. Ich habe den Auftrag zu einer Untersuchung und Meinungsbefragung erteilt, die die Einschätzung der Bundeswehr und anderer öffentlicher Einrichtungen, in denen junge Menschen tätig sind, in denen sie unterrichtet, erzogen und beeinfluß werden, also z. B. der Universitäten, Schulen, Gymnasien usw., miteinander vergleichen wird.

Lassen Sie mich zur Lage der Truppen einiges sagen. Die Erfahrungen mit zu Wehrübungen eingezogenen Wehrpflichtigen, insbesondere die vor wenigen Wochen im Zusammenhang mit der Übung WINTEX erfolgten Mobilmachungsübungen, haben gezeigt, daß die Haltung und die Einstellung der Reservisten, die ja alle früher in der Bundeswehr schon einmal ihren Grundwehrdienst geleistet haben, erheblich positiver ist,

als die Bundeswehr selbst erwartet hatte. Dies gilt insbesondere auch für die Familienagehörigen der inzwischen meist verheirateten Wehrpflichtigen, vor allem hinsichtlich der Benachrichtigung ortsabwesender Männer bei Zustellung des Einberufungsbescheides. Nach drei Tagen standen den Truppenteilen etwa 80% der einberufenen Reservisten zur Verfügung. Es ist dabei zu berücksichtigen, daß knapp 10% auf begründeten Antrag durch die Kreiswehrersatzämter oder von der Truppe selbst von einer Teilnahme befreit worden sind. Ich will in diesem Zusammenhang nicht verschweigen, daß die Arbeitgeber, auch die Arbeitgeber des öffentlichen Dienstes, keineswegs überall das gleiche Verständnis aufgebracht haben wie die wehrpflichten Reservisten selbst und ihre Familien. Zweifellos sind diese Familienväter nicht mit Begeisterung zu einer Wehrübung eingerückt. Wenn dies der Fall gewesen wäre, würde man eher nachdenklich darauf reagieren müssen. Vielmehr ist es eine sehr nüchterne Einsicht in die unvermeidliche Notwendigkeit, die den tragenden Faktor für die durchgängig positive Einstellung der hier betroffenen Bürger bildet. Dies gilt natürlich nicht in gleichem Maße für die jungen Wehrpflichtigen, wenn oder bevor sie gemustert oder zu ihrem 18monatigen Grundwehrdienst einberufen werden. Die jungen Wehrpflichtigen werden auch an den Schulen nicht sonderlich auf die Notwendigkeit des Wehrdienstes vorbereitet.
Abg. Damm: Weiß Gott!
Darauf komme ich noch zurück.
Eine besondere Schwierigkeit für die ganz jungen Soldaten liegt naturgemäß in der anscheinend paradoxen Problematik ihres Auftrags, sich zum Zwecke der Erhaltung des Friedens für den Kampf auszubilden und bereit zu sein. Für einen jungen Menschen ist es sehr schwer, das richtig zu verstehen.
Diese psychologische Schwierigkeit macht sich zusätzlich und im Gegensatz zur Mehrzahl der übrigen Verbände des Heeres und der Masse der Verbände von Luftwaffe und Marine besonders bei den Kampftruppen bemerkbar, weil die Kampftruppen des Heeres ihre Ausbildung weitgehend in simulierter Kampftätigkeit erfahren, ohne daß der routinemäßige und tägliche Dienstablauf in gleicher Weise als sinnvoll und befriedigend erlebt werden kann wie etwa bei schwimmenden oder fliegenden Verbänden, bei Wartungs- und Instandsetzungsverbänden, bei Fernmeldeverbänden usw.
Für die Kampftruppen des Heeres ist es am schwierigsten, anschauliche und geeignete Ausbildungsbedingungen zu schaffen. Die Steigerung der Beweglichkeit und der Schußweiten sowie die zunehmende Auflockerung der Verbände machen es immer schwieriger, auf den beengten Übungsplätzen ausreichend Gefechts- und Schießausbildung zu betreiben. Die Mitbenutzung von Plätzen im Ausland ist zwar eine Hilfe, schafft aber kei-

nen grundsätzlichen Wandel. Die mit den Verbündeten zu teilenden begrenzten Übungsmöglichkeiten zwingen die Truppen, auch zu solchen Zeiten, die für den Ausbildungsrhythmus ungünstig sind, die Schieß- und Übungsplätze zu nutzen. Übungen im freien Gelände können infolge hoher Besiedlungsdichte in vielen Gegenden und wegen der vielen Kunstbauten sowie infolge der Gefahr von Flur- und Straßenschäden nur eine begrenzte, eine zeitlich begrenzte Aushilfe darstellen. Die zahlreichen Kettenfahrzeuge verbannen diese Truppen weitgehend aus größeren Städten, so daß gerade die Kampftruppen des Heeres häufiger als andere in abgelegenen Standorten liegen müssen. Dies erschwert es zusätzlich, Nachwuchs für diese Waffengattung zu gewinnen. Darüber hinaus laufen die längerdienenden Unteroffiziere in den Kampftruppen des Heeres Gefahr, den Kontakt mit ihrem Zivilberuf zu verlieren oder nur schwer den Anschluß an eine Stabsverwendung innerhalb der Bundeswehr zu gewinnen.

Deshalb ist die Offizier- und Unteroffiziernachwuchslage bei einem großen Teil der Kampftruppen angespannter als anderswo, was seit Jahren eine permanente Überforderung der Bataillonskommandeure, der Kompaniechefs sowie der Zug- und Unterführer zur Folge hat. Der relativ hohe Anteil von Wehrpflichtigen bringt zwangsläufig größeren Personalwechsel und Mehrarbeit mit sich, als das anderswo der Fall ist. Es werden daher die Einheitsführer dieser Kampftruppen mit den Unzulänglichkeiten unserer Gesellschaft auch in stärkerer Weise als anderswo konfrontiert.

Das Bundesministerium der Verteidigung ist bemüht, die Nachwuchslage gerade auch bei diesen Waffengattungen durch die im Weißbuch angekündigten Maßnahmen zu verbessern. Erste Erfolge zeichnen sich deutlich ab. Eine Erhöhung des variablen Umfanges zum Ausgleich für den Personalschwund wird die Dienststärken anheben und damit Ausbildung und Struktur der Verbände verbessern. Verhandlungen um Mitbenutzung zusätzlicher ausländischer Übungsplätze sind im Gange. Es werden auch alle Anstrengungen unternommen, um vorhandene Standortübungsplätze und unsere überregionalen Übungsplätze zu erweitern. Aber dies ist verständlicherweise ein sehr mühsamer Vorgang, zu dem häufig genug die Herren Ministerpräsidenten der Länder persönlich bemüht werden müssen, um nur einen ganz kleinen Schritt voranzukommen.

Die Neugestaltung der Laufbahnen, der Bildung und Ausbildung strebt besonders die Förderung der längerdienenden Soldaten in den Kampftruppen an. Rasche Erfolge sind bei der Vielfalt der vorgefundenen Schwierigkeiten nicht zu erwarten. Gerade die Kampftruppen des Heeres dürfen aber der nachdrücklichen und der sorgenden Bemühungen der Bundesregierung gewiß sein.

Die Kampfverbände aller drei Teilstreitkräfte und aller Waffengattungen haben sehr verschiedenartige Schwerpunkte hinsichtlich ihrer Sorgen

und ihrer Probleme. Auch z. B. die Fla-Raketenverbände der Luftwaffe leiden schon seit Jahren unter einer bestimmten Überforderung ihrer Soldaten. Auf die Wartungs- und Flugsicherheitsprobleme der fliegenden Verbände werde ich noch gesondert zu sprechen kommen. Der Marine fehlt es, wie Sie wissen,
Zuruf von der CDU/CSU: An der Konzeption!
zum Teil an modernen Schiffseinheiten.
Die militärische Führung wie auch die Bundesregierung sind sich aus den ihnen dienstlich vorgelegten Berichten wie auch aus ständig erneuertem eigenen Augenschein der Sorgen der Soldaten wohl bewußt. Wir erkennen auch, daß gerade die besonders engagierten Truppenführer bisweilen zur Überschätzung ihrer Schwierigkeiten und ihrer Sorgen neigen. In vielen Fällen sind dies gerade diejenigen, die sich in ihrem Pflichtgefühl und Verantwortungsbewußtsein von anderen nicht übertreffen lassen wollen. Trotz solcher gelegentlicher Übertreibungen in dieser Richtung halte ich die gewonnene größere Durchsichtigkeit und auch die Öffentlichkeit der Sorgen der Soldaten, die Öffentlichkeit der Schwierigkeiten der Bundeswehr für einen Vorteil sowohl zugunsten der Streitkräfte als auch der Gesamtgesellschaft.
Beifall bei der SPD.
Jedermann kann sehen, daß die Staatsbürger in Uniform Sorgen haben, daß sie hinsichtlich der Behebung ihrer Sorgen zum Teil auch verschiedener und sich widersprechender Meinung sind. Jedermann kann aber auch sehen, daß die Sorgen der Gesamtgesellschaft um die zukünftige Gestaltung der Bundeswehr gegenwärtig kleiner sein dürften als unsere gemeinsamen Sorgen um die zukünftige Entwicklung unserer Universitäten oder unseres Bildungswesens insgesamt. Die Bundesregierung und ebenso die militärische Führung wissen, daß andere Armeen auf europäischem Boden in West und Ost zum Teil ähnliche, zum Teil weitaus größere Probleme haben. So richtig es ist, seine eigene Leistung an idealen Maßstäben zu orientieren, so notwendig bleibt es auch, seine eigene Leistung an den Leistungen anderer in vergleichbarer Lage bei vergleichbarer Aufgabenstellung zu messen. Insgesamt schneidet die Bundeswehr bei solchem Vergleich durchaus gut ab.
Nur wer in althergebrachten militärischen Vorstellungen befangen geblieben sein sollte, kann sich zu pessimistischen Urteilen über die Bundeswehr und ihre Soldaten verleiten lassen. Wer den Fehler einer isolierten Betrachtung der Bundeswehr vermeidet, wird eher erstaunlich finden, wie weit die Bundeswehr in der Lage war und ist, ihr inneres Gefüge den Forderungen einer modernen Gesellschaft entsprechend zu entfalten und zugleich doch ihre innere Ordnung und Disziplin zu bewahren, und dies in einer Zeit, in der ringsherum in der gleichen Altersschicht ein weitgehender Zustand der Gärung, und zwar in allen freiheitlichen Gesellschaften

des Westens, Platz gegriffen hat. Daß dies möglich war, ist gewiß ein Verdienst dessen, was man innere Führung nennt.

Die Bundesregierung würde es für einen schweren Fehler halten, dieses Gärungsprozesses in den jüngeren Schichten unserer Gesellschaft wegen etwa die Bundeswehr gegen die Gesellschaft abzuschirmen oder abzugrenzen. *Beifall bei den Regierungsparteien.*

Ein Land oder eine Regierung, die einen solchen Versuch unternehmen oder zulassen wollte, würde die Streitkräfte und die Gesamtgesellschaft allen jenen Gefahren aussetzen, insbesondere politischen Gefahren, die mit einer Isolierung des Soldaten erfahrungsgemäß verbunden sind. Das gilt für alle demokratischen Gesellschaften des Westens in gleicher Weise.

Ein besonderes Wort zur Situation bei den fliegenden Verbänden, die mit Strahlflugzeugen ausgestattet sind. Seit der Vorlage des Verteidigungsweißbuches 1970 und der damaligen Debatte in diesem Hause darüber haben wir, besonders in den allerletzten Wochen, eine erhebliche Zunahme der Flugunfälle mit Strahlflugzeugen, insbesondere des Typs F-104 G, zu verzeichnen. Luftwaffenführung, Bundeswehrführung wie auch Parlament und Öffentlichkeit sind darüber in Sorge. Ich möchte Ihnen dazu sagen, daß gegenwärtig eine Wiederholung der großen Unfallserie der Jahre 1965/66 nicht zu erwarten steht. Die bisherigen Ermittlungen der Untersuchungskommission haben noch nicht erkennen lassen, daß etwa die jüngste Unfallserie auf eine alleinige oder vorherrschende Ursache zurückzuführen wäre.

Im Zusammenhang mit der im Laufe der Jahre zunehmenden Belastung der Flugzeuge und damit auch ihrer technischen Wartungsbedürftigkeit ist jedoch erkennbar, daß gegenüber vergangenen Jahren der Unfallfaktor, der unvermeidlicherweise nicht nur auf der Seite der Flugzeugführer, sondern auch auf der Seite der Techniker am Boden in menschlichen Verhaltensweisen beschlossen liegt, in höherem Maße beteiligt ist als in vergangenen Jahren. In keinem einzigen Falle liegt ein Verdacht auf Sabotage vor. Es besteht kein Zweifel, daß die Bundesregierung mit ihrer Forcierung der zugunsten der Menschen in der Bundeswehr eingeleiteten Veränderungen auch im Hinblick auf die Flugsicherheit den Hebel an der richtigen Stelle angesetzt hat.

Weder die Luftwaffenführung noch die Bundesregierung haben die Absicht, eine zeitweilige Sperrung des Waffensystems anzuordnen. Sie würde für die Sicherheit des Flugbetriebes keine Besserung, sondern eher eine Verschlechterung erwarten lassen; denn die Erfahrung hat gelehrt, daß die Wiederaufnahme des Flugbetriebes mit zeitweilig stillgelegt gewesenen Flugzeugen aus technischen Gründen risikoträchtiger ist als eine kontinuierliche Weiterführung des Flugbetriebes. Ich sehe dabei von der Darstellung der psychologischen Faktoren sogar ab.

Wir wollen die Lage vielmehr durch eine Reihe anderer Vorkehrungen wieder normalisieren. Diese umfassen erstens ein Sofortprogramm, das gestern im Verteidigungsausschuß des Hohen Hauses erläutert worden ist. Wesentlicher Bestandteil darin ist die vorgestern erlassene Anordnung, welche der Flugsicherheit absoluten Vorrang vor allen militärischen Leistungsanforderungen an die fliegenden Verbände gibt. Bis auf weiteres sind also die jeweiligen Umweltbedingungen und die jeweiligen personellen und technischen Möglichkeiten alleiniger Maßstab für die Durchführung des Flugbetriebes. Hierbei werden – vorübergehend – eine Einschränkung in der Erfüllung der vorgeschriebenen Flug- und Ausbildungsprogramme und das Absinken der NATO-Bewertungen in Kauf genommen. Eine solche Inkaufnahme hätte keinen Sinn, wenn man sich nicht vorstellen könnte, daß in der Zwischenzeit, während diese Einschränkung gilt, weiteres geschieht.

Das mittelfristige Programm besteht im wesentlichen darin, daß die seit einiger Zeit bestehende Expertengruppe der Luftwaffe im Begriff ist, aus der Analyse der Unfälle Verbesserungsmöglichkeiten personeller, organisatorischer, technischer, infrastruktureller und flugbetrieblicher Art abzuleiten, Maßnahmen, die voraussichtlich Ende Mai in die Phase der Verwirklichung eintreten werden. Die Luftwaffenführung ist zuversichtlich, daß sich die gegenwärtige Verschlechterung der Flugsicherheitslage bereits in den kommenden Wochen fühlbar bessern wird.

Auf mittlere Sicht wird die bereits eingeleitete Austauschaktion gegenüber erkannten Schwachstellen des Flugzeugs, die erhebliche Beträge erfordern wird, eine wesentliche Verbesserung erreichen. Seit 1969 ist ein neues Original-Serienflugzeug insbesondere hinsichtlich des Tragflächen- und des Flügelrumpfbereiches auf dem Prüfstand einer Dauerbelastung unterzogen worden. Der Versuch hat bisher 6000 Flugstunden simuliert und läuft damit den tatsächlich geflogenen Flugstundenbelastungen der in den Verbänden befindlichen Flugzeuge weit voraus. Diese Art der Ermüdungsfestigkeitsversuche hat Aufschlüsse über die zusätzlichen tatsächlichen Belastungen ermöglicht, denen die Flugzeuge vor allem seit dem Übergang zu vielfältigen konventionellen Missionen ausgesetzt gewesen sind. Wir haben es hier mit einem Phänomen zu tun, das eine direkte Konsequenz der 1967 vom Bündnis beschlossenen Strategie der „flexible response" ist, eine direkte Konsequenz, die sich aus dieser strategischen Veränderung und aus der Veränderung der taktischen und Ausbildungsaufträge an die fliegenden Verbände und der damit zwangsläufig einhergehenden höheren Belastung des Materials ergab.

Zum langfristigen Programm: Der Ersatz der Flugzeuge vom Typ G 91 und F-104 G ist eingeleitet. Aber es wird noch lange dauern, bis alle Flugzeuge durch neue abgelöst sind. Die vor wenigen Tagen bekanntgegebene Grundsatzentscheidung meines Hauses für den Ankauf von F-4-Phantom als Ergänzungsflugzeug wird sich mehrere Jahre vor Beginn des Zulaufs an MRCA-Flugzeugen vom Typ PANAVIA 200 zugungsten einer schrittweisen Erneuerung der Flugzeugbestände auswirken.

Meine Damen und Herren, das Vertrauen der Piloten in ihr Waffensystem ist ungemindert.

Abg. Damm: Sehr wahr!

An der einen oder anderen Stelle ist das Vertrauen in die eigene Leistungsfähigkeit der Piloten sogar zu groß, insbesondere gelegentlich bei jüngeren Soldaten.

Ich möchte in diesem Zusammenhang mit Dank zur Kenntnis nehmen, daß, jedenfalls bis zum heutigen Tage, Presse und Massenmedien über die Unfälle in überaus sachlicher und die Emotion vermeidender Weise berichtet und kommentiert haben. In vielen Ländern der Welt, auch in westlichen Ländern, werden die überall vorkommenden Unfälle im militärischen Flugbetrieb soweit als möglich verschwiegen. Die Bundesregierung hält eine solche Politik für falsch. Wir sind für Durchsichtigkeit, und auch aus diesem Grunde war es notwendig, die eben vorhergehenden Bemerkungen zu machen.

Auch in den technischen Gruppen der fliegenden Verbände besteht das Problem, das die Bundeswehr kennzeichnet, seit ich mein Amt angetreten habe, und sie schon lange vorher kennzeichnete: Das Fehl an Unteroffizieren. Die Zahl der Zeitunteroffiziere ist immerhin im Laufe des Jahres 1970 von 81 600 auf 87 700 gestiegen. Dieser Zuwachs, hauptsächlich von Unteroffizieren mit kürzeren Verpflichtungszeiten, hat das von der Bundesregierung vorgefundene Fehl um 6100 Unteroffiziere oder um rund ein Viertel in einem Jahr verringert.

Dem Fehl an Zeitunteroffizieren steht ein über das Soll hinausgehender Bestand an Berufsunteroffizieren gegenüber. Es sind 8200 Berufsunteroffiziere mehr vorhanden, als im Soll vorgesehen. Sie müssen teilweise den Mangel an Zeitunteroffizieren ausgleichen.

Allerdings sind bei Bewertung der Personallage die Soll-Vorstellungen wie auch die berühmten Stärke- und Ausrüstungsnachweisungen, im Soldatenjargon STAN genannt, doch erheblich problematisch. Auch das muß man im Kopf haben, wenn über das Fehl geklagt wird. Tatsächlich haben vor allem die zeitlich gestraffte Unteroffizierausbildung und die Beförderung geeigneter Wehrpflichtiger und Z-2-Soldaten zum Unteroffizier zum Abbau des Unteroffizierfehls beigetragen. Auch die Bereitschaft von mehr Unteroffizieren, sich auf vier oder acht Jahre zu verpflichten, hat die Personallage verbessert. 1969 waren es 4600, die dies getan haben. 1970 waren es 6700. Das ist gemeint, wenn ich vorhin sagte, daß die ersten Erfolge all der im Weißbuch eingeleiteten Maßnahmen sich abzeichnen.

An längerdienenden Mannschaften fehlten zu Beginn des vorigen Jahres der Bundeswehr 3500. Zum Jahresende jedoch wurde das Soll um 6500 überschritten. Von den insgesamt 88700 längerdienenden Mannschaften hatten sich zwei Drittel auf die Mindestzeit von zwei Dienstjahren verpflichtet. Seit die Z-2-Soldaten mit der Ernennung wieder volle Dienstbezüge erhalten, steigt die Zahl dieser Verpflichtungen stark an. Von den etwa 40000 Z-2-Soldaten, die sich im vergangenen Jahr verpflichtet haben, sind etwa zwei Fünftel Abiturienten.

Die Personallage der Offiziere wird erstens von dem Kriterium der ungünstigen Altersstruktur und zweitens von dem Kriterium des Fehls bei den jungen Zeitoffizieren, insbesondere — ich wiederhole es — bei den Kampftruppen des Heeres, bestimmt.

Entsprechend den Vorschlägen des Weißbuchs wird durch Anhebung von 1650 Hauptmannstellen und 2350 Majorstellen der durch die strukturellen Schwächen bedingte Beförderungsstau bei den Berufsoffizieren beseitigt.

Der Personalbestand bei den Zeitoffizieren ist nur geringfügig gewachsen. Da die Dienstzeitvoraussetzungen für die Beförderung zum Leutnant von 36 Monaten auf 21 Monate herabgesetzt worden sind, können demnächst rund 700 Zeitoffiziere mit drei- und mehrjährigen Dienstverpflichtungszeiten zum Leutnant befördert werden. Außerdem konnten Anfang dieses Jahres 1700 Soldaten Leutnant werden, die sich nur zu einer zweijährigen Dienstzeit verpflichteten. Aber sie stehen der Truppe nachher nur noch für ein Vierteljahr zur Verfügung. Das Fehl an Zeitoffizieren beträgt gegenwärtig noch etwa 40%.

Auch bei Berufsoffizieranwärtern hat sich die Personallage etwas verbessert. Die Bundeswehr hat im vergangenen Jahr rund 1600 Offizieranwärter gewonnen; das sind 260 mehr als im Jahr zuvor. Aber insgesamt wurde der auf das Jahr umgeschlagene Bedarf nur zu 55% gedeckt, bei Offizieranwärtern, die Offiziere auf Zeit werden wollten, nur zu 50%. Auffallend und nennenswert in diesem Zusammenhang ist, daß z. B. der technische Dienst in der Luftwaffe, der mit einer Akademieausbildung in Neubiberg verbunden ist, eine unverhältnismäßig hohe Zahl an Offizierbewerbern anzieht. Die Situation bei den Zeitoffizieren wird sich erst dann grundlegend ändern, wenn in Verbindung mit den Ergebnissen der Beratungen der Bildungskommission für diesen Personenkreis berufliche Anreize geschaffen werden, die die Tätigkeit als Zeitoffizier noch lohnender erscheinen lassen als gegenwärtig.

Ich fasse die Tendenzen der Personalentwicklung wie folgt zusammen:
1. Die Zahl der Offiziere und Unteroffiziere auf Zeit ist insgesamt gewachsen.
2. Die Personalstruktur verschiebt sich zugunsten der kürzer- und zuungunsten der längerdienenden Zeitsoldaten. Das letztere hängt auch mit dem Ausscheiden derjenigen zusammen, die in die Bundeswehr in den ersten Jahren ihres Aufbaus eingetreten sind und deren Verpflichtungszeiten inzwischen ablaufen.

3. Insgesamt ist die Personallage der Bundeswehr immer noch sehr angespannt, insbesondere bei bestimmten Waffengattungen, vornehmlich des Heeres.

Hier darf nicht verschwiegen werden, daß die früher eingegangenen Verpflichtungen zur Aufstellung von zwölf Divisionen mit den jeweils dazugehörigen Verbänden einerseits und der durch die Haushaltsgesetze vorgeschriebene organisatorische Gesamtumfang der Bundeswehr andererseits seit Jahr und Tag in einem von der Truppe besonders deutlich und teilweise schmerzlich empfundenen Spannungsverhältnis zueinander stehen. Es handelt sich um eine politisch motivierte Entscheidung, die vor anderthalb Jahrzehnten getroffen worden ist. Sie hat zu einem im Vergleich zu anderen Armeen ungewöhnlich hohen Anteil der Kampftruppen an der Gesamtzahl der Soldaten geführt. Daß dies nur zu Lasten der Soldaten, die in den Kampftruppen Dienst tun, möglich war und daß es nur zu ihren Lasten möglich bleibt, liegt auf der Hand.

Allerdings darf dabei nicht übersehen werden, daß das Prinzip der abgestuften Präsenz für die deutschen Verbände, die sich ja auf ihrem eigenen nationalen Boden und in geringer Entfernung von den Arbeitsstätten und Wohnorten der Reservisten befinden, eine vergleichsweise sehr schnelle Mobilisierung und Auffüllung bis zur vollen Präsenz ermöglicht. Diese Fähigkeit verdient insbesondere dann hervorgehoben zu werden, wenn die herabgesetzten bisherigen und gegenwärtigen Präsenzstärken unserer Verbände etwa ausländischer Kritik aus solchen Staaten unterzogen werden, die ihrerseits wegen des Expeditionskorpscharakters ihrer auf kontinentaleuropäischem Boden stehenden Truppen diese Verbände relativ hoch aufgefüllt haben. Das ist bei diesen Verbänden unserer Verbündeten gerade deshalb nötig, weil sie aus einer Reihe von Gründen zur schnellen Auffüllung nicht in der Lage sind.

Die von der Bundesregierung in Übereinstimmung mit den Partnern des Bündnisses verfolgte Politik der Aufrechterhaltung des Gleichgewichts macht, solange im Warschauer Pakt das Wehrpflichtprinzip gilt und praktiziert wird, die Aufrechterhaltung des Wehrpflichtprinzips auch auf seiten der westlichen Bündnispartner notwendig. Übrigens lassen sich von dieser Auffassung auch neutrale Staaten leiten, wie etwa Jugoslawien, Österreich, die Schweiz oder Schweden.

Angesichts der langen Friedensperiode macht sich in allen Staaten des Westens ein durchaus gerechtfertigtes Gefühl der Sicherheit bemerkbar. Dies geht aber zugleich einher mit wachsender Skepsis der jungen Generation gegenüber der Notwendigkeit der Wehrpflicht. Aus besonderen Gründen ist dies in der Gesellschaft unseres wichtigsten Bündnispartners im Westen am deutlichsten zu erkennen. Wir haben von der Absicht der amerikanischen Regierung gehört, ab 1973 von der Wehrpflicht keinen Gebrauch mehr machen zu wollen. Sofern und sobald diese Absicht verwirklicht werden sollte, wird dies nicht ohne psychologische Auswirkungen in Europa bleiben. Gleichwohl werden aber dann die europäischen Regierungen, solange es nicht zu beiderseitigen ausgewogenen Rüstungsbeschränkungen in West und Ost gekommen ist, am Prinzip der Wehrpflicht festhalten müssen. Dies wird in allen Ländern nicht ohne Schwierigkeiten abgehen. Nach Überzeugung der Bundesregierung wird es nur dann möglich sein, wenn zugleich die Durchführung der gesetzlichen allgemeinen Wehrpflicht in gerechter, d. h. vornehmlich in wirklich allgemeiner Weise erfolgt.

Die Bundesregierung ist im Begriff, hierzu die Vorschläge der Wehrstruktur-Kommission, die Ihnen, meine Damen und Herren, vorliegen und an denen eine Reihe politisch erfahrener bisheriger Mitglieder dieses Hohen Hauses mitgearbeitet haben, zu prüfen. Die Bundesregierung wird ihre Konsequenzen daraus im Verteidigungsweißbuch 1971 darlegen, das ich heute in keinem Abschnitt meiner Darlegungen vorwegnehmen will.

Die Bundesregierung verhehlt nicht, daß das Ansteigen der Zahlen derjenigen, die beantragen, als Wehrdienstverweigerer anerkannt zu werden, von ihr nicht ohne Besorgnis betrachtet wird. An manchen Gymnasien scheint es zum guten Ton zu gehören, auf die eine oder die andere Weise den Wehrdienst zu vermeiden oder zu umgehen. Von dieser Feststellung können auch manche Lehrer nicht ausgenommen werden. Der Bundeskanzler hat aus diesem Grunde zu Beginn des letzten Winters die Aufmerksamkeit der Herren Ministerpräsidenten der Länder darauf gelenkt, daß Fragen der Verteidigung im Sozialkundeunterricht und in den Lehrbüchern in den einzelnen Ländern unterschiedlich und zum Teil auch unzureichend behandelt werden. Der Bundeskanzler hat hinzugefügt, daß dies auch für den Auftrag und die Stellung der Bundeswehr in unserer Demokratie gilt. Er hat in einem Brief vom 19. November vorigen Jahres die Ministerpräsidenten gebeten, darauf hinzuwirken, daß an den Schulen den Notwendigkeiten und den Problemen der Landesverteidigung allgemein mehr Beachtung geschenkt, und daß bei den jungen Menschen das Verständnis für die Notwendigkeit einer ausreichenden Verteidigung als Voraussetzung der Entspannungspolitik geweckt werde. Er hat dabei wörtlich ausgeführt – ich zitiere –:
„Verantwortung und kritisches Denken, zu dem die Schulen die jungen Menschen befähigen sollen, darf nicht übersehen, daß der Verzicht auf ein Mindestmaß an Verteidigungsvorkehrungen Frieden und Freiheit gefährdet."
Beifall bei den Regierungsparteien.
In dem gleichen Brief hat der Bundeskanzler den Ländern auch Hilfe auf diesem Gebiet angeboten, und ich benutze diese Gelegenheit, um allen Damen und Herren dieses Hauses ans Herz zu legen, auch im Rahmen ihrer eigenen politischen Einflußmöglichkeiten die Bemühungen zu unter-

stützen und zu verbreitern, welche die Bundesregierung im Interesse des Staates auf diesem Felde angestrengt hat.

Die Bundeswehr hat im letzten Jahr damit begonnen, durch eine größere Zahl amtlich veranstalteter Tagungen sich selbst ein unmittelbares Bild von den Auffassungen der Truppe zu machen – auch der Bundeskanzler hat sich beteiligt – und insbesondere auch die Diskussion und die Diskussionsfreudigkeit unter den Soldaten zu fördern.

Im Zusammenhang mit solchen Diskussionen, teilweise auch schon früher, sind mehrere Denkschriften und Studien an verschiedenen Stellen der Bundeswehr entstanden. Einige davon haben ihrerseits eine relativ breite öffentliche Diskussion ausgelöst. Ich erinnere in diesem Zusammenhang an die Studie des Führungsstabes des Heeres vom Sommer 1969, ich erinnere an die Thesen der sogenannten Leutnante 70, an das Flugblatt der sogenannten Soldaten 70 oder an die jüngst in einigen Zeitungen ganz oder teilweise veröffentlichte Niederschrift einer Tagung von Hauptleuten im Bereich einer Panzergrenadierdivision.

Auch öffentliche Veranstaltungen des Bundeswehrverbandes, in denen Laufbahn- und Besoldungsfragen der Soldaten öffentlich und ziemlich streitbar debattiert worden sind, sollten hier erwähnt sein.

Die Bundesregierung begrüßt auch für die Zukunft Diskussionen innerhalb der Bundeswehr. Sie wird ebenso selbstverständlich etwaigen Auswüchsen und Fehlern entgegentreten. Insbesondere im Zusammenhang mit der Flugschrift der sogenannten Soldaten 70 sind nach dienst-, verfassungs-, straf- und disziplinarrechtlicher Prüfung ein Verbreitungsverbot und eine Anweisung zu disziplinärer Würdigung notwendig gewesen, die in einigen Fällen zu disziplinärer Ahndung geführt hat. Eine daraufhin erfolgte Beschwerde eines Betroffenen ist vom Truppendienstgericht als unbegründet abgewiesen worden. Das Truppendienstgericht hat schuldhaftes Vorgehen nach Paragraph 23 des Soldatengesetzes festgestellt, das nach Paragraph 6 der Wehrdisziplinarordnung zu bestrafen war.

In dem vorhin erwähnten jüngsten Fall haben inzwischen der Inspekteur des Heeres und der Generalinspekteur in zwei allen Verbänden bekanntgegebenen Fernschreiben mehrere irrige Feststellungen mit Nachdruck korrigiert. Vorwerfbar ist auf jeden Fall, daß fahrlässig unberechtigte Vorwürfe gegen die Führung der Bundeswehr erhoben worden sind. Ich nehme an, daß sich einige Zwischenvorgesetzte aus diesem Anlaß inzwischen selber Fragen vorlegen.

Die Bundesregierung wiederholt aus diesem Anlaß: Die Diskussion unter Soldaten findet ihre Grenze im Gehorsam gegenüber Gesetz und Befehl und in der Loyalität gegenüber militärischen und politischen Vorgesetzten.

Beifall bei den Regierungsparteien. – Abg. Dr. Klepsch: Das stand nicht im Weißbuch!

Wir werden hier keinen Kompromiß schließen.

An dieser Stelle ein Gedanke, den ich zur Beherzigung hinzufügen
möchte: Wer meint, für die Straffung militärischer Formen öffentlich einzutreten oder auftreten zu sollen, der muß selbst peinlich auch nur den
Anschein eines Loyalitätsverstoßes vermeiden, wenn man ihn mit seinem
Anliegen ernst nehmen soll. *Beifall bei den Regierungsparteien.*
Mit anderen Worten, wer von anderen Disziplinen verlangt, muß sich selbst
in Zucht nehmen. *Erneuter Beifall bei den Regierungsparteien.*
Auch die Diskussion muß Spielregeln einhalten.
Der Jahresbericht des Wehrbeauftragten soll heute nicht debattiert werden. Ich will meinerseits der Debatte nicht vorgreifen, aber öffentliche Darstellungen und Kommentierungen dieses Berichts in den letzten 14 Tagen
machen zwei oder drei kurze Bemerkungen nötig.
Das sogenannte Hasch-Problem gehört gegenwärtig noch keineswegs zu
den größeren Sorgen der Bundeswehr. Der an einigen höheren Schulen
erheblich verbreitete Hasch-Genuß durch Jugendliche wird jedoch in
relativ kurzer Zeit auch innerhalb der Bundeswehr Probleme aufwerfen,
sobald die betreffenden jungen Männer zum Wehrdienst eingezogen werden. Rauschmittelgenuß ist in militärischen Unterkünften und auch außerhalb des Dienstes verboten. Aufklärungsmaterial für die Truppe ist in Vorbereitung.
Die zweite Bemerkung: Das von diesem Hause geforderte sogenannte – ich
zitiere – „Kompendium" zum Gehalt der inneren Führung ist in Arbeit. Ich
will aber schon heute betonen – und damit wiederholt betonen –, daß
innere Führung nicht vornehmlich eine Sache der theoretischen Pädagogik
oder ihrer schriftlichen Darstellung und Lehre ist, sondern vielmehr eine
Sache der praktischen Pädagogik, des Beispiels, des Vorbildes und der
täglichen Truppenpraxis.
Beifall bei den Regierungsparteien und bei Abgeordneten der CDU/CSU.
Mit einem anderen Wort: Man lernt die Praxis der inneren Führung besser
von seinem unmittelbaren Vorgesetzten – wenn er etwas taugt – als aus
Büchern.
*Beifall bei der SPD. – Abg. Dr. Schmidt (Wuppertal): So war das schon
immer! – Zuruf von der CDU/CSU: Das ist noch nie bestritten worden!*
Zur Erheiterung – zu der ich auch beitragen will, Herr Kollege Schmidt –
der Bundesregierung und vieler anderer in Stadt und Land – ich nehme an,
auch in diesem Hause – haben die teilweise mit Tiefgang, teilweise aber
auch mit Humor geführten Diskussionen über Bärte und Haarschnitt der
Soldaten geführt. Da es – vornehmlich unter der älteren Generation –
Menschen gibt, die hier ernsthaft ein Problem sehen, soll ihnen auch eine
ernstgemeinte Antwort gegeben werden: Je nach der Mode hat es in
Deutschland wie auch in anderen Ländern schon hervorragende Soldaten
mit Schnauzbärten, mit Vollbärten, ja sogar mit Zöpfen gegeben,
Heiterkeit – Zurufe von der CDU/CSU

ebenso wie es auch in allen Ländern hervorragende Soldaten mit „militärischem" kurzen Haarschnitt gegeben hat.

Abg. Dr. Wörner: Und mit Glatze! – Heiterkeit bei der CDU/CSU.

Und mit Glatze! Sie sind bald dran, Herr Wörner.

Heiterkeit bei den Regierungsparteien.

Was ich sagen will, meine Damen und Herren, ist dies: Es ist notwendig zu erkennen, daß die Jugend immer in stärkerer Weise mit der Mode geht als die älteren Semester.

Abg. Dr. Schmidt (Wuppertal): Gott sei Dank!

Und wer auf diesem Gebiet die persönliche Gestaltungsfreiheit junger Menschen unnötig einengen wollte, der würde überflüssigen Konfliktstoff schaffen.

Beifall bei den Regierungsparteien und bei Abgeordneten der CDU/CSU. – Abg. Wehner: Richtig!

Die Bundesregierung wünscht, auch heute ihre Überzeugung von der Notwendigkeit der Institution des Wehrbeauftragten, der von der Truppe weitgehend in Anspruch genommen wird, und von der Nützlichkeit seiner Arbeit auszusprechen. Der Wehrbeauftragte hat jüngst von den Auswirkungen der politischen Polarisierung in unserem Lande auf die Haltung der Staatsbürger in Uniform hingewiesen. Gegen eine Politisierung der Bundeswehr haben wir dann nichts einzuwenden, wenn darunter eine stärkere Ausprägung der Fähigkeit zum Mitdenken und zum Urteilen in politischen Zusammenhängen gemeint ist. In diese Zusammenhänge sind Soldaten und zivile Bürger in gleicher Weise gestellt. Und dem Staatsdiener ist ein ausgeprägtes Staatsbürgerbewußtsein nicht nur erlaubt, sondern vielmehr geboten.

Zustimmung bei den Regierungsparteien. – Abg. Dr. Schmidt (Wuppertal): Sehr gut!

Eine parteilich-politische Auseinandersetzung in der Bundeswehr hält die Bundesregierung dagegen für schädlich. Mit Recht hat das Soldatengesetz hier sehr enge Grenzen gezogen. Versuche der parteilich-politischen Einflußnahme von außen in die Streitkräfte hinein sind mir in manchen Fällen bekanntgeworden. Sie haben mit Recht vielerorts schwere Bedenken ausgelöst.

In diesem Zusammenhang möchte ich zwei Bemerkungen an die Adresse des ganzen Hauses richten. Sosehr die Truppe häufige Besuche und Gespräche durch Abgeordnete des Deutschen Bundestages bei ihren Verbänden begrüßt, so wenig kann es der Truppe einleuchten, wenn sich diese Besuche unmittelbar vor Landtagswahlen in den Standorten des jeweils betroffenen Landes konzentrieren. Wie gesagt, dies richtet sich an das ganze Haus.

Abg. Dr. Wörner: Und an die Regierung!

Ebenso würde es die Bundesregierung begrüßen, wenn Veröffentlichun-

gen, die den Unteroffizierkameradschaften und dem Offizierkorps der
Bundeswehr von Parteien in größerer Auflage zugeschickt werden, es
sorgfältig vermeiden würden, das Vertrauen der Soldaten in ihre Führungs-
kräfte und in die Führung der Bundeswehr zu beeinträchtigen.
Beifall bei den Regierungsparteien.
Ich erwähne in diesem Zusammenhang, daß ich selbst vor fünf Jahren, im
Herbst 1966, von diesem Pult aus sprechend, als Oppositionssprecher auf
dem Höhepunkt einer sehr kritischen Phase der damaligen politischen
Bundeswehrführung den Soldaten der Bundeswehr in unmißverständlichem
Klartext zugerufen habe, daß an der Notwendigkeit der Befehlstreue und
der Loyalität gegenüber der Führung nicht der geringste Zweifel aufkom-
men dürfe.
Beifall bei den Regierungsparteien.
Das muß auch heute gelten.
Die Bundesregierung mißbilligt insbesondere, wenn hier oder dort bei den
Soldaten der Eindruck erweckt wird, als ob die militärische Führung oder
die Bundesregierung selbst aus falschen politischen Motivationen das
Ausmaß der Bedrohung oder das Kräfteverhältnis zwischen West und Ost
verfälscht darstelle. Keine Bundesregierung hat bisher in ähnlich nüch-
terner, in ähnlich detaillierter und mit Zahlen belegter Sorgfalt das Kräfteverhältnis zwischen Ost und West in Mitteleuropa so unmißverständlich
dargestellt, wie dies in den Ziffern 18 bis 29 des Verteidigungsweißbuches
1970 geschehen ist.
Beifall bei den Regierungsparteien.
Das Verteidigungsweißbuch ist in mehreren Exemplaren bis in jede Kom-
panie verteilt worden. Am Ende des Jahres 1970 ist bis in die Bataillone
die von der Ministertagung der NATO verabschiedete Veröffentlichung
über die Verteidigung der Allianz in den 70er Jahren, die ich erwähnte,
verteilt worden. Die in diesem Ministerratsbeschluß der NATO enthaltene
Darstellung der Bedrohung bleibt jedoch hinsichtlich ihrer Ausführlichkeit
und Genauigkeit weit hinter der Darstellung im Weißbuch der Bundesregierung zurück. Wer – ob in einer politischen Partei oder in einer Zeitung
oder in der Bundeswehr selbst – angesichts dieser Tatsache davon spricht,
daß von Amts wegen das Kräfteverhältnis verfälscht werde, der wird seiner
Verantwortung nicht gerecht, die ihm als Politiker, als Journalist oder als
Soldat auferlegt ist.
Beifall bei den Regierungsparteien.
Er trägt vielmehr zu einer unerwünschten Form der Politisierung der Armee
bei. Die Bundesregierung spricht die Hoffnung aus, daß die Mitglieder die-
ses Hauses sich an derlei Handlungen nicht beteiligen.
Einige Mitglieder der Opposition haben den regelmäßigen Herbst- und
Frühjahrsstellenwechsel der Bundeswehr zum Anlaß genommen, um in
der Öffentlichkeit wie in der Bundeswehr den unzutreffenden Eindruck zu

erwecken, daß einigen Personalentscheidungen parteilich-politische Erwägungen zugrunde gelegen hätten. Ich habe dazu in einer anderen Debatte in diesem Jahr bereits Stellung genommen und will heute nur noch hinzufügen, daß seit dem Amtsantritt dieser Bundesregierung eine Reihe von Soldaten und Beamten der Bundeswehr, zum Teil in besonderem Maße, ge- und befördert worden sind, die den Oppositionsparteien angehören oder die zu Führungspersonen der jetzigen Oppositionsparteien in besonders engem persönlichen Arbeitsverhältnis gestanden haben. Es liegt im Interesse der Beamten und Soldaten, hier auf namentliche Beispiele zu verzichten. Ich möchte die Erwartung aussprechen, daß die hier von mir geübte Zurückhaltung in bezug auf die Nennung einzelner Personen des öffentlichen Dienstes auch von den Damen und Herren des Hohen Hauses auf beiden Seiten zukünftig gewahrt wird.
Beifall bei den Regierungsparteien.
Ich brauche nicht in Erinnerung zu rufen, daß keine einzige militärische oder zivile Spitzenposition im Bundesministerium der Verteidigung nach dem Amtsantritt dieser Bundesregierung umbesetzt worden ist. Selbst einer diesbezüglichen Empfehlung meines Amtsvorgängers bin ich erst gefolgt, nachdem ich mir im Laufe eines halben Jahres ein eigenes Urteil habe bilden können. Allerdings hat sich dann mein eigenes Urteil mit der Empfehlung meines Amtsvorgängers gedeckt.
Hört! Hört! bei der SPD.
Es darf und wird weder Vorteile noch Nachteile in der Laufbahnentwicklung eines Soldaten oder Beamten geben, weil er etwa einer bestimmten politischen Richtung anhängt oder nicht anhängt.
Zustimmung bei den Regierungsparteien.
Über die auch in Zukunft konsequent fortzusetzenden Bemühungen zur Verjüngung der Generalität muß heute nicht erneut gesprochen werden. Jedoch möchte die Bundesregierung in diesem Zusammenhang deutlich einmal jener Generation von militärischen Führern und Unterführern danken, die in diesen Jahren nach langer Beteiligung am Aufbau der Streitkräfte nunmehr die Bundeswehr verlassen. Viele von ihnen haben sich 1955 und in den nachfolgenden Jahren lange überlegt, ob sie sich dem Aufbau der Bundeswehr zur Verfügung stellen sollen. Ihnen ist dadurch kein leichtes berufliches Leben beschieden gewesen. Die Bundeswehr ist inzwischen in ein Stadium gelangt, in dem die jüngere Generation nach vorne und natürlicherweise auch nach oben drängt. Um so mehr sind wir den Wegbereitern zu Dank verpflichtet.
Allseitiger Beifall.
Die z. B. zu diesem 31. März ausscheidenden Generale und Admirale sind gegen Ende der Weimarer Jahre erstmalig Soldaten geworden. Sie haben ihre erste Prägung durch die damals übliche Offizierausbildung in der Reichswehr, zum Teil in der Wehrmacht erhalten. Im Laufe ihres beruf-

lichen Lebens haben sie außerordentliche Umbrüche erlebt und – nicht nur beruflich – sehr viel hinzulernen müssen. Vielen dieser Soldaten ist die bis zu zehnjährige zivile Unterbrechung ihrer militärischen Berufsentwicklung bei der späteren Wiederaufnahme ihres militärischen Dienstes von außerordentlichem Nutzen gewesen, weil sie Erfahrungen, auch berufliche Erfahrungen, in anderen Bereichen gesammelt haben, wie man sie so in den Streitkräften selber nicht hätte sammeln können, wie sie jedoch für die Arbeit in den Streitkräften außerordentlich nützlich gewesen sind. Die Offizieranwärter der Bundeswehr des Jahres 1971 werden im allergünstigsten Einzelfall 1990 General werden können; die Masse der Betreffenden wird 1990 Oberstleutnant sein – ein Teil wird vielleicht Oberst sein.

Abg. Damm: Das ist auch eine ganze Menge!

Das ist ein ganz weit gespannter Zeitraum mit einer Fülle von in ihm zu erwartenden wissenschaftlichen, technischen und gesamtgesellschaftlichen Entwicklungen, die in keiner Weise von uns überschaut werden können. Sicher ist nur, daß an einen Oberst des Jahres 1990 wesentlich höhere und wesentlich andere Anforderungen gestellt werden als an einen Oberst des Jahres 1971 oder an einen Oberst der späten Weimarer Jahre.

Beifall bei der SPD.

Weil dies so ist, müssen wir für seine spätere Funktion in diesem Beruf heute Bildung und Ausbildung der künftigen Truppenführer der Bundeswehr eben auch auf ihre militärische Leistungsfähigkeit in den achtziger Jahren und darüber hinaus ausrichten.
Zugleich müssen wir angesichts des Wettbewerbs um intelligente, leistungsfähige und selbstbewußte junge Männer – des Wettbewerbs, in dem wir mit anderen Bereichen stehen – den Streitkräften und der Laufbahn des Truppenführers in den Streitkräften eine höhere Attraktivität geben.
Schließlich müssen wir auch für die Zeitsoldaten durch eine bessere Bildung und Ausbildung einen selbstverständlicheren und leichteren späteren Übergang in den zivilen Beruf in Aussicht stellen, wenn wir leistungsfähige junge Männer als Zeitsoldaten gewinnen wollen. Auch aus diesen Gründen ist eine Modernisierung von Bildung und Ausbildung in der Bundeswehr notwendig.
Die Bundesregierung wird dabei nichts überstürzen. Sie wird insbesondere den zweiten Schritt nicht vor dem ersten tun. Nicht einmal der erste Schritt ist bisher vollzogen. Er wird erst im Laufe dieses Frühjahrs getan werden in der Form eines Gutachtens zu den Problemen der Bildung und Ausbildung, das diesem Hause und auch der Öffentlichkeit auf den Tisch gelegt wird. Das bisher veröffentlichte sogenannte „Rahmenkonzept" stellt nur eine erste gedankliche Kladde zu einem Gutachten dar, das noch gar nicht erstattet ist. Der zweite Schritt liegt dann in der auf das Gutachten notwendigerweise folgenden Diskussion und Untersuchung der Realisierbarkeit.

Der dritte Schritt wird in angemessenem Zeitraum in Gestalt der Entscheidung der Bundesregierung folgen. Dann erst schließen sich die Schritte der Verwirklichung an.

Ich will aber klar sagen, daß keine Sorgfalt wird vermeiden können, daß die notwendigen Veränderungen auch für den einzelnen Soldaten die Notwendigkeit zur inneren Umorientierung und die Notwendigkeit zum In-Kauf-Nehmen von Umstellungsschwierigkeiten mit sich bringt. Dabei wird gewiß für ausreichend langfristige Übergangsregelungen zu sorgen sein.

Abschließend hierzu: Die Besorgnis einer die Orientierung an den militärischen Berufen verringernden „Verwissenschaftlichung" – ich gebrauche das Wort nur in Parenthese – der Offizierausbildung ist nicht begründet. Bildung und Ausbildung müssen und werden sich am Auftrag der Streitkräfte und an den zukünftigen Funktionen der Auszubildenden orientieren.

Auch in der weiteren Zukunft wird es die Aufgabe der Bundesregierung bleiben – so hat es Bundespräsident Heinemann in seiner Rede zu seinem Amtsantritt vor diesem Hohen Hause ausgesprochen –, zu verhindern, daß der Bundesrepublik ein fremder politischer Wille aufgezwungen werden kann. Die Bundeswehr dient der Bewahrung der Freiheit und der Erhaltung des Friedens. Dies gilt gleicherweise für die Arbeiter, Angestellten und Beamten der Bundeswehr wie für ihre Wehrpflichtigen, ihre Zeitsoldaten und ihre Berufssoldaten. Die Frieden bewahrende Funktion ist nur dadurch möglich, daß die Soldaten und die Verbände der Armee für die von ihnen in einem Verteidigungsfall auszuübenden Funktionen – also auch für den Kampf! – ausgebildet werden. Diese Ausbildung muß ernst genommen werden. Kämpfen zu können ist die beste Sicherung dagegen, einmal kämpfen zu müssen.

Auch deshalb hat der Gesetzgeber den Soldaten neben der Sicherung ihrer staatsbürgerlichen Rechte bestimmte soldatische Pflichten auferlegt, Pflichten, die Opfer an Zeit, an persönlicher Bewegungsfreiheit, die Anstrengung und Selbstüberwindung verlangen. Nicht für alle jungen Wehrpflichtigen ist es leicht zu verstehen, daß auf diesem ausgewogenen Verhältnis von Rechten und Pflichten das innere Gefüge und die Leistungsfähigkeit der Truppen beruhen. Die Vorgesetzten müssen sich deshalb bewußt sein, daß Pflichten nur zu sinnvollem Tun gefordert werden dürfen.

Ich habe mit innerer Anteilnahme und Bewegung unlängst in einer Wochenzeitung den Leserbrief eines jungen Wehrpflichtigen gelesen. Ich zitiere:

„Ich bin Soldat. Wie ich Soldat wurde? Durch Zufall, Desinteresse und Unwissenheit. Ohne weiteres ließ ich mich einziehen. Warum ich immer noch Soldat bin? Aus Einsicht."

Dann kommt eine Reihe sehr, sehr kritischer Bemerkungen über das Soldatsein, und zum Schluß kommt dieser 20jährige Wehrpflichtige in dem dort abgedruckten Leserbrief zu dem folgenden Ergebnis:

„Solange das Mißtrauen besteht, ist jeder verdammt zur Erhaltung des Mächtegleichgewichts. Lediglich der Versuch, eine Vertrauensbasis zu schaffen, hilft hier weiter. Solche Versuche waren bisher fast immer erfolglos. Sie waren es, weil sich eine Seite oder alle Verhandlungspartner aus angeblichem Realismus und angeblich kühler Berechnung heraus ihnen widersetzten."

Mir scheint, dieser Mann hat nachgedacht. Er hat seine eigene Situation und die Situation unseres Gemeinwesens insgesamt verstanden.

Es gibt viele Vorgesetzte in der Armee, die den Wehrpflichtigen helfen wollen, dies so oder ähnlich zu verstehen. Es gibt viele, die sich bemühen, gute Vorgesetzte zu sein. Allen Vorgesetzten in der Bundeswehr ist gesetzlich auferlegt, in Haltung und Pflichterfüllung ein Beispiel zu geben. Ihnen ist gesetzlich die Pflicht zur Dienstaufsicht und die Verantwortung für die Disziplin ihrer Untergebenen auferlegt. Ihnen ist auch die Sorge für ihre Untergebenen auferlegt. Ihnen ist auferlegt, innerhalb und außerhalb des Dienstes jene Zurückhaltung zu wahren, die erforderlich ist, um sich das Vertrauen als Vorgesetzte zu erhalten. Alles dies steht so im Soldatengesetz im Paragraphen über die Pflichten des Vorgesetzten. Damit ist aber der gesetzliche Katalog der Soldatenpflichten noch keineswegs in allen seinen wesentlichen Teilen aufgezählt.

Unser Volk erwartet, daß jedermann in der Bundeswehr diese gesetzlichen Pflichten ernst nimmt. Wir erwarten Pflichterfüllung auch dort, wo die Umstände widrig und schwierig sind. Die Bundesregierung verlangt Gehorsam. Sie muß das tun, denn sie steht mit diesem Verlangen selber in Pflicht. Auch Bundesregierung und Minister haben dem Grundgesetz, den Gesetzen und den Beschlüssen des Deutschen Bundestages Gehorsam zu leisten. Auch Minister könnten Disziplin nicht verlangen, wenn sie selbst Disziplin nicht wahren sollten. Auch sie könnten Gehorsam von Vorgesetzten und Soldaten nicht erwarten, wenn sie nicht selbst alles ihnen mögliche täten, um ihrer Fürsorgepflicht zu entsprechen.

Sehr wahr! bei der CDU/CSU.

Dies gilt allerdings in gleicher Weise für das Hohe Haus auch, ob auf der linken oder auf der rechten Seite oder in der Mitte.

Abg. Rösing: Das wurde nie bestritten!

Was den Bundesminister der Verteidigung angeht: Er muß sich und will sich mit der Bundeswehr und mit ihren Soldaten identifizieren, mit ihren Leistungen und mit ihren Mängeln, mit ihren Besorgnissen, aber auch mit ihrem Selbstbewußtsein.

Beifall bei den Regierungsparteien und bei Abgeordneten der CDU/CSU.

Was die Fürsorge angeht: Von den 124 im Weißbuch 1970 angekündigten Maßnahmen sind inzwischen 86 Fälle beschlossen. Wir zeigen damit, daß die Bundesregierung ihre Fürsorgepflichten ernst nimmt. Offen ist noch ein Rest von etwa 20 gesetzgeberischen Regelungen, von denen 14 in Form von Entwürfen zu Novellen diesem Hause vorliegen. 18 Vorhaben, die durch Erlaß des Ministeriums geregelt werden müssen, sind in Vorbereitung. Auch die im Weißbuch angekündigte Umschichtung innerhalb des Verteidigungshaushaltes ist inzwischen weitgehend verwirklicht. Die Streichung einer Reihe früherer Rüstungsprojekte und mehrere Gewichtsverschiebungen innerhalb des Rüstungsplanes waren unausweichlich. Man kann nicht nur beschaffen, man muß auch in der Lage sein, die angeschafften Waffensysteme und Fahrzeuge personell zu bewältigen.

Beifall bei den Regierungsparteien und bei Abgeordneten der CDU/CSU.

Mit anderen Worten: Das modernste Flugzeug ist wertlos, wenn Besatzung und Bodenpersonal es nicht beherrschen. Die Menschen haben den Vorrang vor dem Material.

Erneuter Beifall bei den Regierungsparteien und bei Abgeordneten der CDU/CSU.

Es hat auch Vorteile, daß der Verteidigungshaushalt für eine Reihe von Jahren eng geworden ist. Dies zwingt uns zu äußerster Rationalität bei der Abwägung von Aufwand einerseits und militärischer Wirksamkeit andererseits. Für eine Reihe vorgefundener Projekte war hier ein ausgewogenes Verhältnis nicht mehr zu erkennen. Ich muß Ihnen die Beispiele nicht noch einmal nennen. Ich will auch davon absehen, Ihnen Beispiele für Rüstungsprojekte zurückliegender Jahre zu geben, in die hohe Summen investiert worden sind, ohne daß daraus eine nennenswerte militärische Wirksamkeit entstanden wäre.

Jedermann muß verstehen: Die Leistungen des Steuerzahlers für den Verteidigungshaushalt sind für die Wirksamkeit der Bundeswehr und die Wirksamkeit ihrer Soldaten bestimmt und für keinen anderen Zweck. Die Bundeswehr muß die nötigen Waffen und Geräte dort kaufen, wo sie am preiswertesten zu haben sind – ob dies z. B. in Frankreich ist oder in der Bundesrepublik, in England oder in den Vereinigten Staaten.

Die Bundesregierung vermag auch kein Interesse an der Wiederauferstehung einer ausgedehnten nationalen Rüstungsindustrie zu erkennen. Die Produktion von Rüstungsgütern macht in der Bundesrepublik weniger als zwei Prozent der gesamten Industrieproduktion aus. Zweifellos liegen wir damit erheblich unter dem Durchschnitt aller großen Industrienationen der Welt; aber dies ist weder innen- noch wirtschaftspolitisch, weder außen- noch sicherheitspolitisch ein Nachteil.

Sehr richtig! und Beifall bei der SPD.

Soweit die Bundeswehr Aufträge vergibt, tut sie dies unter dem Gesichtspunkt des Wettbewerbs und der fairen Chance für alle, wobei der Wettbewerb dort seine Grenze hat, wo beispielsweise bei der Vergabe von Entwicklungsaufträgen durch Wettbewerb unnötige zusätzliche Kosten entstünden. Bei Inlandsaufträgen berücksichtigen wir stärker als früher die mittelständische Wirtschaft, soweit dies nicht zu Verteuerungen führt.

Eine durchgreifende Reorganisation des gesamten Rüstungsbereichs des Ministeriums und der Beschaffungsorganisation nach den Erfahrungen und Einsichten modernen industriellen Managements und den Erfahrungen und Einsichten der Bundeswehr selber, die sie in eineinhalb Jahrzehnten gewonnen hat, läßt für die Zukunft eine weitere Rationalisierung des Rüstungsaufwandes erwarten. Dies bringt für die beteiligten Mitarbeiter außerordentliche Umstellungen mit sich, die diese – was hier mit Dank vermerkt werden soll – nach sorgfältiger Diskussion bereitwillig auf sich genommen haben. Meine Damen und Herren, Sie selbst müssen sich jedes Jahr vor der Verabschiedung des Verteidigungshaushaltes erneut die Frage vorlegen, die vor mehr als zehn Jahren Maxwell Taylor so formuliert hat: „Wieviel ist genug?" Diese Frage kann in keinem Jahr pauschal beantwortet werden; sie kann auch niemals mit einem Prozentsatz vom Bruttosozialprodukt beantwortet werden.

Wer in seinem Lande eine Berufsarmee unterhält, muß einen wesentlich höheren Anteil des Bruttosozialprodukts für diese Armee aufwenden als ein anderer, der eine vergleichbare Armee auf der Basis allgemeiner Wehrpflicht unterhält. Wer für seine Streitkräfte nuklear-strategische Waffen entwickelt und beschafft, muß einen höheren Anteil seines Sozialprodukts für die Verteidigung aufwenden als derjenige, der sich – wie etwa die Bundesrepublik Deutschland – ausschließlich auf konventionelle Waffen beschränkt.

Es ist notwendig, diese Feststellung einmal zu treffen, um abwegiger Kritik aus dem Ausland wie aus dem Inland entgegenzutreten, die sich nur am Bruttosozialprodukt orientiert.

Beifall bei den Regierungsparteien.

Im übrigen kann die Bundesrepublik Deutschland – und das ist ein Verdienst mehrerer Bundesregierungen, die einander gefolgt sind – für sich in Anspruch nehmen, daß sie bei internationalem Vergleich nicht nur einen außerordentlich hohen Anteil ihrer Kampftruppen am Gesamtumfang ihrer Streitkräfte aufrechterhält, sie kann auch in Anspruch nehmen, daß sie außerdem stärker als jeder andere westeuropäische Partner mit konventionellen Streitkräften zur gemeinsamen Abschreckung durch das Bündnis beiträgt.

Die militärische Wirksamkeit der in der Bundesrepublik Deutschland aufgewandten Haushaltsmittel ist im internationalen Vergleich hoch zu bewerten. Einsatzwert und Kampfkraft der Bundeswehr werden regelmäßig durch die integrierten militärischen Kommandobehörden der NATO bewertet. Einsatzwert und Kampfkraft der Bundeswehr brauchen keinen internationalen Vergleich zu scheuen. Der NATO-Rat hat Ende 1970 bestätigt, daß unser Land die übernommenen Verpflichtungen erfüllt.

Herr Präsident, ich komme zum Schluß. Ich stimme mit meinem Amtsvorgänger Dr. Gerhard Schröder überein, der zuletzt am 19. März – in diesem

Monat also – erneut hervorgehoben hat – ich zitiere –: „... daß in einem geteilten Land wie Deutschland derzeit Außenpolitik, Sicherheitspolitik, Verteidigungs- und Bündnispolitik auf eine möglichst breite Mehrheit, unabhängig von jeder Koalition, gestellt werden sollten". Er hat sodann das Wort „möglichst" noch einmal besonders unterstrichen.

Wie schwierig dies gegenwärtig im Verhältnis zwischen Regierungsparteien und Opposition auch sein mag: für die Bundeswehr jedenfalls sehe ich keinen Grund, daß dieses Hohe Haus diesem Grundsatz nicht folgen wollen sollte. Dies wäre nicht nur zum Nutzen der Bundeswehr, es diente auch, meine Damen und Herren, der Aufrechterhaltung des Vertrauens unserer Bürger draußen im Lande in die Stabilität unserer äußeren Sicherheit.
Anhaltender Beifall bei den Regierungsparteien.

S. Kurt Schumacher
Europa – demokratisch und sozialistisch

Es tut mir außerordentlich leid, für die heutige Kundgebung ein Gesetz verlautbaren lassen zu müssen, das uns von unseren gegnerischen Kräften vorgeschrieben worden ist. Am 19. Mai haben die beiden siamesischen Zwillinge, die SED und KPD, in Bremen eine Konferenz abgehalten. Dort hat der sozialdemokratische Senator Wolters, der im vorigen Jahr von den Kommunisten zur Sozialdemokratie gekommen ist, die Anfrage an die Veranstalter gerichtet, ob er in der Diskussion das Wort ergreifen dürfe. Man hat ihm das von kommunistischer Seite abgelehnt. Die Leute in Bremen sagen jetzt mit Recht: „Vereinigen wollen sie sich mit den Sozialdemokraten, aber zu sagen haben sollen die Sozialdemokraten nichts!"
Nun, werte Versammlung, wir können nicht irgend jemand ein Recht gewähren, das uns selbst verweigert wird. Es gibt in der Welt eine unheilvolle Art von Menschen, das sind diejenigen, die glauben, man sei schwach und feige, wenn man höflich und nobel zu ihnen ist. In diese Situation der Schwäche und des Mangels an Mut wollen und werden wir nicht kommen. (Beifall.) Wir werden allerdings Methoden, die schon einmal in Deutschland eine demokratische Republik ruiniert haben, nicht anwenden. Wir sind tolerant zu allen Toleranten. Aber wir haben den Mut, rücksichtslos zuzufassen gegenüber allen denen, die die Toleranz dazu mißbrauchen wollen, später einmal gegenüber dem Toleranten intolerant werden zu können. (Beifall.)
Werte Versammlung! Wir haben jetzt Deutschland im Herzen Europas, und wir haben dieses Deutschland ökonomisch zerrissen übernommen, und uns drängt nicht so sehr all das, was wir in selbstverständlicher Folge der Niederlage haben hinnehmen müssen. Uns drängt vielmehr all das, was an unmöglichen Schwierigkeiten hinzugetreten ist. (Beifall.) Wir als eine demokratische Partei sagen, daß ohne die Existenz der freiwilligen Meinungsbildung und der Kritik nichts möglich ist und möglich sein kann. Und ich sage Ihnen, nichts ist so wichtig für die Staatsverfassung wie die innere Verfassung einer Partei. Wir, werte Versammlung, wir können hier in diesem Deutschland die Zusammengehörigkeit von Ökonomie und Politik nicht verleugnen. Es gibt keine nationale Einheit der Deutschen, wenn es keine wirtschaftliche Einheit gibt. (Zurufe: „Sehr richtig!")
Erst muß in Ernährung, in industrieller Güterproduktion und Verteilung das Zusammenwirken aller Zonen eintreten, ehe man mit der politischen Verwirklichung unserer Wünsche und Hoffnungen beginnen kann. Und lassen Sie mich ganz offen sagen: Sie wissen, zwischen der östlichen Besatzungszone und den drei westlichen Zonen ist tatsächlich der große Eiserne Vor-

hang. Aber zwischen den westlichen Besatzungszonen und dem freien Blick der Welt, da ist ein seidener Vorhang. Wir brauchen aber das Verständnis der Welt, und man soll uns die Möglichkeit geben, uns der Welt besser verständlich zu machen, wenn mit Deutschland etwas werden soll. Heute sehen wir im wirtschaftlichen Leben, daß alles auf diesem Kontinent zu klein geworden ist. Deutschland ist zu klein geworden, Europa ist zu klein geworden, und die großen politischen Prinzipien, nach denen vor allem die Politik auf diesem Kontinent gemacht worden ist, sind vorüber. Es geht nicht mehr um das europäische Gleichgewicht, es geht um das Gleichgewicht der Welt, und da hat Deutschland zu seinem größten Bedauern eine Rolle. Uns wäre viel wohler, wenn wir weniger wichtig wären. (Beifall.)

1945 stand die Welt vor der Frage, ob sie die Ausbalancierung der Kräfte ohne Deutschland vornehmen sollte. Es wäre damals – ganz brutal gesprochen – möglich gewesen, daß die Welt das deutsche Volk ausgelöscht hätte. Sie hat die Deutschen weiterleben und im Verlaufe der letzten beiden Jahre – besser ausgedrückt – weiter vegetieren lassen. (Zurufe: „Sehr richtig!")

Aber die Welt hat sich mit der Existenz Deutschlands auch unauflöslich verstrickt und verflochten. Jetzt steht sie vor der Frage, ob Deutschland in wirtschaftliche Versumpfung und Verrottung versinken soll, aus der zwangsweise die Demoralisierung der Menschen folgt, ob dieses Deutschland ein Tintenfleck sein soll, der sich auf dem Löschpapier Europas immer weiter ausbreiten soll, ob Marasmus und Verwilderung ein Krankheitskeim und Ansteckungsherd für Europa und die Welt darstellen sollen, oder ob Deutschland wieder zu einem positiven Faktor wird. Wir Sozialdemokraten sind entschlossen, alle Kräfte in unserem Volke für eine positive Gestaltung zu mobilisieren. Wir bilden uns nicht in traditionellem Größenwahn ein, eine Mission zu haben; aber eine ehrliche, saubere und einfache Funktion, die für Europa lebensnotwendig ist, die haben wir.

Wir wissen, dieses Deutschland kann sich aus eigener Kraft nicht erhalten. Es kann aus eigener Kraft nicht auf die Beine kommen, allerdings, ohne den seidenen Vorhang um die westlichen Besatzungszonen würde die Welt einen klaren Blick dafür haben. Dieses deutsche Volk ist schwer angeschlagen und kann sich aus eigener Kraft nicht mehr auf den Beinen halten. Bisweilen haben wir zur produktiven Arbeit kaum die Kraft. Das entbindet uns aber nicht von der Tatsache, alles, was in diesem Volk an Kraft in ökonomischer, moralischer und politischer Natur eingeschlossen ist, für den Zweck des Neuaufbaues von Deutschland zu mobilisieren. Wir sehen Deutschland nicht mehr als eine nationale Einheit. Heute, in einer Periode, in der der Nationalismus seine uferlosen Triumphe feiert, da ist einem Besiegten klarer als einem Besieger, daß der Nationalismus, der Nationalstaat und die nationale Wirtschaft nicht die Weisheit aus ihrem Schoße ist. Europa wird entweder eine gemeinsame ökonomische und politische Grundlinie seiner

Entwicklung finden, oder es wird zwischen zwei großen Mühlsteinen zerrieben werden. Wir aber, werte Versammlung, wir wollen nicht für ein fremdes System eintreten und dessen skrupellose Methoden annehmen. Wir wollen aus unserem Volk und unserem Kontinent die lebendigen Kräfte entwickeln, die dort möglich sind. Und es steht bei den Russen, zu erkennen, daß Europa demokratisch sein muß, wenn es europäisch sein will; und es steht bei den Vereinigten Staaten, zu erkennen, daß Europa sozialistisch sein muß, wenn es nicht der Diktatur unterliegen will. (Lebhafter Beifall.) Und es steht bei uns, die Herzen zusammenzureißen und die Linie durchzuhalten. Es ist eine Lächerlichkeit, in der Politik mit Katechismusformeln und Dogmen zu arbeiten, aber es ist eine große Notwendigkeit, daß die Prinzipien klar und sauber zu halten sind. Und schließlich können wir mit dem Blick zum Atlantik und mit dem Blick zur Wolga sagen: Hier, in Europa, im westlichen und mittleren Europa, da steht schließlich die Wiege der modernen Zivilisation und aller Leistungen, von denen heute alles spricht, von denen heute andere Kontinente profitieren.

Nun, werte Versammlung, haben die Deutschen nicht von der Welt abgesperrt gelebt? Zwölf Jahre haben die nachdrängenden Generationen keine politische Schulung gehabt. Jetzt tragen wir die Konsequenzen des verruchten Dritten Reiches auch in dieser Hinsicht. Es ist bei vielen Deutschen ein vollkommen falsches Bild vorhanden über die Lage Deutschlands und die Lage und Kräfte in der Welt. Und aus diesem vollkommen falschen Weltbild lebt heute in sehr vielen Deutschen noch immer die Möglichkeit der Reaktivierung des Nationalismus, und davor hat die Welt Angst. Und wir als Sozialdemokratische Partei, wir wollen kein Monopol für einen Gedanken oder für einen Anspruch. Aber wir als Sozialdemokratische Partei können sagen, daß wir die einzige Barriere sind, die zwischen dem Hunger, dem Verzweiflungsnationalismus und den Friedensbedürfnissen der Welt liegt. Denn sehen Sie, die Deutschen sind keine aggressorische Bedrohung für die Welt. Aber die Deutschen sind ein Objekt, das von gewissen Faktoren der Weltpolitik mißbraucht wird. (Beifall.) Und darum muß es die Aufgabe der Sozialdemokratie sein, diesem Volk bei aller Anerkennung des Verschuldens, das es durch das Dritte Reich auf sich genommen hat, zu einem inneren, klaren und freien Selbstbewußtsein zu verhelfen.

Die Verarmung Deutschlands ist doch – unter dem heutigen Gesichtswinkel gesehen – der Grund für die Verarmung Europas, und ich weiß nicht, ob die Weltwirtschaft die Verarmung eines Kontinents so einfach und stillschweigend auf sich nehmen kann. Wenn Deutschlands Armut der Grund zur Verarmung Europas ist, nun, dann kann selbst ein so ungeheuerlicher Lieferant wie Nordamerika sich nicht in der Gewißheit wiegen, daß der Ausfall von 400 Millionen Kunden einmal für die amerikanische Wirtschaft ohne Bedeutung erscheinen wird. Man hat davon gesprochen, wir wollten das Mitleid mobilisieren. Nun, die Sozialdemokratische Partei hat einen anderen Ehrgeiz. Die Sozialdemokratische Partei möchte die Vernunft mobilisieren. Wir sind heute das letzte Glied in der Kette von hilfsbedürftigen Menschen. Wir wollen nicht in der Form aus der Situation heraus, daß wir andere Völker, besonders solche Völker, die durch den Hitlerkrieg zerschlagen und geschädigt worden sind, aus ihrer Position herausdrängen und das deutsche Volk an ihre Stelle setzen. Aber wir wollen aus dem letzten Glied allmählich in eine Ebene der Gleichberechtigung hineinkommen. Denn schließlich, werte Versammlung, haben wir uns ja schon mit den Nazis unter gewiß schweren Opfern auseinandergesetzt, als man in der Welt noch das Wohlwollen der Nazis als eine sehr leckere und erstrebenswerte Angenehmheit ansah. (Beifall.)

Und wenn in der Periode bis 1933 den Deutschen eine Schuld zufällt, die Nazis nicht in dem Umfang abgewehrt zu haben, nun, den demokratischen, den wirklich demokratischen Deutschen kann man diese Schuld nicht einräumen. Aber vielleicht kann man den Deutschen eine Mitschuld vorwerfen, die mit den Nazis zusammen kein höheres Ziel kannten, als die Weimarer Republik zu unterwühlen. Und als kürzlich auf der Moskauer Konferenz der russische Außenminister den wunderbaren Sang auf die Weimarer Republik machte, nun, werte Versammlung, 14 Jahre früher, von der gleichen Stelle, hätte man Europa und nicht nur Europa, sondern der ganzen Welt viel ersparen können.

Die Situation ist heute die: Zwischen Moskau und der Londoner Konferenz, die einmal kommen soll, liegt ein halbes Jahr. Ein halbes Jahr, in dem es darauf ankommt, daß etwas geschieht und was geschieht. Es kommt auf das Tempo und die Intensität der Maßnahmen an. Wir müssen uns keinen Augenblick darüber im unklaren sein: Wir werden unser Volk nicht über einen Winter wie den letzten Winter hinwegbringen können, trotzdem das Herz in den letzten Wochen bei uns sehr viel hoffnungsfreudiger gewesen ist. Heute sind zwei Arten von Tempo miteinander in Einklang zu bringen: das Tempo der Erkenntnis und der praktischen Übersetzung der Erkenntnis in Maßnahmen bei den großen Siegern, und das Tempo, das den Deutschen durch ihre Verwendung und das Zerbröckeln ihrer Wirtschaft vorgeschrieben wird. Diese beiden Tempi müssen einander angeglichen werden. Keiner von uns wird mit einem klaren Kopf den Wunsch haben, in diesen Menschen Illusionen zu erzeugen. Illusionen sind gefährlich, und das Ziel der Politik muß sein, ohne Illusionen operieren zu können. Aber, werte Versammlung, wenn man sieht, was für die einzelnen Siegernationen auf deutschem Boden auf dem Spiele steht, dann kann man schwer verstehen, daß hier so viel Zeit und ein so langer Anlauf zur Realisierung von praktischen Hilfsmaßnahmen nötig sind. Wir werden uns nicht verkaufen, weder für Potemkinsche Dörfer noch für Potemkinsche Kalorien, weder von den Paketen des Marschalls Sokolowski noch von den Liebesgabenpaketen der Amerikaner. Wir werden aus eigener Erkenntnis an die eine Aufgabe gehen, die wir uns

gestellt haben, frei, selbständig und unabhängig zu sein gegenüber allen ausländischen und inländischen Faktoren. (Beifall.) Das ist der einzige Weg, um dem deutschen Volke zu einer ökonomischen Basierung, und das ist der einzige Weg, um dem deutschen Volke zu einer nationalen Freiheit und internationalen Zusammenarbeit zu verhelfen. In dem Augenblick, wo wir, aufgestört durch irgendwelche Gefühlswallung oder die Ungeheuerlichkeiten der Entbehrungen, diesen Weg verlassen, in dem Augenblick geht die Sozialdemokratische Partei und kraft ihres Schwergewichts das deutsche Volk dem Abgrund entgegen. Es ist die nationale Frage der Deutschen, daß es noch eine Partei gibt, die den Mut hat, das Recht auf Freiheit und Unabhängigkeit zu verteidigen. (Beifall.) Moskau war ein Provisorium in der Kette von Provisorien. Wie lang diese Kette ist, können wir noch nicht übersehen. Es mag daran liegen, daß wir durch die Dunkelkammern der letzten zwölf Jahre und den jetzigen Ernährungsstandard etwas schwache Augen bekommen haben. Aber wenn ich die große Politik der Mächte dort draußen sehe, dann habe ich manchmal den Eindruck, daß trotz ihrer außerordentlichen Kenntnis der Welt, trotz ihrer langen Tradition der Demokratie ihr Blickfeld wohl umfassender ist, daß sie aber gewisse Kardinaldinge, um die heute in Deutschland gekämpft wird, vielleicht nicht einmal so gut kennen wie eine verantwortliche Schicht in der Sozialdemokratischen Partei. Denn sehen Sie, die außerdeutschen Mächte mögen alle Begriffe der Erfahrung, der Technik, der Politik und des demokratischen Volkslebens haben, sie mögen dadurch die Sicherheit vor uns haben. Aber wir haben etwas anders vor den großen Mächten der Demokratie: Wir wissen, wie eine Diktatur erlebt aussieht (Beifall), und wir wissen auch, wie eine aktive kommunistische Massenpolitik in Deutschland sich auswirkt. Diese beiden Erkenntnisse, die haben wir vor allen anderen. Wir möchten unseren Teil dazu beitragen, beide Formen und Erlebnisse von der Kulturmenschheit fernzuhalten.
Nun nimmt das Ausland an, daß wir im eigenen Land nicht das leisten, was wir leisten könnten. Das ist richtig. Ohne Zweifel gibt es in Deutschland Leute, denen ihr Eigentum wichtiger ist als das Leben der Nation, und wir haben im letzten Winter die bittere Probe auf das Exempel gemacht. Ich nenne nur ein Beispiel: Von den trächtigen Säuen, die im Dezember 1946 festgestellt worden sind und die nach normalen Berechnungen fünf bis sechs Ferkel im Wurf haben müßten, davon scheint der Effekt nicht der richtige zu sein, denn nach den jetzt gemeldeten Ferkeln hat jede trächtige Sau im Wurf nur 0,7 Stück gehabt. Solche Säue gibt es in Deutschland! (Allgemeines Gelächter.)
Und wenn man sieht, wie sehr die Mittel der Ernährung im letzten Winter zur Erhaltung eines nicht erlaubten Rindviehbestandes verfüttert und verbraucht worden sind, dann kennt man die neue Klasse in Deutschland ganz genau. Es liegt nicht bei den kleinen und mittleren Bauern; es liegt auch

nicht beim Gros der Arbeitenden, der Flüchtlinge, der Ausgebombten und der kleinen Leute in Stadt und Land. Da helfen keine gemischtwirtschaftlichen Programme der KP und keine Proklamation der CDU für eine neue Wirtschaft. Denn es ist eine neue Wirtschaft mit den alten Aktionären.

Werte Versammlung! Wir stehen in Deutschland bei der Frage der Belebung der Wirtschaft vor folgendem: Sind die westlichen Sieger willens, von ihrer Politik der Versprechung an Dingen der Ernährung zu einer Politik der Realitäten zu kommen? Wir sollen arbeiten; wir müssen uns ernähren, und wir sollen Reparationen leisten. Aber, werte Versammlung, wenn ich eine gewisse Art von Siegerpolitik, besonders in der Frage des Exportes und des Außenhandels überhaupt sehe, dann fällt mir immer die Geschichte von dem ehrgeizigen Bauern ein, der sein Pferd mit einem Minimum von Heu ernähren wollte. Er hat das Pferd von Tag zu Tag mit immer weniger Futter versorgt, und gerade, als es soweit war, daß der gute Gaul am Tage nur noch ein Hälmchen verbraucht hatte, gerade an diesem Tag hat sich das Pferd hingelegt und ist verreckt. Das hat der Gute offenbar aus nationalistischem Pangermanismus getan. (Lebhafter Beifall.)

Wir müssen doch sagen, daß die Brotversorgung einen großen, volkswirtschaftlichen Sinn bekommt nur im Zusammenhang mit der Versorgung mit Arbeit, mit der Produktion; und wenn man von seiten Amerikas jetzt offenbar den Willen hat, mit der Politik der Demontage restlos Schluß zu machen, dann möchte ich wirklich wünschen, daß dieser Wille Amerikas sich auf alle Besatzungsmächte ausbreiten möchte. (Beifall.)

Man kann nämlich nicht über einen deutschen Exportplan phantasieren und zur gleichen Zeit Demontage im weitesten Umfange vorzunehmen. Von russischer Seite – das dort in der Besatzungszone aufgestellte Vorbild wird für ganz Deutschland als maßgebend hingestellt – hat man erklärt: An der Ruhr hat man erst sieben Prozent demontiert, bei uns in der Ostzone wurden 90 Prozent demontiert. Warum macht man das nicht in ganz Deutschland? Überschrift: „Das Vaterland aller Werktätigen!"

Von England wissen wir, daß es verzweifelt um seine Positionen in der Welt kämpft, und wir wünschen ihm allen Erfolg im Sinne der Demokratie und des Sozialismus. Das ist für uns kein leeres Wort. Aber gerade die heutige Labour-Regierung in England soll sich darüber bewußt sein, daß das kolossale Experiment nur gelingen kann, wenn sich derselbe Vorgang auf dem europäischen Festland abspielt. Ich bin überzeugt, daß es auch Leute dort gibt, die das sehen. Aber wir sehen in der täglichen Praxis, daß uniformierte und nichtuniformierte Interessenten eine Politik der Verhinderung treiben, und darüber zu schweigen, kann uns niemand zumuten. Entweder wird mit Kraft und Nachdruck die Einfuhr von Rohstoffen und Nahrungsmitteln nach Deutschland in diesem Sommer in Angriff genommen, oder die Welt drüben hat eine Massenschlacht verloren. Wir Sozialdemokraten werden nicht aufhören, für die unverzichtbaren Ideen des Sozialismus und der Demokratie in jeder Periode unter allen Voraussetzungen zu kämpfen. Aber man kann von uns nicht verlangen, daß wir eine Weltanschauungsschlacht für die Sieger gewinnen sollen. „Bitte, die Künstler selbst auf die Bühne!" Und man kann auch nicht die Reparationskrise verewigen. Auch können wir nicht so einfach die Reparaturkrise hinnehmen. Wir haben bei gewissen Demontagen in der britschen Zone, gerade beim Abbau von Fabriken des Waggon- und Lokomotivbaues, ausdrücklich auf die kommenden Verkehrsverhältnisse hingewiesen. Man hat alles besser gewußt. Darum hat man es auch falsch gewußt und bisher eine falsche Politik gemacht. Die Reparaturkrise im Verkehr wäre zu vermeiden gewesen, wenn man bei den Siegern erkannt hätte, daß man nicht in einem fremden Land von vornherein alles besser weiß und daß man, wenn man die Frage Deutschland beratschlägt, sich nicht mit wirtschaftlichen Interessen beratschlagen sollte.

Was nun die Deutschen anbetrifft, so stehen sie vor der Frage, ob sie zu einer Ankurbelung der wirtschaftlichen Belebung der Westzone ja oder nein sagen sollen. Ich sage ihnen, im Interesse der 40 Millionen in der amerikanisch-britischen Bizone, die nicht verhungern wollen, und im Interesse unserer Kameraden und Brüder im Osten sowie in der französischen Zone müssen wir alle Kräfte anspannen, um dieser Bizone durch die ökonomische Belebung einen Magnetismus zu verleihen. Für uns gibt es keine Zonenpolitik, für uns gibt es nur eine deutsche Politik mit internationalen Friedenstendenzen. Und wenn wir unsere Kraft für diesen Aufbau der Bizone zur Verfügung stellen wollen, nun, dann steht es nicht bei uns allein, ob es gelingt. Dann steht es auch bei den Siegermächten und dem Grad ihrer Leistung, ob dieses große, für Deutschland entscheidende Werk gelingt. Aber wir möchten doch in dieser wichtigen, ja entscheidenen Stunde feststellen, daß es nicht an dem Teil des deutschen Volkes, der seine politische Vertretung in der Sozialdemokratie sieht, an dem Teil seiner Arbeitsleistung und seinem guten Willen liegt; vielleicht an anderen Teilen. Vielleicht auch daran, daß in der Siegerpolitik nicht die politischen Notwendigkeiten der Siegermächte immer eindeutig zum Ausdruck kommen, sondern daß sich dann solche gegenseitig auf die Hühneraugen treten. Und wenn wir ja sagen zu diesem Versuch, auch auf die Gefahr hin, Schläge zu bekommen, nun, Genossen und Genossinnen, die Sozialdemokratie würde auch die Schläge aushalten.

Ich sage Ihnen, das deutsche Volk, das guten Willens ist – es steckt noch sehr viel guter Wille in diesem Volk –, das deutsche Volk urteilt trotz aller Schwierigkeiten des Lebens über eine Partei und eine Politik nicht so sehr danach, ob im einzelnen ein Erfolg herauskommt. Wenn wir die ökonomische Belebung der Bizone wollen, dann tun wir das, um unseren Kameraden dort drüben im Osten, die sehnsüchtig zu uns herüberstarren, um diesen Kameraden Mut zu machen. Denn wenn einmal die deutsche Einheit kommt, dann muß doch die Wirtschaft in den Westzonen so stark und so produktiv sein, daß sie das ökonomische Nichts in der Ostzone damit auszufüllen imstande ist. Man kann keine Politik der Situation treiben. Jetzt spricht man von zwei Zonen. Man spricht auch oder debattiert die Möglichkeit eines einmal kommenden Anschlusses der französischen Besatzungszone. Aber man spricht jetzt über etwas anderes nicht, und darüber wollen wir Sozialdemokraten sprechen. Wir deutschen Sozialdemokraten sind nämlich der Meinung, daß Berlin als fünfte Zone zu den Westzonen gehört.

Die Schwarz-Weiß-Malerei der Nationalkommunisten macht keinen Eindruck auf uns. Ich glaube, die Kommunistische Partei ist zweimal bankrott; einmal als Kommunistische Partei und einmal als Sozialistische Einheitspartei. Man kann nämlich keine Politik treiben, in der man in den Westzonen die Proleten auffordert, mit „Es braust ein Ruf wie Donnerhall!" und in der Ostzone mit der neuen Arbeitermarseillaise „Herr, ich bin zufrieden, komme was da mag". (Lebhafter Beifall.) Und wenn die Kommunisten eine Volksabstimmung wollen, dann soll einmal unter internationaler Kontrolle der Welt eine Volksabstimmung in der Ostzone gemacht werden, ob sie zu uns wollen. (Lebhafter Beifall und Bravorufe.)

In diesem Volk, sagte ich, steckt noch etwas Gutes und Starkes. Wir würden es ablehnen, uns zu beweihräuchern. Die Leistung nach diesem furchtbaren Winter des Hungers und der Kälte, Genossen und Genossinnen, ist eine sehr respektable Leistung, besonders dort, wo die Sozialdemokratie in einer Zone mit katholischem Bevölkerungsüberhang als stärkste Partei durchs Ziel gegangen ist. Ich möchte einmal sehen, ob alle Völker nach diesen Schlägen so viel guten Willen zeigen. In einer englischen Zeitung schrieb Robert Stephan in dem Artikel „Die Tat" folgendes:

„Trotz der Frontenklarheiten und dauernden Falschmeldungen vieler britischer und amerikanischer Sprecher gibt es in Deutschland, vor allem in seiner Arbeiterklasse, den guten und fesen Willen und den Wunsch zur Zusammenarbeit mit der Welt."

Was da fixiert worden ist, das ist die Meinung der überwiegenden Mehrheit des deutschen Volkes, und wir werden uns darum auch nicht von einer gewissen zweckbedingten Parteipolitik, etwa zu einer Politik der Sabotage in den Großindustrien, mißbrauchen lassen, sondern wir werden dieser Sabotage überall entgegentreten, wo sie sich bemerkbar macht. Und sie ist bereits bemerkbar. Man kann bald sagen, wenn die Deutschen sich rühren, dann stoßen sie überall an eine eckige Wand und werden sich blutig stoßen. Und deshalb erkläre ich, die deutschen Sozialdemokraten und das deutsche Volk überhaupt wünschen ein gutes und anständiges Verhältnis zu Rußland; aber wir können dieses gute Verhältnis nicht erkaufen um den Preis der Verfeindung mit der ganzen übrigen Welt. Wir lassen uns nicht von der Formel erpressen: „Wenn du nicht für mich bist gegen alle anderen, dann bist du gegen mich."

Wir sind nicht antirussisch, wir sind prodeutsch. Für ein trainiertes kommu-

nistisches Hirn mag es schwer sein, das zu begreifen. Aber es gibt so etwas. Jetzt versucht die russisch kontingentierte kommunistische SED mit denselben Touren ganz Deutschland zu erobern. Jetzt versucht sie, damit die ökonomischen und politischen Verhältnisse der Ostzone auf ganz Deutschland zu übertragen, und sie verbindet das Programm der deutschen Einheit mit dem Willen zur deutschen Sozialistischen Einheitspartei.
Nun, werte Versammlung, das Programm ein Reich, eine Partei und eine GPU haben wir schon einmal erlebt. Wir wollen ein Reich, in dem die demokratischen Parteien nach dem Grad des Vertrauens der Wähler mitreden können. Wir erheben gar keinen totalitären Anspruch.
Seien Sie vorsichtig! Die Leute, die heute auf diesem Gebiet von Einheit sprechen, meinen den Monopolanspruch ihrer eigenen Herrschaft. Die Art und Weise, wie jetzt die Kommunisten mit allen möglichen Mitteln der Tarnung in Westdeutschland einzudringen versuchen, kann man nur als politische Fassadenkletterei bezeichnen. Aber die deutsche Sozialdemokratie lehnt es ab, bei diesem Einbruchsdelikt Hilfe zu leisten. Wir wissen ja, daß die Kommunistische Partei eine Anzahl von Kindern hat, die alle auf den Vornamen „Antifa" getauft sind, und wie sehr die Kommunistische Partei den Versuch macht, ihre Politik des Mißerfolges durch Aktivität in den Betrieben und Gewerkschaften zu festigen. Den Sozialdemokraten und den mit ihnen Sympathisierenden möchte ich eins sagen: Glaubt nicht, daß Menschen, die die die Macht um der Macht willen anstreben, daß sie so anständig und loyal sind, wie ihr seid. Wenn ihr euch nicht rührt, dann verspielt ihr euer Schicksal und das euerer Kinder. Wir wollen nicht, daß die deutsche Sozialdemokratie jemals in die taktische und erdrückende Rolle wie etwa die der italienischen und französischen Sozialisten kommt. Wir wollen die Sozialdemokratie als eine Partei für alle Berufsschichten; aber wir wollen die Industrieproleten als ihre Stärke darin sehen.
Gegenüber einem so ausgesprochenen politischen Willen ist es wohl gut, wenn wir einmal die objektiven Voraussetzungen der Möglichkeit einer Vereinigung erörtern. Jetzt, nach den Wahlen in der britischen Zone, haben sich die Kommunisten ausgerechnet, wenn wir da und da zusammengegangen wären, dann hätten wir dieses und jenes Mandat bekommen können. Ein Zusammengehen kommt nicht in Frage; denn eine Vereinigung mit den Kommunisten würde auf die große Mehrzahl des deutschen Volkes keine anziehende, sondern eine abstoßende Wirkung ausüben, und wir hätten in Schleswig-Holstein und Niedersachsen nicht 44 Prozent der abgegebenen Stimmen, sondern 24 Prozent, vielleicht auch nur 14 Prozent bekommen. Es mag die Sozialdemokratie versuchen, eine Partei des deutschen Volkes und des internationalen Friedens zu sein; die Kommunisten fungieren ja als Fortsetzung einer fremden Staatspolitik. Die Unterschiede zwischen den Sozialdemokraten und den Kommunisten sind dort nicht nur Unterschiede des Weges, sondern auch Unterschiede des Zieles. Doch

für uns ist der Sozialismus untrennbar verknüpft mit dem Menschen. Die östliche Formulierung des Sozialismus ist aber ein despotischer Staatskapitalismus. Es gibt auch noch andere Hindernisse, die einfach nicht überwunden werden können. Da haben wir vor allem die Frage der Kriegsgefangenen. Können Sie sich eine deutsche Partei vorstellen, die sich mit der amtlichen Mitteilung auf der Moskauer Konferenz zufriedengibt, daß in Rußland nur noch 890000 Kriegsgefangene sind? Ich kann mir eine solche Partei nicht vorstellen. Und wenn eine Partei uns erzählen will, daß sie diese Zahlenangabe für berechtigt und als letztes Wort ansieht, dann hat sie den Anspruch verspielt, eine Partei des deutschen Volkes zu sein.

Die Kommunisten sind sehr dafür, jetzt die Kräfte der Abwehr gegenüber der Demontageaktion lebendig zu machen. Warum haben sie diese Kräfte nicht gerufen, als im Osten unverhältnismäßig mehr demontiert worden ist, als überhaupt festgesetzt war? Und warum klagen sie heute einen fremden privaten Monopolkapitalismus an, der auf deutschem Boden noch keinen Betrieb erworben hat? Warum klagen sie nicht an die sowjetischen Aktiengesellschaften, die 40 Prozent der vorhandenen industriellen Produktionsmittel der Ostzone dem deutschen Volke geraubt und in einen fremden Staat verschleppt haben? Und warum schweigen sie zu dieser großen Periode der Sklavenarbeit und der Deportation?

Und dann, denkt an den Osten! Die Kommunistische Partei ist die einzige Partei, die heute bereit ist, die vorläufige provisorische Grenze, die zwischen Rußland und Polen an Oder und Neiße vereinbart worden ist, endgültig als Reichsgrenze anzuerkennen. Ich will dabei erklären, daß damit ein Viertel der deutschen Ackerkrume verlorengeht und wir Lebensmittel, die deswegen fehlen, importieren müssen. Aber um importieren zu können, müssen wir unseren Export steigern können; da sollen uns doch einmal die Kommunisten einen Export nachweisen, wenn die Fabriken abmontiert wurden und wir keine Gegenleistungen machen können.

Das eine bliebe uns noch: Wir haben in das Rumpfdeutschland 12 bis 13 Millionen Menschen einströmen sehen. Alle kamen sie aus dem Osten, vertrieben von der einen Siegermacht und ihren Satellitenstaaten. In allen Ländern des Ostens und Südostens waren die kommunistischen Parteien die Büttel, die unsere Brüder und Schwestern aus dem Land gejagt haben.

Schließlich noch etwas anderes: Wir sind ein altes Land der sozialistischen und demokratischen Ideen. In diesem Land haben sich ja die geistigen Kräfte herausgebildet, die heute in der Arbeiterbewegung jedes Landes in der einen oder anderen Form lebendig sind. Der moderne Sozialismus ist ohne den entscheidenden Beitrag der deutschen Sozialisten gar nicht denkbar, und vielleicht sind sogar die organisatorischen Erfolge des Weltsozialismus ohne gewisse deutsche Beispiele sehr schwer vorzustellen. Wenn wir hier ein Instrument im geistigen und organischen Sinne eines progressiven Sozialismus haben, dann werden wir bereit sein, andere, in anderen Ländern unter anderen Bedingungen bestehende Formen des Sozialismus zu akzeptieren. Wir lehnen es aber ab, die besonderen Voraussetzungen eines in der ökonomischen und politischen Entwicklung mindestens bis zum Jahre 1917 sehr zurückgebliebenen Landes als politische Vorbilder anzunehmen. In dieser Beziehung leidet Rußland wohl darunter, daß es geneigt war, nach dem Sieg der bolschewistischen Revolution den Westen und die Welt zuviel von seinen Vorbildern lernen zu lassen. Besser wäre es gewesen, mehr von den westlichen Vorbildern zu lernen. Es ist sehr schwer, sich mit Kommunisten über diese Dinge auseinanderzusetzen, eigentlich und im Prinzip so schwer wie mit den Nazis. Es hat sich im deutschen Osten eine neue politische Technokratie herausgebildet, für die alles nur taktische Ausnutzung der Situation und eine Propaganda mit auswechselbaren Argumenten ist.

Wenn Sie heute im Schweiße Ihres Angesichts einem Kommunisten widerreden, dann amüsiert der sich genau so, wie die Nazis sich amüsiert haben. Das Programm ist den modernen Kommunisten nur eine internationale Erscheinung, nicht mehr. Aber der Fanatismus der Massen ist ihnen alles. Wir haben heute in Deutschland die Kommunistische Partei als die einzige schwarzweißrote Partei. So wie im Kriege hier das „Freie Deutschland" erschien, so besteht das Freie Deutschland in Moskau, getragen von der deutschen Generalität und hohen SS-Offizieren; und die Leitartikel für das „Freie Deutschland" schrieb der nominente erste Vorsitzende der Sozialistischen Einheitspartei. So ist es auch heute.

Nun haben die Kommunisten den Versuch gemacht, eine nationale Repräsentation durch die politischen Parteien zu erreichen. Sicher ist das richtig. Deswegen haben wir Sozialdemokraten diese Idee auch im Jahre 1945 vertreten, allerdings nicht in der Form, daß wir allen Leuten damit auf die Nerven gefallen sind. Im Januar hatte man in Moskau beschlossen, in der Ostzone keine SPD zuzulassen. Man wollte es noch einmal mit einer Vereinigung der Kommunisten versuchen, und Ende Januar fand in Leipzig die Versammlung des Vorstandes der SED unter Mitwirkung von Vertretern aus den Westzonen statt. Dort hat man das Projekt der nationalen Eroberung durch eine zentralistisch überzentrale Einheitsparole ausgeheckt. Aber dort hat man auch gleich das Ziel projektiert, einen Oststaat zu errichten, für den Fall des Mißglückens. Und da das erste Projekt mißglückt ist, ist die automatische Konsequenz für eine solche Partei, daß sie jetzt von den Sozialdemokraten erklären, diese wollten einen Weststaat haben. So geht es nun einmal bei diesem etwas unsauberen Geschäft. Ja, ja, die SED hat besonders liebe Ideen in der politischen Atmosphäre der Ostzone. Wir haben den Versuch gesehen, erst der Liberal-Demokraten und dann der CDU, einmal über den Rahmen der Ostzonenpolitik hinauszukommen, um die Sozialdemokratie sowie die anderen westlichen Bestandteile der Liberal-Demokraten und der CDU dafür zu interessieren. Es lag der Schlüssel zur Situation bei der Sozialdemokratie, und hier zeigt sich der entscheidende Fehler der kommunistischen Politik. Sie hat 30 Jahre lang jede Situation in Mittel- und Westeuropa falsch beurteilt. Sie haben dieser Tradition die Treue gehalten. Sie haben um die Wende 1945/1946 die große Kampagne zur Zwangsvereinigung mit Hilfe der sowjetischen Administration und der GPU gemacht und haben die Sozialdemokratische Partei in der Ostzone verboten. Das war der entscheidende Fehler. Sie haben mit dieser Unterstützung nichts erreicht. Durch ihre erlittene Schlappe bei den Berliner Wahlen hat es sich offenbart, daß die Idee der nationalen Einheit in ihrem Munde nur Propaganda ist. Denn wie kann es eine nationale Einheit geben, wo in den Westzonen die relative Freiheit einer erstehenden Demokratie und in der Ostzone die absolute und monopolisierte Diktatur ist. Es gibt kein geeintes Deutschland mit staatlichen Verschiedenheiten in Ost und West. Die gleiche Freiheit der Erkenntnis, die gleiche Freiheit, sich in ungehindertem Kampf mit jedem anderen politischen Faktor an jedem Ort in jedem Land, in jeder Provinz messen zu können, ist die unabdingbare Voraussetzung jeder Politik. Wenn wir mit der SED zusammen deutsche, nationale Repräsentation machen würden, würden wir die Versklavung von 17 Millionen Deutschen repräsentieren. Wir können unsere Kameraden im Osten nicht im Stiche lassen. Man muß sich in der Welt und in Deutschland darüber im klaren sein, daß es in Deutschland als ein einheitliches, staatliches und politisches Ganzes nur eine Form der staatsbürgerlichen Gleichberechtigung geben kann. Jede andere Politik ist in ihrer Konsequenz antinational. Ich will den Liberal-Demokraten und der CDU nicht nachsagen, daß sie etwa Instrumente einer russischen Außenpolitik auf dem Umweg über die SED gewesen sind. Das liegt mir fern. Auf solch einem Niveau möchte die Sozialdemokratie nicht diskutieren.

Aber sie möchte doch ausdrücklich sagen, daß ein noch so großer Überschwall von nationalem Gequassel und ein noch so blütenreiches Erzählen von nationalen Redensarten nicht die nationale Tat der Festigkeit ersetzen kann. Wir sind heute, 1947, in derselben Situation wie 1933. Wir sind vor die Frage gestellt, ob wir uns einem brutalen Herrschaftsanspruch beugen oder ihm von Anfang an widersprechen wollen. Heute sind aus der falschen und schwachen Haltung sehr vieler Deutscher im Jahre 1933 Deutsche in der Verlegenheit, sich entnazifizieren lassen zu müssen. Wir möchten im Prozeß der Weltgeschichte das deutsche Volk nicht in die Verlegenheit bringen, sich einmal in naher oder ferner Zukunft enttotalisieren lassen zu müssen. Es ist noch ein anderer Versuch nationaler Repräsentation möglich. Der bayerische Ministerpräsident, Dr. Ehard, forderte zu einer Konferenz der Ministerpräsidenten auf. Wir halten es nicht für gut, wenn aus irgendeiner Ecke des Reiches einmal ein politischer Recke hochhumpelt und seine Trompetentöne in das Volk erschallen läßt. Solche Aktionen können erst nach vorheriger Fühlungnahme mit anderen deutschen Stellen durchgeführt werden, und wir glauben, daß es eine Sonderlösung deutscher Gesamtfragen nicht gibt. Trotzdem wollen wir diesen Husarenritt nicht zu schwer ankreiden. In Unkenntnis der Tatsache, daß man niemals einen Schritt allein tun kann, sondern daß dem einen immer mehr andere folgen müssen, in Unkenntnis dieser Tatsache hat er offenbar seine Aktion unternommen. Denn kaum war diese Aktion heraus und war erst einige Zeit in der großen Öffentlichkeit und in der Weltöffentlichkeit diskutiert, als auf einmal die Notwendigkeit sich herausstellte, besondere Einladungen unter besonderen Voraussetzungen für die Ministerpräsidenten der Ostzone ergehen zu lassen. Wir können diesen Schritt wohl als notwendig anerkennen. Wir müssen aber vor der Welt und vor allen Deutschen feststellen, daß von den Ministerpräsidenten der Ostzone keiner eine ausreichende demokratische Legitimation hat.

Der deutsche Osten ist die große Kraftreserve des politischen Sozialismus in Deutschland gewesen und wird es wohl nach dem Anschauungsunterricht der letzten Jahre für alle Zukunft noch viel stärker sein. Es ist nun gleichgültig, ob die Ministerpräsidenten der Ostzone nach München zu dieser Konferenz kommen oder nicht kommen. Dann wird von sozialdemokratischer Seite aus ohne die Bereitschaft der anderen verhandelt. Wir wünschen dieser Münchener Konferenz alles Gute, und wir wünschen ihr den richtigen Geist der Selbstbeschränkung auf die aktuellen und in ihrem Kraftfeld liegenden Aufgaben. Denn das deutsche Volk will von den Ministerpräsidenten, besonders von dieser, unter dem besonderen Wunsch der CDU angeregten Konferenz nicht wissen, wie sie sich den staatlichen Aufbau Deutschlands vorstellen. Dafür sind die politischen Parteien da, und darüber sind sich die Sozialdemokraten in der Partei und in den Ministerien absolut einig. München ist keine föderalistische Vorwegnahme einer Reichsverfassung, und München kann auch nicht bedeuten, die Länder in eine völkerrechtliche Position gegenüber den Besatzungsmächten zu bringen. Es gibt nur ein Stück Deutschland, das völkerrechtlich legitimiert ist. Es gibt nur eine deutsche Verfassung trotz aller geschriebenen Landesverfassungen, das ist dieses Deutschland, das ist sein Volk, und der unverrückbare Wille dieses Volkes ist, zu einem gesamtdeutschen, nationalen, politischen und wirtschaftlichen Zustand der Gemeinsamkeit zu kommen. Wir wünschen jetzt eine Ausstrahlung für die Behebung des Notstandes, eine Milderung der Nöte des Tages. Dafür gehen auch die sozialdemokratischen Ministerpräsidenten nach München. Aber wir können nicht aus einer Ecke Deutschlands das anfangen, was nur das gesamte Volk angeht. Für uns, werte Versammlung, für uns ist Deutschland eine politische und moralische Notwendigkeit, die sich nicht in eitler Selbstspiegelung gefällt, sondern eine Notwendigkeit der europäischen Ordnung und des Weltfriedens! (Langanhaltender Beifall.)

T. Franz Josef Strauß
Entwicklung der Massenvernichtungswaffen

Ich glaube, wir sind uns wohl alle darin einig, daß der Krieg heute keine Fortsetzung der Politik mit anderen Mitteln mehr sein kann, wie es seinerzeit Clausewitz formuliert hat. Für ihn und für seine Zeit mußte der Krieg trotz aller Schrecken und Scheußlichkeiten noch in einer Begrenzung erscheinen, die nach der Sprache der Waffen auch noch die Sprache der Konferenzen, d.h. politische Lösungen ermöglichte. Für das 19. Jahrhundert war der Krieg ein Ausnahmezustand, dessen an sich sehr traurige Folgen doch bald wieder überwunden werden konnten, um einem vernünftigen Gespräch der Staatsmänner nicht mehr im Wege zu stehen. Es wurde anders im 20. Jahrhundert. Der Erste und der Zweite Weltkrieg waren die mit steigender Brutalität geführten Auseinandersetzungen zwischen zwei Mächtegruppen, in denen alle Kraftquellen der Völker und alle verfügbaren Mittel der Technik in den Dienst der Vernichtung gestellt wurden. Die Tatsache, daß im Zweiten Weltkrieg die Gaswaffe nicht mehr angewendet wurde, spielt in diesem Zusammenhang keine wesentliche Rolle und darf nicht zu der automatischen Schlußfolgerung führen, daß aus dem gleichen Grunde die Verwendung von Atomwaffen heute nicht in Betracht käme; denn in den letzten Tagen des Zweiten Weltkrieges, als je eine Atombombe auf Hiroshima und Nagasaki geworfen wurde, hat eine völlig neue Epoche begonnen.

In der Zwischenzeit ist die Entwicklung der Massenvernichtungswaffen so weit fortgeschritten, daß nicht nur Städte vernichtend getroffen, sondern auch ganze Landstriche verwüstet werden können, wenn eine einzige Bombe auf sie fällt. Die Technik hat begonnen, der Kontrolle der Menschen zu entgleiten. Mit der Produktion dieser Massenvernichtungswaffen in größeren Zahlen, wie sie jetzt möglich geworden ist, ist ohne Zweifel das apokalyptische Gespenst der Selbstvernichtung der Menschheit am Angsthorizont der menschlichen Kreatur aufgetaucht. Ohne Zweifel haben die Amerikaner einen qualitativen und quantitativen Vorsprung auf diesem Gebiete. Ohne Zweifel versuchen die Sowjets alles, um diesen Vorsprung einzuholen. Dabei kann eines Tages die Lage eintreten, daß ein quantitativer Unterschied nicht mehr von Bedeutung ist, wenn nämlich beide über so viele Massenvernichtungswaffen verfügen, daß sie kontinentale Verwüstungen in ausreichendem Umfang anrichten können, falls es ihnen gelingt, diese Waffen in das Lager des Gegners zu tragen. Nach einer Auseinandersetzung mit solchen Mitteln – darin stimmen wir durchaus mit dem Vorredner überein – gibt es keine politische Lösung mehr, d.h. der seinerzeit aufgestellte Grundsatz vom totalen Kriege hat sich dann selbst überlebt. Die

Technik ist über den Sinn eines jeden Krieges, der mit totalen Mitteln geführt würde, hinausgewachsen. Die alten militärischen Begriffe haben weitgehend ihren Wert verloren, die alten Ideale ihren Glanz eingebüßt. Es gibt keine schimmernde Wehr mehr, die begeisterungsfähige Herzen höher schlagen ließ. Es gibt nur mehr das todernste Problem der Sicherheit unseres Volkes an der Nahtstelle zweier Weltmächte, die beide über Massenvernichtungswaffen verfügen.

Daraus ergibt sich für uns die oberste politische Aufgabe, und diese oberste politische Aufgabe ist die Verhinderung des Krieges. Wir sagen nicht wie Kollege Blachstein: Wir lehnen den Gedanken eines Krieges mit taktischen Atombomben leidenschaftlich ab. Wer garantiert uns denn, daß nicht nach dem Einsatz taktischer Atombomben als nächste Phase der Einsatz strategischer Atomwaffen beginnt? Wer garantiert uns denn, daß nicht nach dem Einsatz konventioneller Waffen in ständig steigendem Grade der Einsatz von ABC-Waffen kommt? Das oberste Ziel, auf das wir heute in diesem Jahrhundert der Risiken, in diesem Jahrhundert der Entscheidungen unsere Politik abstellen müssen, ist, alles, aber auch alles zu tun für die Verhinderung des Krieges!

Lebhafter Beifall bei den Regierungsparteien.

Kollege Blachstein hat ein rührendes Bild der Welt nach seinen idealistischen Vorstellungen entworfen. Wenn alle Staaten dieser Erde, wenn alle Machthaber dieser Welt, gleichgültig welches Kontinents, gleichgültig welcher Rasse, gleichgültig welcher Weltanschauung, sich ein und demselben moralischen Gesetz verpflichtet fühlten, sich ein und demselben Gewissen unterworfen fühlten, ich darf es noch deutlicher sagen, ein und dieselbe – im großen gesprochen – religiöse Bindung an eine höhere Verantwortung hätten, dann gäbe es dieses Problem der Sicherheit für uns bestimmt nicht, dann würden Konferenzen ausreichen!

Beifall bei den Regierungsparteien. –
Zurufe von der SPD.

Erst nach diesem obersten Ziel ist eine andere Frage von Bedeutung – wir müssen hier klare Prioritäten einhalten –: ob es einen technischen oder politischen Weg gibt, der selbst im Falle eines Zusammenstoßes die Möglichkeit bietet, daß im Gegensatz zu früher und wider die Erfahrungen, die man mit der menschlichen Natur gemacht hat, nicht das Höchstmaß an Vernichtungstechnik angewendet, sondern wegen der selbstmörderischen Sinnlosigkeit eine Auseinandersetzung mit beiderseits freiwillig und auf Gegenseitigkeit begrenzten Mitteln geführt wird.

Nach diesem obersten Ziel und nach dieser zweiten Frage ist eine dritte Frage von Bedeutung: Welche aktiven und passiven Sicherheitsmaßnahmen in beiden Fällen den größtmöglichen Schutz bieten. In jedem Falle wird es unsere Pflicht sein, illusionslos und realistisch uns für den Ernstfall einzurichten. Wir können dabei gewiß sein, daß wir, je mehr wir uns auf den

Ernstfall einrichten, eine um so größere Chance haben, ihn nicht erleben zu müssen.
Sehr gut! bei der CDU/CSU.
Denn unser wirksamster Schutz besteht leider nicht, muß ich sagen, in passiven Maßnahmen, so unentbehrlich diese sind und zur Ergänzung ergriffen werden müssen. Sie könnten die Folgen lindern, sie könnten das Ausmaß der Katastrophe vielleicht vermindern; sie könnten aber nicht die Schrecken ersparen, die eine Serie von Atombombenexplosionen durch Druckwelle, Hitze und radioaktive Verseuchung hervorrufen würde.
Abg. Schröter (Wilmersdorf): Also tun wir gar nichts?!
Ohne Zweifel ist es richtig, daß heute ein Überraschungsangriff mit Atomwaffen strategische Vorteile bietet, wenn ein Angriff wirklich noch ex improviso, wie ein Blitz aus heiterem Himmel, erfolgen könnte. Aber ein Angriff auf Europa kann nicht ohne erkennbare Vorbereitungen erfolgen, die für die NATO warnende Vorzeichen wären. Der politische Sinn der NATO-Luftmanöver lag darin, den Sowjets zu zeigen, daß die NATO in der Lage ist, den erhobenen Atomarm abzuschlagen. Damit sollen die auch dann noch möglichen Folgen nicht verharmlost werden. Damit soll nicht gesagt sein, daß es einem Angreifer nicht gelingen würde, schreckliche Verwüstungen anzurichten. Aber er könnte den Krieg nach den Ergebnissen der NATO-Manöver nicht mehr gewinnen, auch nicht in der ersten Phase. Er müßte damit rechnen, daß die strategischen Vergeltungswaffen der Amerikaner — mit ihrem kürzeren Anflugweg nach der Sowjetunion, daher Stützpunktsystem, gegenüber dem sowjetischen Anflugweg, auch über die Polarroute, nach den strategischen Kraftquellen der USA und Kanadas — innerhalb kurzer Zeit die Sowjetunion zur Einstellung ihres Angriffs in Mitteleuropa zwingen würde. Nicht umsonst fordern die Sowjets dauernd die Auflösung der amerikanischen Stützpunkte; denn die Auflösung der amerikanischen Stützpunkte wäre die Voraussetzung dafür, daß sie ohne Selbstmordrisiko einen Angriff auf Europa unternehmen könnten.
Beifall bei den Regierungsparteien.
Wir treiben mit dieser Betrachtung keine amerikanische Politik, wir zerbrechen uns nicht den Kopf mit den Problemen der USA-Strategen über ihre Sicherheit. Aber wir sind dafür dankbar, daß es ein integrierendes Sicherheitssystem gibt, in dem wir alle im selben Boot sitzen und in dem wir ohne die Aufhebung dieser Basen nicht ohne vernichtende Folgen auch für den Angreifer angegriffen werden könnten. Das ist der dünne Faden, an dem unsere Sicherheit hängt.
Beifall bei den Regierungsparteien. — Zurufe von der SPD.
Gerade die ungeheure Übersteigerung der Wirkung der Massenvernichtungswaffen auf große Flächen macht die Sowjetunion gegenüber der Wasserstoffbombe — und darin liegt ihr politisches Moment — nicht minder empfindlich, als Europa mit seinen dichtgedrängten Siedlungen durch die

Atombombe ohne jeden Zweifel verwundbar ist. Damit hat der Krieg für den Angreifer einen echten Sinn verloren. Bei den NATO-Luftmanövern kam sehr klar zum Ausdruck, daß die NATO ausschlaggebenden Wert auf eine ständige, ich möchte sagen, auf den Kampf um Sekunden abgestellte Abwehrbereitschaft legt. Damit ist die alte angelsächsische These infolge der technischen Entwicklung abgelegt worden, die immer darin bestanden hatte, erst nach und nach die eigenen Kraftquellen zu mobilisieren, um die letzte Entscheidung zu gewinnen. Für uns ist es heute nicht mehr interessant, ob die Vereinigten Staaten von Amerika die letzte Entscheidung gewinnen würden. Für uns ist es interessant, daß sie die erste Entscheidung durch ihre Abwehrbereitschaft für den Angreifer aussichtslos machen würden.
Beifall bei den Regierungsparteien.

U. Heinz Oskar Vetter
Fernsehansprache zum 1. Mai

Der 1. Mai eines jeden Jahres ist der Tag, an dem wir immer neu die Frage nach dem Sinn all unseres Schaffens stellen müssen. Diese Frage ist heute aktueller und von größerer Bedeutung denn je. Allzu lange hat unsere Gesellschaft in erster Linie auf die ständige Steigerung der Produktion, des Umsatzes und der Gewinne gestarrt, ohne zu berücksichtigen, welche bedrohlichen Folgen das in vielen Fällen für unser ganzes Leben haben kann. Die Zerstörung unserer Umwelt, die Verpestung von Luft und Wasser, die Lärmbelästigung, die Vernichtung unserer Erholungsräume – alles das sind Gefahren, die endlich allgemein erkannt sind. Jetzt aber kommt es darauf an, sie wirkkam zu bekämpfen. Wir dürfen es nicht länger zulassen, daß der maximale Profit der Maßstab aller Dinge bleibt und der Tanz um das Goldene Kalb höchster Produktionsziffern unsere Gesundheit, ja unsere Existenz untergräbt.
Deshalb haben die Gewerkschaften in diesem Jahr die Mai-Parole „Für eine bessere Welt" gewählt. Selbstverständlich wissen wir, daß unser aller Leistung die Voraussetzung für die Gestaltung einer fortschrittlichen Zukunft ist. Aber künftig kann es nicht nur um eine weitere Anhebung des persönlichen Lebensstandards gehen, sondern noch wichtiger ist die qualitative Verbesserung der allgemeinen Lebensbedingungen.
So bedeutungsvoll die Flüge zum Mond sind – die Zukunft der Menschheit entscheidet sich auf dieser Erde. Hier müssen wir eine vernünftige und heile Welt gestalten. Dazu müssen neue Maßstäbe gesetzt und vor allem die gesellschaftlichen Leistungen ausgebaut werden.
Eine Gesellschaft, die Milliarden dafür ausgibt, daß Autos schneller fahren können, aber nicht einen nennenswerten Bruchteil davon für die überall fehlenden Kindergärten aufbringt, wird ihren sozialen Verpflichtungen nicht gerecht. Eine Wirtschaft, die Milliarden für Reklame verpulvert, aber ältere Arbeitnehmer nicht mehr einstellt, handelt ganz offensichtlich unsozial. Das sind nur zwei Beispiele dafür, wie notwendig Veränderungen in unserer Wirtschaft und Gesellschaft sind.
Die Parole „Für eine bessere Welt" bedeutet gleichermaßen die Schaffung humanerer Arbeitsbedingungen. Wie viele menschliche Fähigkeiten verkümmern heute noch in der Monotonie des Arbeitsvollzugs – auch in Büro und Verwaltung. Hier ohne Gefährdung der Produktion entscheidende Verbesserungen zu ermöglichen, damit sollten sich die besten Köpfe unserer Zeit beschäftigen.
Zugleich müssen für den Arbeitnehmer in unserer Wirtschaft mit all ihren Abhängigkeiten und undurchsichtigen Machtverhältnissen größere Frei-

heits- und Gestaltungsräume durchgesetzt werden. Deshalb erheben die Gewerkschaften auch an diesem 1. Mai die Forderung nach gleichberechtigter Mitbestimmung und nach Beteiligung der Arbeitnehmer am Produktivvermögen der Wirtschaft.

Unsere dritte große Forderung heißt: Verwirklichung gleicher Bildungschancen für alle. Wie weit wir trotz vieler Bemühungen noch von diesem Ziel entfernt sind, mag eine Zahl verdeutlichen. Nur knapp 3 Prozent aller Studentinnen kommen gegenwärtig aus der Arbeiterschaft. Wie auf manchen anderen Gebieten sind auch hier die Frauen aus den Arbeiterfamilien am stärksten benachteiligt.

Die ungelösten Probleme der 7½ Millionen erwerbstätiger Frauen in der Bundesrepublik haben sich die Gewerkschaften angenommen und 1972 zum Jahr der Arbeitnehmerin erklärt.

Unser ganzes Ringen um eine bessere Welt aber wäre sinnlos, wenn es nicht gelingt, den Frieden zu bewahren. Stets stand der 1. Mai als internationaler Feiertag der Arbeitnehmer im Zeichen der Völkerverständigung. Das gilt heute erst recht. Deshalb erneuern die Gewerkschaften ihren Appell zur Ratifizierung der Verträge mit Moskau und Warschau als einen entscheidenen Schritt zur Versöhnung auch mit den Völkern des Ostens.

Wir alle sind aufgerufen, für eine friedliche, „Für eine bessere Welt" zu wirken!

V. Hans-Jochen Vogel
Eröffnung
der 23. Internationalen Handwerksmesse

Zum 12. und damit wohl zum vorletztenmal entbiete ich Ihnen allen, die Sie sich heute hier versammelt haben, aus Anlaß der Eröffnung einer Handwerksmesse als Oberbürgermeister der bayerischen Landeshauptstadt, im Namen der Münchner Bürgerschaft und des Münchner Stadtrats, aber auch persönlich, die herzlichsten Willkommensgrüße. Mein besonderer Gruß gilt dabei Ihnen, Herr Ministerpräsident, Ihnen, Herr Bundesminister, den anwesenden Repräsentanten des Auslandes sowie Ihnen, sehr geehrter, lieber Herr Präsident Wild, den ich – lassen Sie mich das in einer Zeit zunehmender Polarisation einmal sagen – über alle Parteigrenzen und Auffassungsunterschiede hinweg mit Stolz zu meinen Freunden zähle.

An sich müßte ich Ihnen nun wohl die übliche Statistik über die Entwicklung der Messe vortragen und meine Ausführungen über die Geschichte des Münchner Handwerks, über seine überragende Rolle im heutigen Wirtschafts- und Sozialleben Münchens, über die äußere und innere Entwicklung der Handwerksmesse oder über die Notwendigkeit, sobald wie möglich den Münchner Ausstellungspark auszubauen, zum 12. Mal wiederholen. Aus Höflichkeit dürften Sie dabei noch nicht einmal gähnen, sondern müßten so tun, als ob das alles für Sie ganz neu wäre. Das möchte ich Ihnen und mir ersparen.

Dazu gibt es zwei Wege: Entweder ich breche an dieser Stelle ab und setze mich gleich wieder oder ich benütze die Gelegenheit, um mich über ein Thema zu äußern, das auf den ersten Blick mit der Handwerksmesse gar nichts zu tun hat, sich beim näheren Zusehen aber als eine der zentralen Fragen unserer Gegenwart darstellt. Ich meine den unaufhaltsamen und beispiellosen Wandel unserer Städte.

Hier vor allem wird um neue Lebensformen, um neue politische und wirtschaftliche Strukturen gerungen. Die jüngsten politischen Auseinandersetzungen gerade in dieser Stadt haben das auf deutliche und dramatische Weise gezeigt. Hier fallen die Entscheidungen über unseren Weg in die Zukunft. Und das geht alle an, auch das Handwerk, das schon seiner Tradition nach ein wesentliches und mitbestimmendes Element unserer Gemeinschaft ist. Stadt ist nicht länger mehr ein Zustand, sondern ein Prozeß.

Über Jahrhunderte hinweg und bis in das 19. Jahrhundert hinein war die Stadt gerade in Mitteleuropa ein Sinnbild des Beständigen, Unveränderlichen, Kompakten. Man braucht nur die alten Stiche von Merian zu betrachten, um dies bestätigt zu finden. Veränderungen vollzogen sich unmerklich.

An den großen Domen wurde jahrhundertelang gebaut. Der Mensch starb in der gleichen Stadt, in der er geboren wurde. Die soziologischen Strukturen – man denke nur an das mittelalterliche Zunftwesen – waren verhärtet, die Mobilität gering. Reisen waren zum Beispiel das Vorrecht einiger weniger, Übersiedlungen von einer Stadt in die andere eine Seltenheit. Heute verändern sich unsere Städte unaufhörlich. Alles ist mobil geworden. Hunderttausende wechseln jeden Monat ihre Wohnorte. Allein in der Bundesrepublik Deutschland sind 1968 nicht weniger als 8 Millionen Menschen umgezogen. Kraftfahrzeug und Flugzeug tun ein übriges, um immer größere Menschenmassen über immer weitere Strecken in Bewegung zu setzen. Gleichzeitig ist die Produktions- und Investitionskraft so gewachsen, daß wir unsere Umwelt in immer rascherem Tempo verändern können. Die Umwelt ist in einem ungeahnten Maße veränderbar und damit auch zerstörbar geworden.

Dabei verändern sich die Lebensbedingungen und die Bedürfnisse der Menschen rascher als unser Bewußtsein. Während wir selbst in der Realität des letzten Drittels im 20. Jahrhundert leben, wurzeln viele unserer Vorstellungen und Begriffe noch im 19. Jahrhundert. Das ist eine Kluft, die überbrückt werden muß, wenn wir nicht alle von der Wirklichkeit überrollt werden wollen, wenn wir nicht alle in eine Situation geraten wollen, in der sich in der ganzen Welt, in allen Systemen, auch bei uns immer mehr sozialer Sprengstoff anhäuft. Darin liegt die wohl größte Herausforderung unserer Zeit.

Fürchten Sie nicht, meine Damen und Herren, daß ich nun versuchen werde, erschöpfende Antworten auf diese Herausforderungen zu formulieren, denn sie können nicht etwa nach einem Patentrezept oder aus dem Handgelenk gegeben werden. Ich möchte Sie vielmehr nur zum Nachdenken anregen, zu einem Nachdenken, das vielleicht diesen oder jenen zu dem führt, was mehr denn je not tut: Nämlich zum politischen Engagement, zur aktiven Mitwirkung an der Formung und Wandlung unserer Gesellschaft, zur Mitwirkung bei der schrittweisen Realisierung konkreter Reformen. Lassen Sie mich in diesem Zusammenhang vor allem die Frage nach den Beurteilungsmaßstäben aufwerfen. Wonach wird denn in der täglichen Praxis falsch und richtig wirklich entschieden? Was motiviert denn in unserer Realität den einzelnen ebenso wie Gruppen, Verbände und Körperschaften? Ich bin nicht sicher, daß es tatsächlich die Wertvorstellungen unserer Verfassung sind. Vielmehr verstärkt sich immer mehr der Anschein, als ob unsere Gesellschaft, unser Industriesystem, nur ein Ziel, einen einzigen Polarstern kenne, nämlich die Ausweitung der Produktion, die Steigerung des Profits, des Einkommens und des Konsums, die höhere Zuwachsrate und den technologischen Fortschritt, der zudem noch als ein Dahineilen auf einer konstant aufwärts gerichteten Geraden verstanden

wird. Manchmal könnte es so scheinen, als wenn die Zuwachsrate zum Götzen unserer Zeit geworden ist, und zwar quer durch alle Länder, quer durch alle Ebenen der öffentlichen Verantwortung.
Es ist nicht zu leugnen, daß dieses System gewaltige Kräfte freigesetzt und dazu beigetragen hat, die fortgeschrittenen Industrienationen von materieller Not zu befreien. Es hat sich insoweit anderen Systemen, so etwa dem sowjetischen, deutlich überlegen gezeigt. Aber jetzt beginnt das Wachstum der Zuwachsrate da und dort zum Selbstzweck zu werden. Es ist offenbar nicht bereit, sich aus Lebensbereichen zurückzuziehen, in denen es zu widersinnigen, mitunter sogar zerstörerischen und unmenschlichen Konsequenzen führt. Ja, es schickt sich an, sich neue Bereiche zu unterwerfen. Es dient nicht mehr, es herrscht und durchdringt alle Verhaltensweisen und selbst das Bewußtsein. Hier wurzeln Widersprüche und Schizophrenien wie diese: „Wir fördern mit allen Mitteln die Motorisierung – und jammern über die Verstopfung der Straßen, die Vergiftung der Luft und Zehntausende von Toten und Hunderttausende von Verstümmelten und Verletzten.
Wir fördern den Bau immer größerer und schnellerer Fluggeräte – und wundern uns, wenn der Lärm immer unerträglicher wird.
Wir behandeln den Grund und Boden auch in den Zentren unserer Großstädte wie eine beliebig vermehrbare Ware und vergießen Krokodilstränen über die Verödung unserer Innenstädte, über die Schwächung unserer Investitionskraft und über die Mieterhöhungen.
Wir sind geneigt, jede private Investition für produktiv, jede öffentliche aber für unproduktiv zu halten – und staunen dann über die Resultate einer solchen Philosophie."
Und diese Auswüchse fordern Opfer. Sie greifen nach der Natur und verwüsten sie bis hin zu einem Punkt, an dem die Umkehr schwierig wird. Sie greifen nach unseren Kindern, deren Wertmaßstäbe viel mehr vom Werbefernsehen als vom Religionsunterricht oder dem Einfluß der Eltern geprägt werden. Und sie bemächtigen sich um ein letztes Beispiel zu nennen, gerade in diesen Monaten der Sexualität, nicht um Menschen glücklicher zu machen, sondern um auch daraus noch höheren Profit zu ziehen.
Ich bin kein Utopist, kein romantischer Weltverbesserer. Aber es ist an der Zeit, diese Auswüchse zu erkennen und schrittweise zurückzudrängen.
Meine sehr verehrten Damen und Herren!
Ich bitte um Nachsicht für dieses Grußwort. Aber Messen und Märkte sind ihrer Tradition nach Orte, an denen nicht nur Waren, sondern auch Gedanken ausgetauscht werden sollen, und wer, wenn nicht das Handwerk, sollte ein potentieller Bundesgenosse sein, wenn es um die Erhaltung der Qualität unseres Lebens und um eine menschliche Ordnung unserer Gesellschaft geht? Nehmen Sie im übrigen mein Wort als ein Zeichen besonderer Wertschätzung für Gäste, denen man nicht nur eine höfliche Geste widmet, sondern die man an seinen Sorgen teilhaben läßt...

W. Herbert Wehner

Lage der Nation

Herr Präsident! Meine Damen und Herren! Die Fraktion der Sozialdemokratischen Partei Deutschlands billigt vollinhaltlich die vom Bundeskanzler im Bericht über die Lage der Nation dargelegte Politik. Wir sind dankbar für die maßvollen und klaren Begriffsbestimmungen und für die Beschreibung erstens der Orientierungspunkte, die unverzichtbar sind, zweitens der Ziele, an denen deutsche Politik orientiert sein soll, drittens des Kerns unserer Politik und viertens der Grundsätze für einen Vorschlag, den der Bundeskanzler dem Vorsitzenden des Ministerrats der DDR demnächst machen wird.
Im Zusammenhang mit diesen Grundsätzen für einen Vorschlag an den Vorsitzenden des Ministerrats der DDR halten wir es für bedeutsam, daß der Bundeskanzler ausdrücklich erklärt hat, die beiden Verhandlungspartner, die Bundesrepublik Deutschland und die DDR, könnten sich auch über weitere Punkte verständigen. Damit ist klargestellt, daß unsere Bundesregierung keinen Ausschließlichkeitsanspruch für ihre eigenen Vorschläge geltend macht.
Für glücklich halten wir auch die Feststellung, es müsse dabei klar sein, daß eine Regelung der Beziehungen zwischen den beiden Seiten in Deutschland nicht zeitlich beschränkt sein dürfe, daß sie also gelten müsse mit der Perspektive der Verbesserung für die Zeit, in der es diese beiden Staaten gibt. Besonders unterstreichen möchte ich, daß nach der Feststellung: „Beide Staaten haben ihre Verpflichtung zur Wahrung der Einheit der deutschen Nation; sie sind füreinander nicht Ausland", vom Bundeskanzler erklärt worden ist:
„Im übrigen müssen die allgemein anerkannten Prinzipien des zwischenstaatlichen Rechts gelten, insbesondere der Ausschluß jeglicher Diskriminierung, die Respektierung der territorialen Integrität, die Verpflichtung zur friedlichen Lösung aller Streitfragen und zur Respektierung der beiderseitigen Grenzen."
Gestern ist ja, nachdem der Bundeskanzler seine Erklärung abgegeben hatte, in Kommentaren, die man im Rundfunk und anderswo hören konnte, schon angekündigt worden, daß die CDU/CSU an diesen Punkten den Bohrer ansetzen werde. Einen der Zahnärzte haben wir ja schon hinter uns gebracht.
Heiterkeit und Beifall bei der SPD.
Wir aber legen gerade Wert darauf, daß eindeutig entkräftet werde, was aus Ost-Berlin immer wieder behauptet und uns unterstellt wird: wir wollten gegenüber der DDR a) das Verbot der Aggression, b) das Verbot der Anne-

xion umgehen und wollten schließlich c) die territoriale Integrität der DDR antasten oder verletzten. Wir finden es für richtig – und unterstützen das, bis es gelungen sein wird –, daß in all diesen Fragen vertragliche Klärungen angestrebt und von uns angeboten werden.

Die Ausführungen des Bundeskanzlers zeigen, daß die Bundesregierung die Absicht hat, in allen diesen Punkten durch einwandfreie vertragliche Verpflichtungen eindeutig erkennbar zu machen: wir jedenfalls – die Bundesrepublik – wollen zu unserem Teil dazu beitragen, zwischen beiden Staaten des gespaltenen Deutschland Rechtsverhältnisse zustande zu bringen, in denen wir miteinander auskommen und so miteinander umgehen können, daß unser staatlich getrennt lebendes Volk allmählich seinen Frieden mit sich selbst finden kann.

In der Erklärung des Bundeskanzlers ist gesagt worden, daß ein Vertrag nicht am Anfang stehen könne; er müsse am Ende stehen. Ich möchte ausdrücklich sagen: mir scheint, der Bundeskanzler Brandt hat für den Anfang – zusammen mit der ganzen Bundesregierung – getan, was im Interesse unseres Volkes denkbar und wünschenswert ist, um – wenn auch andere das Ihre dazu tun, aber das ist notwendig – zu einem guten Ende zu gelangen.

Die Bundestagsfraktion der SPD wird tun, was in ihren Kräften steht, damit die Bundesregierung mit der vollen Unterstützung der Koalitionspartner SPD und FDP diese vor uns liegende Wegstrecke nutzbar machen kann für die Verbesserung des Verhältnisses der Teile des gespaltenen Deutschlands zueinander und damit auch für die Bemühungen um Frieden und Sicherheit in Europa.

Die Bundesregierung braucht dafür Rückendeckung, Rückendeckung für die Handlungsfreiheit, auf die eine parlamentarisch gewählte und kontrollierte Regierung Anspruch hat. Deshalb lehnen wir jedenfalls jeden Versuch ab, sie durch eine Art von Negativlisten oder einen Katalog von Beteuerungen, was alles nicht sein oder nicht getan werden solle oder dürfe, an der Erfüllung ihrer Pflichten zu hindern. Übrigens: auch Entschließungen sind kein Ersatz für konkrete Politik, deren Zeit gekommen ist.

Die Mehrheit des Bundestages, die sich für die Verwirklichung der Regierungserklärung der Bundesregierung vom 28. Oktober einsetzt, sieht es für das Wohl unseres Volkes und für die Sicherung des Friedens im Herzen Europas als entscheidend an, daß diese Bundesregierung in den Stand gesetzt wird, Verhandlungen, die zur Verständigung und zu vertraglichen Vereinbarungen führen werden, anzubahnen und auch zu führen; und als eine unserer dringendsten Aufgaben betrachten wir es, die Regierung dabei gegen Störungen zu verteidigen und Versuche zu Störungen unwirksam zu machen. Es gibt ja da eine ganze Bonner Praxis mit den Bonner Dünsten, die mit gewisser Hilfe auch aus Ämtern tätig sind.

Wir haben das Vertrauen zur Bundesregierung, daß sie jeweils dann, wenn

sich im Zuge von Verhandlungen oder beim Bemühen um Verhandlungen die Notwendigkeit ergibt, Entschließungen substantieller Art zu treffen, das Parlament in der angemessenen Weise zu Rate ziehen wird.
Die Bedeutung dieser Debatte, meine Damen und Herren, liegt nicht nur in den mehr oder weniger offen zutage liegenden Streitfragen selbst, sondern auch darin, wie wir sie miteinander austragen; übrigens auch darin – was ich damit sagen will, berührt sich mit etwas, was der Bundeskanzler gestern hier gesagt hat –, wie sie draußen ausgetragen werden, das heißt, was man aus ihnen macht oder machen möchte.
Ich habe Herrn Dr. Kiesingers zornige Ausführungen
Lachen bei der CDU/CSU
– entschuldigen Sie, ich kann ihn ja gar nicht übertreffen, das merken Sie –, bei denen er den Bundeskanzler als Blitzableiter zu benützen versucht hat, über Presseäußerungen gehört. Das ist für jemanden interessant, der sich hat daran gewöhnen müssen, sei es als Opposition, wie wir, sei es als Koalitionspartner, wie wir auch, von mächtigen Herren – mächtig des gedruckten Wortes mit Hilfe von Hausanweisungen – totgeschwiegen oder nur im Zerrbild oder im „Schlamm am Sonntag" dargestellt zu werden.
Lebhafter anhaltender Beifall bei den Regierungsparteien. – Lachen bei der CDU/CSU.
Ich gönne Ihnen, meine Damen und Herren, die Freude über diese Art der Presse. Aber ich merke ab und zu:
Abg. Köppler: Wer ist denn hier zornig?
wenn es Ihnen nicht paßt, weil es auch eine andere Art gibt, glauben Sie, Sie müßten an der Regierung dieses Ihr Unbehagen auslassen.
Abg. Wörner: Ist Ihnen entgangen, daß die Regierung das Wort „Profiteure" aus der Zeitung übernommen hat?
Ich habe, meine Damen und Herren, zu Beginn des sechsten Jahrzehnts, es war am 30. Juni des Jahres 1960, hier im Bundestag versucht, die Positionen der deutschen Politik und der internationalen Politik in ihrer Beziehung zu den deutschen Fragen darzulegen. Ich komme nicht umhin, zu sagen, daß ich nach wir vor zu jedem dieser Punkte und Worte stehe. Diese Rede enthielt und begründete das realistische Angebot der damaligen Opposition an die damalige Bundesregierung, sowohl kurzfristig als auch langfristig. Ich habe damals als Sprecher der Opposition z. B. gesagt:
„... wir haben nicht die Absicht, die Bundesregierung jetzt in dieser oder jener Einzelfrage auf diesen oder jenen Schritt festzulegen ... oder ihr einen solchen abzufordern. Wir schlagen vor und wir mahnen, die Bundesregierung möge sich der in Wahrheit gefährlich unübersichtlichen Lage gewachsen zeigen und alles in ihren Kräften stehende tun, um gemeinsam mit den Parteien der Opposition zu prüfen, erstens, was versucht, was in die Wege geleitet und was weitergeführt werden muß, damit wir alle zusammen sicher sein können, daß nicht durch einseitige Maßnahmen der anderen Seite die

jetzige Lage im gespaltenen Deutschland noch weiter verschlechtert werden kann – denn das ganze Volk muß ja das, was sich daraus ergibt, tragen können –, zweitens was ins Auge gefaßt und in gemeinsamen Bemühungen angestrebt werden muß, damit die deutschen Fragen ungeachtet aller erhöhten Schwierigkeiten in internationale Verhandlungen gebracht werden."
Das war das damalige realistische Angebot der Opposition in diesem Hause, der Sozialdemokratie, an die damalige Regierung. Ich habe damals davon gesprochen, daß dies zwei Dinge, aber zwei zusammengehörige Dinge seien, deren, wie ich mich ausdrückte, Prüfung wir vorschlagen, und das sei gemeint, so sagte ich, wenn bisher – von damals gesehen – von einer außenpolitischen Bestandsaufnahme und von Bemühungen die Rede gewesen sei: das höchstmögliche Maß von Gemeinsamkeit in der Bewältigung der sich ergebenden Probleme zu erreichen, also vor allem gewissenhafte Prüfung der außenpolitischen Lage und all der Gegebenheiten, die für Deutschland von Bedeutung seien oder werden könnten.

Heute, knapp zehn Jahre danach und am Beginn des siebten Jahrzehnts, können Sie anhand der Ereignisse und der Erfahrungen selbst prüfen – ich muß da nicht zitieren –, was die damaligen Bemühungen der seinerzeitigen Opposition an Möglichkeiten enthielten, wie sie von der damaligen Bundesregierung und ihrer Mehrheit in diesem Hause behandelt worden sind, teils unter martialischem Gelächter und, um sich dann aus der Affäre zu ziehen, mit der Deutung des Vorgangs als eines bloßen innerpolitischen Tricks im Hinblick auf die Wahlen des nächsten Jahres, als Umarmung und ähnliches. Eine Ahnung von der ganzen Tragweite dessen, worum wir uns damals bemüht hatten, verriet niemand. Ich meine, beide Seiten können im Lichte der Entwicklung daraus lernen.

Die Rede wurde damals unmittelbar nach dem Scheitern der seither letzten Vier-Mächte-Gipfelkonferenz gehalten, die ihr Mandat aus den besonderen Verantwortlichkeiten der Vier über Deutschland als Ganzes und zur Regelung der deutschen Frage bezog, und sie wurde ein Jahr, einen Monat und zwei Wochen vor dem 13. August 1961 gehalten. Wenn man es damals gewollt hätte, hätte man über einiges rechtzeitig sprechen können.

Zurufe von der CDU/CSU.

– Ja, wenn Sie Wert darauf legen, könnte ich über Unterredungen – aber bitte nicht jetzt hier –

Zurufe von der CDU/CSU: Aha!

– nein, nein; bitte, was glauben Sie denn? – des damaligen, von mir verehrten, inzwischen verstorbenen Außenministers, in diesen Fragen auch mit Vertretern der Opposition – eine Unterredung, die wir erreicht hatten –, sprechen.

Aber apropos Berlin: Ich fand es einigermaßen neckisch, daß eine in Norddeutschland erscheinende Zeitung vor Tagen, so im Tone der Anklage gegen mich und mit der Aufforderung an die anderen hier im Hause, man

möge mich danach fragen, ob ich das noch aufrechterhielte, einige Punkte aus sechs Berührungspunkten herausgriff, von denen ich damals gesagt hatte, über sie brauchte es eigentlich keine Auseinandersetzung bei uns in der Bundesrepublik zu geben, sie könnten als Aktivposten bei der außenpolitischen Bestandsaufnahme von allen Seiten eingebracht werden. Es handelte sich dabei um sechs Punkte, die der damalige Regierende Bürgermeister von Berlin, Willy Brandt, als Berührungspunkte der demokratischen Parteien bezeichnet hatte – zu Recht, wie mir schien; ich hätte daran heute nichts zu korrigieren.
Übrigens ebenso zu Recht hat damals ein namhafter Angehöriger der Christlich Demokratischen Union in Berlin – ich sehe ihn zu meiner Freude jetzt in diesem Hause – geschrieben, es gebe in Berlin keinen verantwortlichen Politiker, der jemals gefordert oder gefördert habe, was man den Sozialdemokraten seinerzeit – das war ja so üblich – sich zu unterstellen bemühte. Er hat geschrieben, die erklärte Haltung Berlins habe niemals Anlaß zu Nachgiebigkeit gegeben, sondern in der Bedrängnis und im Wagnis stets die integrale Wahrung der westlichen Position gefordert, und man wäre froh, so hat er geschrieben, wenn auch schon früher überall die gleichen Auffassungen geherrscht hätten.
Nun, alle sind inzwischen älter geworden. Ich schätze Herrn Amrehn als einen sachlichen innenpolitischen Gegner, wie ich es auch damals ausgedrückt habe. Wir müssen, verehrter Herr Kollege und andere Kollegen, zusammen leben, aber wir zusammen müssen auch mit denen jenseits der Scheidelinie leben, wenn auch in einer anderen Weise.
Nach dem Abschluß der fünfziger Jahre und am Beginn der sechziger Jahre habe ich konstatiert, daß deutsche Politik für lange Zeit im Rahmen der Verträge, um die wir lange gerungen hatten, geführt werden müsse. Diese lange Zeit ist noch lange nicht, sage ich jetzt zu Beginn der siebziger Jahre, zu Ende. Darf ich die Voraussage oder eine Vorausschätzung wagen, meine Damen und Herren: Am Ende der siebziger Jahre wird man und werden diejenigen, die dann ein Fazit zu ziehen haben für das nächste Jahrzehnt, weiter zu raten haben, wird man die Qualität und die Chancen der deutschen Politik nach der Fähigkeit beurteilen, die sie in diesem nun siebten Jahrzehnt bewiesen hat, Modifikationen im Verhältnis der Teile des gespalten gebliebenen Deutschlands zueinander zu erzielen und entwicklungsfähig zu machen. Daran können Sie dann denken, denn die DDR wird ja nun als „Glied der Gemeinschaft sozialistischer Länder" wie der offizielle Ausdruck dort lautet, reklamiert.
Manchmal versuche ich aus der mir begreiflichen Entrüstung eines solchen zu respektierenden Redners wie des Sprechers der CDU heute morgen hier herauszuhören, wann Ihnen denn nun diese Entdeckung gekommen ist. Ich erinnere mich daran, daß wir unsererseits im Streit um die Grundlinien der deutschen Politik Sorge gehabt haben, daß ich Ihnen einmal hier gesagt

habe, als Sie oben standen und ich unten saß: Es wird schrecklich für uns alle sein, wenn Sie und wir auf diesen Verträgen sitzenbleiben werden. Ich weiß, daß Sie das damals furchtbar getroffen hat, aber nicht aus demselben Grunde, wie mich die Sorge gedrückt hat, sondern weil Sie natürlich zu denen gehören wollten – und das kann ich verstehen –, die die Karten, den Fahrplan, sogar einen Zeitplan für die Wiedervereinigung wähnten – ich unterstelle Ihnen ehrlichen Glauben – in der Hand oder doch wenigstens im Gepäck zu haben. Nun, das ist eben nicht so.

Am Beginn der sechziger Jahre war erkennbar: Ihre Funktion, meine Damen und Herren von der CDU/CSU, war es seinerzeit, die Verträge durchzubringen; unsere Funktion, die bescheidenere, war, wenn schon nicht vorher der Versuch – der ernsthafte Versuch war gemeint – einer Verhandlungslösung auch mit dem Osten durchzusetzen war, daß wir als Opposition bemüht sein mußten, die Verträge so brauchbar wie eben möglich – soweit wir das mit erreichen konnten – für die Interessen der deutschen Politik, der Politik für das ganze deutsche Volk, zu machen. Wir haben da manchmal einstecken müssen, weil unsere Motive von Ihnen in einer merkwürdigen Art – es sei ihnen vergönnt, daß Sie das wenigstens in der Vergangenheit erlebt haben: das von oben herunter gegen andere anzuwenden – aufgefaßt worden sind. Jedenfalls ist uns das auf Grund Ihres Beharrungsvermögens nur sehr bedingt gelungen.

Jetzt, meine Damen und Herren, nach zehn Jahren, in denen die von jenseits wesentliche Pflöcke eingeschlagen haben, handelt es sich darum, das Maximum aus den Verträgen für die unter den weltmachtpolitischen Verhältnissen der siebziger Jahre zu führende deutsche Politik – also den deutschen Beitrag zur Friedenspolitik in Europa – herauszuholen.

Daß Sie opponieren, meine Damen und Herren von der CDU/CSU, ist nicht das Unglück, sondern ein Unglück kann werden, wenn Sie untauglich opponieren.

Ein Tribünenbesucher versucht zu reden. Er wird von Beamten des Hausordnungsdienstes von der Tribüne entfernt.

Sie sind offensichtlich sachlich außerstande, in der Denkweise der fünfziger Jahre, in die sich doch manche von Ihnen zurücksehnen und der Sie verhaftet sind, die siebziger Jahre zu bestehen. Wir unsererseits wären untauglich, wenn wir Ihre und unsere eigene Rolle und Funktion verwechselten.

Ich habe kürzlich gehört – es wurde, wenn auch nicht hier im Hause, draußen vom Vorsitzenden der Christlich-Sozialen Union ausgedrückt –, jetzt müsse man zur Politik Adenauers zurück, sozusagen als eine Antwort auf Ulbrichts Anmaßung. Nur, meine Damen und Herren, das können Sie gar nicht, selbst wenn Sie es versuchen wollten. Denn – ich bitte Sie sehr um Entschuldigung – erstens ist keiner von Ihnen ein Konrad Adenauer oder entspricht ihm. *Heiterkeit. – Abg. Dr. Stoltenberg: Sie auch nicht!*

— Das habe ich auch nie begehrt, Herr Stoltenberg. Warum werden Sie denn plötzlich unleidlich?
Lachen bei der CDU/CSU.
— Ja, d a s können Sie immer noch aus der Zeit der Politik Adenauers: andere an der Entwicklung ihrer Gedanken zu hindern versuchen. Aber auch das hat sich nicht durchgesetzt. — Aber Adenauer selbst — das sage ich zweitens — würde es auch nicht können.
Mancher hat vielleicht das Buch „Ferdydurke" des polnischen Schriftstellers Gombrowicz gelesen. Ich möchte damit sagen: In der Politik gibt es ein „Ferdydurke", eine Entwicklung zurück zum Kind und Vorkind, nicht. Jedenfalls sei mit dem Respekt eines Opponenten gegen Konrad Adenauer von mir folgendes gesagt. Seine zwei Gedanken zum Vorschlag der Sowjetunion 1952 für einen Friedensvertrag mit einem wiedervereinigten Deutschland waren: 1. Der Vorschlag ist aus Moskau nur gemacht worden, um das Scheitern der damals in Rede und in der Prozedur befindlichen Europäischen Verteidigungsgemeinschaft, EVG, zu bewirken. 2. Wenn schon jetzt ein solcher Vorschlag kommt, dann werden bald noch bessere kommen.
Ich sage nichts zu dem Gedanken Nr. 1. Denn selbstverständlich ist es in der Politik immer so, daß jemand, der etwas anbietet, damit auch seine eigenen Interessen, eigenen Zwecke im Auge hat. Man muß abwägen. Da hat Konrad Adenauer im wesentlichen sicher richtig gedacht. Aber der Gedanke Nr. 2 war ein schwerwiegender Denkfehler. Ich finde, einer der schwerstwiegendsten, der mir in der deutschen Politik dieser 20 Jahre überhaupt bekanntgeworden ist. Es war ein historisches Versäumnis, nicht in Verhandlungen zu prüfen oder, wie wir damals sagten, auszuloten, was an Substanz drinsteckte.
Zustimmung bei Abgeordneten der SPD.
Das alles wiederholt sich aber nicht, und insofern ist es nicht Frage der aktuellen Politik. Nur weil Sie sagen: Zurück zur Politik Adenauers, nur deswegen habe ich mir diesen Rückblick erlaubt.
Damit schmälere ich nicht und setze ich auch nicht herab, was der Teil Bundesrepublik
Abg. Dr. Wörner: Warum haben Sie das nicht 1952 im Bundestag gesagt?
— Gegenruf von der SPD: Das hat er gesagt!
des gespaltenen Deutschlands in dieser Zeit erreicht hat. — Sehen Sie, man kann ja, wenn eine solche Debatte wie diese bevorsteht, annehmen, daß die, die sich ernstlich an ihr beteiligt fühlen, auch einiges vorher lesen, nicht nur das, was die, die die Debatte zu führen haben, vorher über die schreiben, mit denen sie sie hier eigentlich führen sollten, sondern auch einiges von den Tatbeständen.
Beifall bei den Regierungsparteien.
Das muß ich annehmen. Das ist nicht unbescheiden, glaube ich. Jedenfalls

will ich die Bundesrepublik weder schmälern noch herabsetzen. Das ist ja u n s e r e Bundesrepublik. Sie ist wichtig für die Deutschen, auch für jene, denen es versagt geblieben ist, mit uns im Rahmen unserer grundgesetzlichen Ordnung zusammenzuleben. Und nun müssen wir zu bewältigen versuchen, was uns die sechziger Jahre aufgeladen haben an Bürden und an Möglichkeiten. Es wäre untauglich – und es war auch untauglich, meine Damen und Herren –, darauf zu setzen: Wenn wir nur noch lange genug die Zähne zusammenbeißen!, wie es der Herr Nachfolger Konrad Adenauers im Bundeskanzlerstuhl – ehrlich – gemeint hat, das könne der wesentliche Inhalt sein, und wenn man das noch zehn Jahre tue, nachdem man es zwanzig Jahre fertiggebracht habe, sich nicht zur Geltung zu bringen, dann werde die andere Seite nicht mehr die Ansprüche stellen und faktisch gescheitert sein. Wissen Sie, das mit dem „Zähne zusammenbeißen" müßten wir dann so lange machen, daß wir in der Zwischenzeit in schwierige Situationen kämen, weil immer wieder neue Prothesen eingesetzt werden müßten.

Heiterkeit bei Abgeordneten der SPD.

Das ist kein Mittel.

Wir haben nichts zurückzunehmen vom Grundgesetz und auch von dem Willen zur Selbstbestimmung, unter den das Grundgesetz durch seine Väter gestellt worden ist. Wir müssen aber vieles dazutun zu dem, was die damals noch nicht ahnen, nicht voraussehen konnten, an das sie also noch nicht hatten denken können; wir müssen vieles dazutun. Wir dürfen und wir werden aber die Bedeutung der Bundesrepublik Deutschland nicht darin suchen, was sie etwa im Namen des ganzen deutschen Volkes tun könne oder können solle, sondern darin werden wir ihre Bedeutung suchen und sehen, was sie für, d. h. zugunsten des ganzen deutschen Volkes tun soll und kann, ohne daraus Ansprüche, eigentlich das Ganze zu verkörpern oder zu vertreten, abzuleiten. Das ist unsere Aufgabe.

Beifall bei der SPD.

Wenn Sie oder manche von Ihnen dies ähnlich sehen, werde ich um so froher sein, damit wir nicht über bestimmte Stichworte streiten, die ihre Geschichte haben.

Beim Rückblick, meine Damen und Herren, auf die sechziger Jahre haben wir – wir alle, mögen wir es auch unterschiedlich werten und empfinden – vor allem an drei Daten zu denken, und wir haben sie, soweit uns das möglich und vergönnt ist, in politische Schlußfolgerungen umzusetzen. Da ist der 13. August des Jahres 1961. Ich sage dazu nur: die schmerzhafteste Besiegelung der deutschen Trennung. Da ist der 12. Juni 1964, d. h. der Moskauer Vertrag zwischen der Regierung der Sowjetunion und der DDR, sozusagen deren Generalvertrag. Dann ist da der 21. August des Jahres 1968, d. h. die Intervention von fünf Mitgliedern des Warschauer Paktes gegen ein sechstes Mitglied des Warschauer Paktes. Das sind drei Daten aus diesen sechziger Jahren, die wir in politische Schlußfolgerungen umzusetzen versuchen müssen. Ich kann hier nicht mehr tun, als auf meinen Versuch – und einige Versuche habe ich auch hier im Bundestag gemacht – zu verweisen, die voraussehbaren deutschen Entwicklungslinien zur Lage in den siebziger Jahren zu beschreiben. Es würde einfach den Rahmen sprengen, und ich darf nicht auf so viel Großmut rechnen, wie wir aufgebracht haben, um einen der Redner des heutigen Tages hier – mit Recht – zur Geltung kommen zu lassen.

Abg. Köppler: Es lohnte sich wenigstens!
– Ja, sicher. – Bei Ihnen auf Kavaliere rechnen zu dürfen habe ich nie geglaubt. Ich bin auch nicht begierig darauf. Nur zum Beispiel diese schreckliche Theorie, die Militärdoktrin der DDR, veröffentlicht im „Neuen Deutschland" vom 23. November 1968. Ich habe dazu eine ausführliche Arbeit, die diese Militärdoktrin analysiert, geschrieben. Ich habe sie publiziert. Sie ist auch in einem Buch, in dem eine Reihe Sozialdemokraten ihre Ansichten zu den Perspektiven sozialdemokratischer Politik in den siebziger Jahren niedergelegt haben – in freien Kommentaren –, mit enthalten. Darauf muß ich verweisen, ebenso wie auf meine Rede vom 18. Oktober des Jahres 1968 hier.

Ich will sagen: die Pflichten der Bundesrepublik Deutschland sind gewachsen. Aber es wäre ganz untauglich, diese gewachsenen Pflichten – bei noch so großer Anstrengung und subjektiver Aufrichtigkeit – etwa in den Denkvorstellungen der fünfziger Jahre erfüllen zu wollen.

Was der Bundeskanzler über die Notwendigkeiten, von der Konfrontation zur Kooperation zu kommen, gesagt hat – das eine Mal unter Berufung auf die entsprechende Bemerkung des amerikanischen Präsidenten Nixon, das andere Mal, um deutlich zu machen, was das für uns in konkreter Politik bedeutet –, verdient gründlichste Beachtung eben im Zusammenhang mit dem, was in dieser gestrigen Erklärung unter dem Rubrum „Die Ziele, an denen deutsche Politik orientiert sein soll" zusammengefaßt ist. Der Herr Kollege Kiesinger hat das heute morgen aufgegriffen. Da gibt es also doch noch hin und wieder eine interessante Gedankenverbindung, wenn auch wohl aus verschiedenen Motiven.

Die erste Antwort, so heißt es in dieser Erklärung, ist die, daß wir die Teile Deutschlands, die heute freiheitlich geordnet sind, frei halten müssen oder, wie gesagt worden ist, daß die Bundesrepublik sich selbst anerkennen muß. Ich halte das für eine wesentliche Sache. Manche wenden sich gegen die, wie sie wähnen und meinen, Schlafmützigkeit, gegen nationales Desinteresse oder Aufweichung usw. vieler, wie sie sagen, Wohlstandsbürger, zu denen aber doch die meisten sowieso gehören, und klagen dann darüber. In Wirklichkeit ist das eine wesentliche, wichtige Sache, daß wir die Bedeutung der Bundesrepublik für das Volk insgesamt, also auch für den

Teil, dem es nicht vergönnt ist, mit uns zusammen in derselben grundgesetzlichen Ordnung zu leben, erkennen. Heute ist hier von meinem verehrten Herrn Vorredner gesagt worden, wie viele Nachwachsende jetzt auch dort schon zu den nach dem Krieg ins Leben getretenen Menschen gehören, die dies immer nur so kennengelernt haben.

Das, was als zweites in dieser Zielzusammenfassung steht, die zweite Antwort, ist, daß wir alle Probleme nur im Frieden lösen wollen dürfen. Ich will gern an einige Erörterungen erinnern und auch noch einmal an die sechziger Jahre und an einen Denkirrtum, der mir leid getan hat, bei einem bedeutenden Staatsmann, von dessen Politik in diesen Fragen jetzt gesagt wird, daß man zu ihr zurückkehren müsse, nämlich das Ins-politische-Geschäft-Treten einer weiteren kommunistischen, sehr weit östlichen Großmacht und das Entstehen von Konflikten. Ich habe immer die Auffassung gehabt, daß hier geirrt wird, wenn man annimmt, das würde unsere Lage hier und die Lage der deutschen Fragen, vielleicht ihre Entbündelung, erleichtern. Ich habe umgekehrt immer gerechnet, es würde uns wahrscheinlich auf geraume Zeit erhebliche Erschwerungen bringen, weil sich hier welche eingraben, einbetonieren werden. Ich habe einmal gesagt: eher würden sie die Erde untergehen lassen, ehe sie das Erstgeburtsrecht dessen, was sie ihre Oktoberrevolution nennen, anderen überlassen. Gut, das sind Dinge, über die man reden kann, über die man unterschiedlicher Auffassung sein kann.

Aber die daraus abzuleitenden Schlußfolgerungen für die praktische Politik haben es dann eben in sich. Aus diesem Grunde bin ich auch der Meinung, daß zu dieser richtigen zweiten Feststellung, daß wir alle Probleme nur in Frieden lösen wollen dürfen, auch die ergänzende erlaubt ist, daß wir nicht glauben können, unsere Suppe an Konflikten Dritter, seien sie noch so weit weg, kochen oder gar nur wärmen zu dürfen oder wärmen wollen zu dürfen. Da ist vieles, worüber geredet werden muß.

Das Dritte ist unser Beitrag, damit mehr Menschenrechte eingeräumt und praktiziert werden, nicht nur im gespaltenen Deutschland. Wir werden das für das gespaltene Deutschland, so schwer, ganz besonders schwer es vielleicht gerade hier ist, nur stückweise in dem Maße durchsetzen können, in dem wir uns auch um Menschenrechte anderswo in der Welt – und auch hier, wo es nicht um Demonstrationen geht –, kümmern.

Beifall bei den Regierungsparteien.

Da, finde ich, war es verdienstvoll, daß der Bundeskanzler gesagt hat, dazu komme logisch die Frage, wie deutsche Politik diese Ziele durchsetzen könne. Das gehe eben nicht mehr – ich würde sagen: offensichtlich nicht mehr – mit den traditionellen Mitteln des Nationalstaates. Es sieht vielmehr so aus – in Bündnissen mit anderen und in Zukunft haben wir jedenfalls damit zu rechnen –, daß es keine politischen Lösungen von Bedeutung, Wichtigkeit mehr geben werde außerhalb von Bündnissen, Sicherheitssystemen oder Gemeinschaften. Wenn da gesagt wird, deutsche Probleme von Wichtigkeit würden in Zukunft also nicht nationalstaatlich im traditionellen Sinne, sondern nur im schrittweisen Bemühen um eine europäische Friedensordnung behandelt werden können, so ist das eine Einsicht, die, doch niemandem zum Vorwurf, jetzt als eine Arbeitshypothese genommen wird, weil man das gelernt hat. Es war durchaus richtig, zu wollen – und wenn es uns vergönnt wäre, hätten wir nichts dagegen –, daß die Deutschen wieder in einem einheitlichen, einem demokratischen und als guter Nachbar zu anderen sich bewegen wollenden Staat leben können. Selbstverständlich, wer von uns wollte das nicht? Aber die deutsche Frage, soweit man von ihr im Singular sprechen kann, ist heute die Frage, ob die Deutschen in einem oder ob sie in zwei, in mehreren Staaten – und mit welchen Rechten – leben sollten. Darum wird noch gerungen. Es gibt bedeutende Schriftsteller; ich denke an den Ihnen, sehr verehrter Herr Kiesinger, ja nicht ganz unbekannten Herrn Klaus Mehnert, der z. B. aus seiner Sicht in einem der Bestseller dieses bücherlesenden Volkes geschrieben hat: Das kann sein ein, und das können sein zwei deutsche Staaten, die einem sich vereinigenden oder vereinigten Europa oder einem kooperierenden Europa angehören. Das schmerzt den einen so, daß er es überhaupt nicht andeuten will. Andere wird es anspornen. Das sind Fragen, über die man sachlich reden kann und bei denen man, wo notwendig, falsche Motive, die vorherrschen oder anderen unterstellt werden – ich habe es hier mit denen zu tun, die uns und der Regierung unterstellt werden, und deswegen stelle ich mich an die Seite der Regierung –, zurückweisen muß.

Wiedervereinigung: Da wird gefragt, ob man denn an sie glaube oder nicht. Sie haben selber, Herr Kollege Kiesinger, heute hier an etwas erinnert, was Sie einmal in einer Rede gesagt haben, die man, wenn man sie lesen will, aus dem „Bulletin" vom 20. Juni 1967 lesen muß; damals hat übrigens kein Blatt von Rang – ich kenne keines – die Rede im Wortlaut veröffentlicht. Sie war also offensichtlich zu nachdenklich. Da stand drin: „Deutschland, ein wiedervereinigtes Deutschland, hat eine kritische Größenordnung."

Das haben Sie heute schon in Erinnerung gebracht.

„Es ist zu groß, um in der Balance der Kräfte keine Rolle zu spielen, und zu klein, um die Kräfte um sich herum selbst im Gleichgewicht zu halten. Es ist daher in der Tat nur schwer vorstellbar, daß sich ganz Deutschland bei einer Fortdauer der gegenwärtigen politischen Struktur in Europa der einen oder der anderen Seite ohne weiteres zugesellen könnte."

Abg. Dr. h. c. Kiesinger: Das ist meine Meinung heute noch!

– Ich bin überzeugt, daß das Ihre Meinung ist. Ich habe mich nur gefreut, wieweit Ihre Entwicklung aus der Schar der Gladiatoren der fünfziger Jahre Sie nach vorne geworfen hat zu diesen Einsichten. Damals war es ja eine

Todsünde, das auch nur annähernd sagen und deutlich machen zu wollen.
Beifall bei den Regierungsparteien. – Widerspruch bei der CDU/CSU.
Ich sehe mit Hochachtung, daß Sie in dieser Frage Positionen –
Abg. Dr. h. c. Kiesinger: Wir alle lernen!
– Wir alle, selbstverständlich. Entschuldigen Sie mal, ich würde mich ja abmelden und würde sagen: Kinder, noch ist meine Zeit nicht ganz abgelaufen, aber ich merke, ich kann nicht mehr Positionen beziehen; dann schnell weg, dann ist man anderen gegenüber schädlich. Das sowieso! Aber das muß nicht jedermanns Verhalten sein; das ist klar.

Es heißt dann in Ihrer Rede weiter:

„Eben darum kann man das Zusammenwachsen der getrennten Teile Deutschlands nur eingebettet sehen in den Prozeß der Überwindung des Ost-West-Konfliktes in Europa."

Eine Regierung, die nun eben dieses tut, die sich bemüht um die Überwindung des Ost-West-Konfliktes in Europa – eingebettet darin deutsche Fragen –, unterliegt jetzt Ihren Vorwürfen.

Zurufe von der CDU/CSU: Nein!

Vorwürfe – ich habe nichts dagegen; aber solche Fragen: Wo wollen Sie eigentlich hin, und was führen Sie im Schilde?, und das nur, weil sich diese Regierung um das bemüht, von dem Sie selber sagen, es sei die Voraussetzung dafür, daß die deutschen Fragen lösbar werden. Die Regierung ist auch ehrlich genug und sagt: Das muß nicht sein, daß wir das große Los in der Lotterie oder ein hochwertiges Anteilslos gleich ziehen. Irgendwann werden wir es auch noch ziehen; ich hoffe für die Regierung, sie werde es tatsächlich ziehen, wenn sie beharrlich sich weiter einsetzt.

Sie haben damals noch, verehrter Herr Kollege Kiesinger, gesagt:

„Die Bundesrepublik Deutschland kann ebenso wie ihre Verbündeten eine weitschauende Entspannungspolitik nur führen auf der Grundlage der eigenen Freiheit und Sicherheit."

Da sind wir einer Meinung.

„Die atlantischen und die europäischen Mitglieder des Bündnisses sind deshalb heute wie früher aufeinander angewiesen. Aber unsere Bündnisse und unsere Gemeinschaften haben keine aggressiven Ziele. Sie würden ihren Sinn verfehlen, wenn es ihnen zwar gelänge, in einer machtpolitisch kritischen Region eine lange Waffenruhe zu sichern, wenn aber zugleich die Spannungen akkumuliert und die schließliche Entladung um so verheerender sein würde. Deshalb."

– so haben Sie damals messerscharf gesagt –

„müßte die Entwicklung folgerichtig zu einem Interessenausgleich zwischen den Bündnissen im Westen und im Osten und schließlich zu einer Zusammenarbeit führen – einer"

– wie Sie damals unterstrichen –

„unentbehrlichen Zusammenarbeit, angesichts der Krisenherde in allen

Regionen unserer Welt, der rapiden Veränderungen überall, die lebensgefährlich werden müssen, ..."
Meine Damen und Herren, mit einer gewissen Spannung kann ich darauf warten, wann der nächste Akt – nämlich der entsprechende führende Sprecher der Christlich Sozialen Union – hier abgehalten werden wird; ich meine: der Akt, nicht der Sprecher selbst.
Heiterkeit.
Der hat ja vorher schon eine ganze Reihe – was alles unmöglich sei und was alles auch nicht berührt werden darf – deutlich gemacht.
Ich muß sagen, es müßte eigentlich denkbar sein, daß über die Regierungskoalition von SPD und FDP hinaus Übereinstimmung etwa darüber erzielbar werden würde, daß für die Zukunft des deutschen Volkes jeder Versuch lebensgefährlich würde, deutsche Fragen oder die deutschen Fragen nationalistisch behandeln oder lösen zu wollen. Sicher, jeder wehrt sich dagegen, „nationalistisch" genannt zu werden; denn er sei ja Nationalist. Es geht um eine Methode, nicht um die Begründung. Diese Versuche würden nämlich unweigerlich zur Isolierung der Bundesrepublik, zur Selbstzerfleischung unseres geprüften Volkes führen. Und schließlich würde um uns herum in West, Ost, Nord, Süd gesagt werden: Die Deutschen müssen weiterhin in der Quarantäne ihrer Spaltung bleiben. Das sollte eigentlich – über diese Koalition von SPD und FDP hinaus – auch die Ansicht mancher anderer sein können, und daraus sollten sich manche Schlußfolgerungen ableiten lassen können.
Es gibt eine zweite Lebensgefährlichkeit, die ich für Europa sehe. Für die Mitte, den Westen, den Norden, den Süden Europas wäre es lebensgefährlich, wenn die Bundesrepublik Deutschland in den Sog oder in den Bereich jener Doktrin geriete oder schlitterte oder rutschte, durch die – lassen Sie es mich sehr präzis zu sagen versuchen – das Recht auf Selbstbestimmung an das Wohlverhalten gegenüber einem Machtzentrum gekettet ist. Das ist der wesentliche Inhalt dieser Doktrin.
Beifall bei der SPD.
Das wäre lebensgefährlich für Europa. Das ist noch ein Trost für uns; denn diejenigen, die die Lage insgesamt richtig sehen, haben eigentlich ein Lebensinteresse daran, uns da nicht hineinschlittern zu lassen.
Meine Damen und Herren, angesichts dieser Lebensgefährlichkeiten erfüllen Sie – ich meine jetzt Sie von der Opposition –, jedenfalls bisher, leider nicht die Funktion der Opposition im Rahmen der Bundesrepublik Deutschland.
Widerspruch bei der CDU/CSU.
– Seien Sie doch froh, daß Sie noch etwas vor sich haben und daß es nicht Ihre eigene Vergangenheit ist, über die Sie hier andere reden hören. Sie sind – ich sage Ihnen das ganz ruhig, denn ich kenne Opposition; ich habe das gelernt – noch in der Gefahrenzone, Sprengstoff von und Sprengstoff

für rechtsaußen zu nehmen oder zu liefern, und zwar Sprengstoff in jeder Hinsicht.

Abg. Dr. Stoltenberg: Kümmern Sie sich mal um Ihre Linksaußen!

— Ich bin gerade dabei. Nur bin ich langsamer im Sprechen als Sie im Denken.

Heiterkeit.

Ich wollte gerade sagen, Sprengstoff von rechtsaußen gehört in der Landschaft des gespaltenen Deutschlands in das politische Kalkül von linksaußen. Das ist der Sachverhalt.

Beifall bei den Regierungsparteien.

Ich habe 1952 einmal ein Gespräch unter vier Augen mit Herrn Bundeskanzler Dr. Adenauer führen müssen, weil er mich draußen fürchterlich bezichtigt hatte, ein Brunnenvergifter zu sein. Anlaß war eine kurze Rede von zehn Minuten — mehr Redezeit hatte ich ja gar nicht — auf dem ersten Parteitag der SPD in Dortmund nach Schumachers Tod. Ein motorisierter Bote brachte mir damals einen Brief, den ich quittieren mußte. Der Bundeskanzler wollte damals wissen, welche ungeheuerlichen Behauptungen ich aufgestellt hätte, und er wollte die Quellen meiner ungeheuerlichen Behauptungen über die damaligen Interessenübereinstimmungen zwischen gewissen westlichen und östlichen Politikern wissen. Damals ging es um ein Interview, das Stalin Herrn Nenni gewährt hatte; das sind alles schon historische Figuren. Ich hatte es gewagt — als jüngerer, der ich damals noch war —, das in meine politischen Überlegungen einzubringen und gegen die SED abzuschießen, die ja damals heuchlerisch von der Einheit Deutschlands und von „Deutschland an einem Tisch" sprach. Herrn Adenauer hat das furchtbar erregt, weil ich dabei auch gewisse angebliche französische Interessen nicht unerwähnt gelassen habe.

Wir haben dann darüber gesprochen. Ich habe damals gesagt: Trotz allem, was uns trennt — uns trennt sehr viel; wir haben viel gegen Ihre Politik —, gibt es eine Grenze, die wir nicht überschreiten dürfen — das haben wir selbst herausgefunden —, nämlich die Grenze, deren Überschreitung uns zur Kollaboration mit den Parteien im anderen Teil Deutschlands führen würde. Das war die von uns selbst gefundene und gewählte Grenze. Diese Grenze hatten wir uns nicht aus schwer zu definierenden Gründen gesetzt, sondern einfach deshalb, weil es darum ging, unsere eigene politische Persönlichkeit als selbständige Persönlichkeit nicht untergehen zu lassen. Sie veranlassen mich — ich meine Sie, die Sie jetzt die Opposition sind — zu der nachdenklichen Frage — die ich mehr an mich selbst stelle als etwa an Sie —: Werden Sie die Kraft aufbringen und sich in die Zucht nehmen, die wir Sozialdemokraten uns in der Opposition auferlegt haben,

Lachen bei der CDU/CSU

weil wir erkannt hatten, daß die Opposition über eine bestimmte Grenze nicht gehen dürfe bei Strafe ihrer eigenen Auslöschung als selbständige

politische Kraft und der Summe der selbständigen politischen Kräfte, d. h. unseres demokratischen Staates? Ich lese manchmal von Ihnen und höre es aus den Tönen heraus – was mir Sorge macht, nicht direkt um unseren Bestand –, daß Sie oder jedenfalls viele von Ihnen noch weit davon entfernt sind, sich so in Zucht zu nehmen. Sie können noch nicht davon los, daß eigentlich Sie der Staat seien.
Beifall bei der SPD. – Abg. Dr. Barzel: Herr Oberlehrer!
Das ist schwer, das gebe ich zu.
Abg. Dr. Stoltenberg: Wer hat denn die meisten Ordnungsrufe in diesem Hause bekommen und redet hier von Zucht?
Sogar wenn unsere Mehrheit, meine Damen und Herren, Sie vor dem Ärgsten, d. h. Unwiderruflichen bewahren kann, profitieren
Abg. Dr. Barzel: Die meisten Ordnungsrufe und von Zucht reden! – Abg. Dr. Stoltenberg: Wer entschuldigt sich hier denn wegen seiner Zügellosigkeit? Sie, Herr Wehner!
– sicher, Herr Mustermann – von Ihnen – leider, auch wenn und obwohl Sie das gar nicht wollen; das sage ich ausdrücklich – diejenigen, die jenseits der Scheidelinie operieren. Das ist der Sachverhalt.
Beifall bei den Regierungsparteien.
Die Bundesregierung wird sich – so nehme ich an, so erwarte ich, und darin werde ich sie bestärken – nicht beirren lassen, und wir, die Parteien der Mehrheit, werden sie darin bestärken. Wir bemühen uns um Verständigung auch in Gestalt von Verträgen einschließlich von Verträgen mit der DDR. Von Ihnen, meine Damen und Herren der Opposition, wird nicht erwartet oder gefordert, daß Sie sich uns anschließen, aber daß sie versuchen, in sachlichem Gegeneinander und im nationalen Miteinander zu hüten, woran unser aller, sogar Europas Schicksal hängt. Das ist jetzt vielleicht etwas zu pathetisch gesagt, aber es ist so.
Und das möchte ich doch noch betonen: Ich finde, von Ihrer Seite ist gerade in diesen letzten Tagen vor der Debatte – und man wird da vielleicht auch hier noch Anklänge finden – wiederholt mit der Vorstellung operiert worden, die deutsche Politik – und das sei eben der Fehler der Sozialdemokraten und natürlich der Freien Demokraten erst recht – müsse erst das eine und dann das andere tun, also erst den Westen, um es dann auch mit dem Osten ernsthaft zu probieren.
Abg. Dr. h. c. Kiesinger: Wer?
– Bitte sehr, ich habe es doch schriftlich hier, und zwar von sehr kompetenten Persönlichkeiten.
Zurufe von der CDU/CSU: Wer hat denn das gesagt?
Ich nehme es Ihnen ja gar nicht übel; ich will Ihnen nur sagen, wir sind anderer Meinung. Denn wir Deutschen in der Bundesrepublik sind zur Gleichzeitigkeit der Bemühungen in verschiedenen Richtungen und Etagen verdammt, wenn ich das so sagen darf. *Beifall bei den Regierungsparteien.*

In unserem Grundgesetz steht, daß wir als gleichberechtigtes Glied eines vereinigten Europa dem Frieden der Welt zu dienen erstreben. Nun, das wäre mißverstanden, wollten wir es auslegen oder von anderen auslegen lassen, als hätten wir erst in vollendeter Einheit in Freiheit als gleichberechtiges Glied eines vereinigten Europa dem Frieden der Welt dienen zu dürfen oder zu wollen. Nein, wir müssen uns – das ist unsere Lage, und im Grunde gibt es da in der Praxis gar keine wirklichen Unterschiede zwischen Ihnen und uns, aber Sie wollen es ja sicher auch interessant machen – auch und schon im Stadium der Spaltung bemühen, die Sympathien, das Vertrauen, die Zuneigung anderer zu erwerben, indem wir den Frieden sicherer zu machen helfen. Genau das ist der Inhalt und ist der Leitgedanke dieser Politik, von der wir gestern hier gehört haben.

Meine Damen und Herren! Im 25. Jahr nach der militärischen Beendigung des Zweiten Weltkrieges sind wir, die Koalitionsparteien, bemüht, nicht zerbröckeln zu lassen, was unser Volk an moralischer Substanz aus zwei Weltkriegskatastrophen doch gelernt und gewonnen hat. Ich bin davon überzeugt, daß wir nicht allein bemüht sein werden, es so zu halten und zu erhalten.

Abg. Dr. Barzel: Würden Sie sich denn auch bemühen, Herr Wehner, da Sie schon Fragen nicht erlauben, hier im Hause nichts von den Gemeinsamkeiten zerbröckeln zu lassen, die vorhanden sind? Wie stehen Sie zum 25. September?

– Sie, Herr Dr. Barzel, haben mir bisher keine Frage gestellt. Ich will keine Pauschalerklärungen, weder von der einen noch von der anderen Seite. Ich gucke mir an, wer eine Frage stellen will. So geht das weiter.

Heiterkeit bei der SPD. – Abg. Lemmrich: Sie haben ein Dreiklassenwahlrecht!

– Ja, ja, sogar noch mehr! Mit „Klassen" hat das nichts zu tun; das ist ganz individuell.

Vizepräsident Frau Funcke: Herr Abgeordneter Wehner, gestatten Sie eine Zwischenfrage des Herrn Abgeordneten Dr. Barzel?

Ja, sicher, gern!

Dr. Barzel (CDU/CSU): Herr Kollege Wehner, ich frage, ob Sie auch hier im Hause mögliche Gemeinsamkeiten nicht zerbröckeln lassen wollen, z. B. dadurch, daß Sie dartun, aus welchen Gründen und wo die sozialdemokratische Bundestagsfraktion heute von dem abgeht, was sie am 25. September 1968 in diesem Hause einstimmig mit uns beschlossen hat.

Beifall bei der CDU/CSU.

Das wissen Sie, verehrter Herr Kollege, seit Montag – oder war es Dienstagabend? –, wo ich gesagt habe: Wir werden keiner einzigen Resolution zustimmen. Dabei bleibt es.

Hört! Hört! bei der CDU/CSU.

Ich habe Ihnen auch gesagt, warum wir keiner einzigen Resolution zustim-

men und auch keine eigene einbringen werden. Hier geht es darum, den
Raum der Regierung für die konkrete Politik freizuhalten,
Zurufe von der CDU/CSU
und selbst solche Entschließungen, die vorher unter anderen Umständen
– auch mit unseren Stimmen – hier gefaßt worden sind, lehnen wir ab, nicht
wegen des sachlichen Inhalts, sondern weil dieses Spielen mit den Resolutionen jetzt niemandem helfen kann. Es geht um Politik und nicht um das
Resolutionieren.
Beifall bei den Regierungsparteien. – Zurufe von der CDU/CSU.
Der Vorsitzende der Christlich-Sozialen Union hat jüngst – in ganz jüngster
Zeit, und deswegen muß ich das noch sagen – den geschmacklos berechneten Versuch unternommen, die Persönlichkeit des Bundeskanzlers der
Geschichtslosigkeit zu bezichtigen. Ich zitiere diese Sätze hier nicht, um
ihnen nicht noch weitere Verbreitung zu geben. Das gehört wohl, wenn ich
es recht bedenke, in die Reihe der Versuche, die, wie einst den Sozialdemokraten nachgesagte Vaterlandslosigkeit, längst auf ihre Erfinder
zurückgefallen sind.
Abg. Dr. h. c. Strauß: Quatsch!
– Natürlich war es „Quatsch", was Wilhelm II. gesagt hat, und das, was jetzt
Franz Josef Strauß sagt, ist ebenso „Quatsch". Das deckt sich absolut und
ist kongruent.
Beifall bei der SPD. – Zurufe von der CDU/CSU.
Ich wollte sagen: dem Entdecker der „Geschichtslosigkeit" wird die damit
erkennbar gewordene schlimme Absicht noch lange nachlaufen, Herr
Strauß, ebenso wie denen, die heute morgen hier zu ästhetisch waren, eine
klare Antwort darauf zu geben, ob sie denn nicht von der Infamie der
Beschuldigung des nationalen „Ausverkaufs" abzurücken gedächten. Das
wäre, ohne daß damit jemandem eine Perle aus der Krone oder eine Feder
vom Hut gefallen wäre, eine Gelegenheit gewesen, bestimmte berechnete
subkutane Ausdrücke aus der deutschen Diskussion draußen zurückzuziehen. Dann sollten diejenigen sie verantworten, die sich daran nicht halten
wollen. Sie haben das leider heute hier verweigert.
Beifall bei den Regierungsparteien. – Zurufe von der CDU/CSU.
Der Bundeskanzler und die Bundesregierung, für die der Bundeskanzler im
Bericht über die Lage der Nation 1970 eine die komplizierte Lage aufhellende Orientierung von staatsmännischem Format gegeben hat,
Zurufe von der CDU/CSU: Na, na!
steht über dem Verdacht, Fragen von gesamtnationaler und von europäischer Bedeutung als Schlaginstrumente der Innenpolitik zu benützen.
Die verehrten Kollegen von der CDU/CSU täten gut daran, in der Opposition nicht in die Fehler zurückzufallen, die sie als Regierungspartei auf der
Höhe ihrer Entwicklung sich haben vorwerfen lassen müssen, nämlich die
empfindlichen Fragen der Außen- und der Deutschlandpolitik als innen-

politische Schlaginstrumente zu benutzen und die demokratische Ordnung und die in ihr zu führenden Debatten durch ein Feindverhältnis – von dem manche nicht loskönnen und auf das andere immer wieder zustreben – zu belasten
Abg. Dr. Stoltenberg: Sie machen das hier!
und dadurch die Demokratie ins Mark zu treffen.
Zurufe von der CDU/CSU. – Abg. Dr. Stoltenberg: Sie machen das hier!
und dadurch die Demokratie ins Mark zu treffen.
Zurufe von der CDU/CSU. — Abg. Dr. Stoltenberg: Diese Provokationen, die Sie hier bieten, sind gerade geeignet!
Meine Damen und Herren, im gespaltenen Deutschland würde das wie Selbstverstümmelung wirken. Das nur noch mit auf den Heimweg!
Ich danke Ihnen für Ihre große Geduld.
Lebhafter, anhaltender Beifall bei der SPD.

Wortregister

Die erste Zahl ist die Seitenangabe, die zweite der Zeilenverweis

ABC-Waffen 156 – 15
Abrüstung 19 – 33
Abrundung 40 – 24
Abschlußgesetze 71 – 15
Abschreckung 35 – 7, 59 – 33, 117 – 12, 119 – 1, 139 – 33
Abstimmungsverhalten 46 – 14
Abwehraufgabe 120 – 11
Abwehrbereitschaft 158 – 5, 11
Ackerkrume 150 – 26
Agrarmarkt 92 – 18
Akademieausbildung 127 – 30
Aktionsfähigkeit 91 – 22
Aktivposten 169 – 4
Alterspräsident 83 – 28
Altersschicht 123 – 42
Amtshandlung 15 – 6
Amtsperiode 45 – 8, 26
Amtsvorgänger 134 – 18
Andersdenken 44 – 30
Anflugweg 157 – 23, 24
Angriffsgelüste 60 – 27, 28
Angsthorizont 155 – 29
Anhebung 15 – 10
Anlageform 72 – 38
Anlagenkatalog 72 – 15
Anpassungsgesetz 69 – 27
Ansteckungsherd 142 – 24
antagonistisch 53 – 19
Anteillos 176 – 23
antirussisch 148 – 43
Antisupranational-Ideologie 94 – 13
Apologeten 103 – 22
apropos 168 – 41
Arbeitende 146 – 1
Arbeitermarseillaise 148 – 13
Arbeiter-Vertreter 111 – 38
Arbeitgeberanteil 71 – 20, 26

Arbeitnehmerfreibetrag 77 – 2
Arbeitsförderungsgesetz 16 – 30, 69 – 19, 27
Arbeitshypothese 175 – 5
Arbeitskampf 111 – 43
Arbeitskreis 68 – 27
Arbeitsmarktpolitik 16 – 24, 30
arbeitsmarktpolitisch 17 – 40
Arbeitspapiere 73 – 12, 79 – 30, 95 – 36
Arbeitsparlament 86 – 23
Arbeitsumwelt 17 – 3
Arbeitsvollzug 159 – 35
Arbeitswelt 17 – 42
Atomwaffen-Sperrvertrag 117 – 37
Aufarbeitung 52 – 21
Auffassungsunterschiede 161 – 11
aufgabengerecht 49 – 33
Aufgabenstellung 123 – 32
Aufgegebene (das) 102 – 3
aufgeklärter Absolutismus 53 – 29
aufklären 39 – 8
aufklärend 17 – 16
Aufklärungsmaterial 131 – 19
Aufweichung 173 – 40
Ausbalancierung 142 – 12
Ausbildungsaufträge 125 – 37
Ausbildungsbedingungen 121 – 39
Ausbildungsförderung 69 – 21
Ausbildungsgänge 61 – 42
Ausbildungsmöglichkeiten 112 – 2
Ausbildungsstand 61 – 40, 62 – 2
ausgabenwirksam 76 – 4
Ausgebombte 146 – 1
Ausgewogenheit 47 – 21, 95 – 40
Aushöhlung 41 – 7, 48 – 3, 49 – 12, 13
Ausnahmezustand 155 – 9

183

Ausschließlichkeitsanspruch 165 — 17
Außenhandelspolitik 32 — 1
außerparlamentarisch 36 — 26, 85 — 11
Aussöhnung 59 — 15
Ausstellungspark 161 — 18
Austromarxismus 54 — 29, 55 — 41
Auswärtige Kulturpolitik 29 — 26
Auswärtigen (des) 89 — 3
Auszubildende 136 — 13

Ballungsgebiet 34 — 32
Bandbreiten 92 — 36
Basierung 145 — 4
Bassermannsche Gestalten 110 — 21
Bataillonskommandeure 122 — 18
beargwöhnen 84 — 42
Bedachtnahme 56 — 42
Bedienstete 62 — 26
Befehlstreue 133 — 10
Beförderungsstau 127 — 13
begeisterungsfähig 156 — 4
Beharrungsvermögen 170 — 21
Behinderte 18 — 14
Beitragsleistungen 70 — 17
beitrittsbereit 91 — 2, 96 — 13
Beitrittsverhandlungen 90 — 4
beitrittswillig 77 — 39, 91 — 8
Bekenntnis-Demokratie 39 — 11
Bekenntnisfreudigkeit 39 — 14
Belastbarkeit 81 — 37
bereitwillig 93 — 42
Berlin-Frage 93 — 16
Berlin-Regelung 40 — 36, 42, 41 — 6, 117 — 36
berufseigen 26 — 12
Berufsoffizieranwärter 127 — 24
Berufsschichten 149 — 27
Berufsunteroffiziere 126 — 28
Besatzungsrecht 35 — 40

Beschäftigte 73 — 18, 21, 24, 74 — 26
Beschaffungsorganisation 139 — 2
Besiedlungsdichte 122 — 5
Bestimmer 102 — 26
Bestseller 175 — 16
Bethel 110 — 29
Betriebsverfassungsgesetz 74 — 6
Betroffene 10 — 22, 71 — 43, 130 — 27
Beurteilungsmaßstäbe 162 — 34
Bevölkerungsexplosion 51 — 24
Bevölkerungsüberhang 148 — 22
Bewältigung 168 — 12
Bewahrer 46 — 30
beweihräuchern 148 — 19
Bewirker 102 — 26
Bewußtseinsveränderungen 30 — 3
Biedenkopfbericht 74 — 9
Bildungsbericht 67 — 36
Bildungschancen 16 — 10, 160 — 5
Bildungsideal 108 — 31
Bildungskonzept 61 — 43
Bildungskonzeption 61 — 41
Bildungsmöglichkeiten 122 — 1, 3
Bildungspolitik 38 — 4, 68 — 6
bildungspolitisch 16 — 14, 23, 67 — 35
Bildungsrat 68 — 8, 13, 14
Bildungsreform 67 — 39
Bildungsschichten 109 — 14, 28, 110 — 16
Bildungsvorstellungen 68 — 12
Bildungswesen 123 — 27
binnenwirtschaftlich 75 — 2
Bizone 147 — 17, 19, 22, 40
blanke Not 38 — 20
Blitzschein 104 — 34
blütenreich 152 — 30
Boykottdrohungen 10 — 7
Brotversorgung 146 — 18
Brunnenvergifter 178 — 13
Bruttosozialprodukt 15 — 32, 139 — 13, 16, 25

Bündnispartner 62 – 41
Bündnispolitik 140 – 3
Bürgerschaft 97 – 6
Bürokraten-Deutsch 28 – 14
Bund 41 – 41, 45 – 28, 40, 47 – 17,
 18, 23, 48 – 5, 7, 20, 35, 66 – 27,
 67 – 1, 9, 40, 73 – 43
Bundesbank 75 – 21
Bundeshaushalt 75 – 20
Bundesjustizministerium 68 – 30
Bundeskanzlerstuhl 172 – 9
Bundeskriminalamt 68 – 41
Bundesministerium für Bildung und
 Wissenschaft 67 – 32
Bundesorgane 45 – 38, 46 – 6, 19,
 21
Bundesratsdrucksache 67 – 16
Bundesratssystem 46 – 40
Bundesstelle 9 – 12
Bundestagsfraktion 36 – 8, 68 – 27,
 77 – 41, 78 – 2, 79 – 8, 25, 38,
 80 – 1, 8, 81 – 15, 36, 166 – 20,
 180 – 36
Bundestagspräsidentin 83 – 2
Bundestagswahlen 74 – 31
Bundestagswahlkampf 97 – 7
Bundeswehrführung 124 – 18,
 133 – 9
Bundeswehrstandorte 119 – 39
Bundeswehrverband 130 – 17
Bundeswirtschaftsminister 74 – 39

circulus vitiosus 42 – 5

Dahineilen 162 – 43
DDR 41 – 6, 53 – 15, 79 – 12,
 80 – 1, 118 – 4, 165 – 10, 13, 15,
 40, 166 – 1, 169 – 36, 172 – 40,
 173 – 13, 179 – 24
Demokratie-Schmarotzertum
 39 – 22

Demokratieverständnis 39 – 33
Demokratismus 105 – 34
demoskopisch 37 – 27
Demonstrationsrecht 68 – 34
Denkbilder 102 – 40
Denken 105 – 32
Denkirrtum 174 – 9
Denkkategorie 57 – 42
Denkvorstellungen 173 – 24
Desinteresse 136 – 38, 173 – 39
Deutschland-Debatte 78 – 42
Deutschlandpolitik 78 – 26,
 181 – 38
deutschlandpolitisch 45 – 33, 79 – 8
Deutschlandvertrag 35 – 31, 34
dezentralisiert 48 – 43
Dienstablauf 121 – 34
Dienstaufsicht 137 – 13
Dienstbetrieb 120 – 1
Dienstgebrauch 37 – 22
Dienstleistungsunternehmen
 49 – 11
dienstrechtlich 130 – 23
Dienststärken 122 – 28
Dienstverpflichtungszeiten 127 – 18
Dienstzeitvoraussetzung 127 – 16
Diffamierungen 65 – 40, 78 – 33
Differenziertheit 46 – 9, 47 – 30
Diktaturbewegungen 55 – 27
diktaturverdächtig 33 – 31
Diskreditierung 47 – 37
Diskussionsfreudigkeit 130 – 6
disponieren 43 – 33
disziplinär 130 – 25
Disziplinarbefugnisse 80 – 29
disziplinarrechtlich 130 – 24
Disziplingeist 104 – 2
Dogmenstreit 94 – 14
Doktorkittel 27 – 42
Drei-Klassen-Wahlrecht 110 – 8,
 180 – 26
Drittes Reich 143 – 20, 33
Druckwelle 157 – 9

185

durchbringen 170 – 11
Durchsetzung 17 – 14

Eckdaten 43 – 10, 36
Effektivität 62 – 15
Effizienz 48 – 12
EFTA-Staaten 91 – 19
Ehescheidungsrecht 68 – 30
Eigeninitiative 38 – 33
eigentumsfreundlich 77 – 20
Eigentumsgarantien 77 – 14
Eigentumspolitik 44 – 10
Eigentumsrecht 77 – 9
eigentumsverneinend 44 – 4
eigenverantwortlich 17 – 43
Eignungsprozeß 32 – 7
Einberufungsbescheid 121 – 4
einbetonieren 174 – 18
Einbruchsdelikt 149 – 16
Einflußnahme 36 – 26, 71 – 36, 132 – 31
Einheitlichkeit 47 – 30
Einheitsparole 151 – 34
Einheitsstaat 48 – 43
Einkommensgrenze 70 – 1
Einkommensgruppen 69 – 35
Einkommensteuervorauszahlungsbescheid 75 – 30
einsatzbereit 59 – 30
Einsatzbereitschaft 60 – 37, 43, 61 – 21, 62 – 9, 12, 20, 30, 81 – 15, 120 – 2
Einsatzwert 139 – 37, 39
Einschwenken 41 – 17
Eiserner Vorhang 34 – 26, 141 – 40
Elfenbeinerner Turm 29 – 21
Elfenbeinturm 100 – 11, 101 – 33
Elite-Bewußtsein 98 – 35
EMNID-Umfrage 119 – 36
Entbündelung 174 – 15
Entlarvung 111 – 28
entnazifizieren 152 – 36

Entschädigungsgesetz 5 – 10
Entschädigungsrecht 71 – 11
Entscheidungshilfen 15 – 30
Entscheidungsprozeß 84 – 4
entscheidungsreif 74 – 2
Entschließungsantrag 72 – 40
Entspannungswille 40 – 41
enttotalisieren 152 – 38
Entwicklungsaufträge 138 – 40
Entwicklungslinien 173 – 5
Ergänzungsabgabe 76 – 36, 77 – 2
Erholungsräume 159 – 10
Ermüdungsfestigkeitsversuche 125 – 30
Ernährungsstandard 145 – 14
Eröffnungsbilanz 38 – 2
Ersatz-Religion 111 – 12
erstmalig 83 – 11
Erweiterungsverhandlungen 90 – 41
Erwerbsleben 74 – 12
Erwerbsprozeß 74 – 12
Europapolitik 78 – 6, 10
EVG 171 – 16
EWG 78 – 19, 91 – 7
EWG-Gremien 92 – 8
EWG-Nahostpapier 95 – 34
EWG-Staaten 78 – 17
Ewigkeitswerte 101 – 43
Expeditionskorpscharakter 128 – 24
Exportsteuer 76 – 37

Fachminister 93 – 11
Fächerung 51 – 5
fair 44 – 26, 138 – 39
Familienangehörige 121 – 2
Familienlastenausgleich 69 – 32, 34, 40, 41
Familienpolitik 69 – 30
Fassadenkletterei 149 – 15
Fehldeutung 46 – 22

Feindverhältnis 182 — 2
Fernhalten 105 — 3
Fernmeldeverbände 121 — 36
festschreiben 80 — 16
Finanzänderungsgesetz 70 — 10
Finanzausstattung 49 — 33
Finanzverfassung 90 — 3
Fla-Raketenverbände 123 — 1
flexible Altersgrenze 17 — 34, 18 — 1
Flügelrumpfbereich 125 — 27
Flugbetrieb 124 — 38, 40, 42,
 125 — 9, 126 — 14
flugbetrieblich 125 — 18
Fluggeräte 163 — 17
Flugkörper 61 — 2
Flugsicherheitslage 125 — 21
Flugsicherheitsprobleme 123 — 3
Flugstundenbelastungen 125 — 29
Flugzeugbestände 126 — 3
Flugzeugführer 124 — 28
Flurschäden 122 — 6
föderativ 49 — 4
Förderungsmaßnahmen 73 — 1
Formalen (vom ... her) 112 — 16
Forschungsvorhaben 41 — 29
Fraktionsvorsitzendenkonferenz
 67 — 5
Freigabe 92 — 22
Freihandelsregelung 91 — 27
Freiheitsapostel 107 — 33
Freiheitsbegriff 106 — 29
Freiheitsimpetus 108 — 5
Freiheitspathos 109 — 21
Freiheitsraum 44 — 32, 72 — 1,
 159 — 40
Freiheitswille 108 — 13
Freistellungsantrag 39 — 36
Friedensbedürfnisse 143 — 28
Friedensdienst 63 — 31
Friedensordnung 20 — 2, 29 — 39,
 79 — 22, 175 — 4
Friedenspolitik 19 — 24, 170 — 26
Friedensregelung 40 — 20

Friedenssicherung 80 — 14, 120 — 9
Friedenstendenzen 147 — 21
Friedenswillen 118 — 33
Friedhofsruhe 44 — 24
Frondienst 39 — 1
Frontenklarheiten 148 — 26
Frühjahrsstellenwechsel 133 — 42
Fühlen 105 — 32
Führende 104 — 2
Führungsgruppe 53 — 28
Führungsmacht 34 — 28
Führungspersonen 134 — 7
Führungsstab 130 — 12
Führungsstil 119 — 42
Fürsorgepflicht 137 — 30, 42
funktionsfähig 44 — 19
Funktionsfähigkeit 120 — 21
Fusionskontrolle 76 — 13

Gaswaffe 155 — 16
GATT 91 — 30
Gebietseinheiten 46 — 11
Gedankengut 110 — 34
Gefechtsausbildung 121 — 42
Gefühlswallung 145 — 6
Geführte 104 — 2
Gegeneinander 179 — 26
Gegenposition 84 — 34
Gegensatzpaar 27 — 7
Geistesgeschichte 105 — 6, 7
Geltendmachung 47 — 1
Gemeinschaftsstaaten 92 — 36, 41
gemischtwirtschaftlich 146 — 2
gemüthaft 104 — 11
Gemütsbedürfnisse 101 — 38,
 102 — 1, 9
Generalinspekteur 130 — 32
Generalvertrag 172 — 41
Geringschätzung 22 — 40
gesamteuropäisch 32 — 13
Gesamtfragen 153 — 2
Gesamtkonzept 117 — 7

gesamtnational 181 — 38
Gesamtstaat 49 — 16
Gesamtvolk 47 — 23
gesamtwirtschaftlich 42 — 7, 13, 20, 35, 43 — 2
Geschehen 100 — 4, 5, 107 — 13, 108 — 12, 116 — 20
Geschichtslosigkeit 181 — 13, 23
geschichtsmäßig 106 — 38, 109 — 6, 111 — 10
Geschirr (ins... gehen) 114 — 3
gesellschaftsfern 25 — 28
Gesellschaftsformation 53 — 18
Gesellschaftskritik 26 — 21
Gesellschaftsordnung 38 — 40
Gesellschaftspolitik 37 — 26, 28, 43 — 17
gesellschaftspolitisch 17 — 22, 41, 44 — 6
Gesetz (312-Mark-...) 72 — 29
Gesetzesmaterie 76 — 21
gesetzgeberisch 47 — 31
Gesetzgebungskompetenz 67 — 9
Gesetzgebungswerk 33 — 13, 14, 18
Gestaltenwollen 108 — 8
Gestaltungsfreiheit 132 — 10
Gestaltungsräume 160 — 1
gestelzt 28 — 15
Gewichtigkeit 45 — 29
Gewichtsverschiebungen 138 — 5
Glaubensjuden 9 — 34
Gleichbehandlung 18 — 19
gleichwichtig 29 — 38
Gliedstaaten 47 — 16, 23, 48 — 31
Globalleistungen 7 — 25
GPU 149 — 8, 152 — 7
Griff (in den... bekommen) 51 — 22, 75 — 36
Grundauffassung 104 — 4
Grundgefühl 110 — 23
grundgesetzlich 172 — 3, 174 — 1
Grundhaltung 93 — 3
Grundordnung 38 — 25, 39 — 12

Grundstückspekulationen 77 — 13
Grundwehrdienst 80 — 41, 120 — 43, 121 — 18
Grundwehrdienstdauer 80 — 38
Güterverteilung 53 — 10

Haager-Kommuniqué 91 — 19
Handelsmächte 92 — 13
Handelsschranken 41 — 31
Hannaken 105 — 27
Harmel-Bericht 117 — 9
Hasch-Genuß 131 — 15
Hasch-Problem 131 — 13
Hauptausschußsitzung 73 — 12
Hausanweisungen 167 — 17
Haushaltsabwicklung 75 — 19
Haushaltsberatungen 76 — 3
Haushaltsgestaltung 75 — 18
Hausordnungsdienst 170 — 31
heilige Kühe 52 — 25
Heldengedenktag 21 — 2, 3
Herbeiführung 95 — 8
Herbststellenwechsel 133 — 41
Herrenstaat 110 — 17
Herrschaftsanspruch 152 — 33
Herzseite 116 — 5
Hieronymus im Gehäuse 101 — 7
Hilfestellung 74 — 22
Hinnehmen 99 — 43
Hintansetzung 54 — 3
Hitlerkrieg 144 — 4
Hochschulrahmengesetz 67 — 29
höchstmöglich 168 — 12
hoffnungsfreudig 144 — 28
holzverarbeitend 26 — 5
Honnefer Modell 69 — 29
Hugenottenwort 114 — 5
Husarenritt 153 — 3

Ideengehalt 53 — 4
Industriegesellschaft 18 — 17

Industrie-Gewerkschaft Metall
51 – 3, 6
Industrieproleten 149 – 28
industriereich 51 – 31
Industriesystem 162 – 39
Informationsstand 92 – 6
Infragestellen 44 – 29
infrastrukturell 125 – 18
Initialzündung 69 – 20
Inkaufnahme 125 – 12
In-Kauf-Nehmen 136 – 6
Inlandsaufträge 138 – 42
Innenwerbung 61 – 35
innerdeutsch 8 – 13
innere Führung 124 – 2, 131 – 22, 24, 29
Innerlichkeit 102 – 2, 4
Innovationsbereitschaft 37 – 16
Inspekteur 80 – 29
Instandsetzungsverbände 121 – 36
Integrationskraft 85 – 22
Intellektuellenschicht 104 – 43
Interessenausgleich 176 – 39
Interessenübereinstimmungen 178 – 19
Interessenverbände 112 – 39, 40
interfraktionell 36 – 10, 18
Internationale Arbeitsorganisation 15 – 4, 16 – 32
Internationales Arbeitsamt 16 – 5
Investitionsbereitschaft 43 – 28
Investitionskraft 162 – 12, 163 – 22
Investitionsrücklagen 75 – 11

Jarring-Mission 95 – 11
Jugendrevolte 85 – 10
Jugendschrift 108 – 33

Kämpferische (das) 100 – 29
Kalkül 178 – 8
Kampfkraft 139 – 37, 39

Kampftätigkeit 121 – 33
Kampfverbände 122 – 42
Kannegießer 112 – 19
Kardinaldinge 145 – 19
kartellrechtlich 76 – 17
Katechismusformeln 143 – 10
Katheder-Sozialisten 112 – 12
Kilometerpauschale 76 – 4
Kindergeld 69 – 43
Kladde 135 – 41
Klassengesellschaft 53 – 10
Kleinstaaterei 107 – 43
Koalitionsfraktion 76 – 42
Koalitionsfreiheit 74 – 17, 19, 20
Koalitionsmehrheit 81 – 18
Koalitionsparteien 180 – 14
Koalitionspartner 65 – 13, 74 – 14, 75 – 15, 76 – 9, 81 – 27, 166 – 21
Koalitionsvereinbarung 68 – 26
Koalitionsverhandlungen 80 – 19
Körperschaftssteuer 75 – 13
Kommandobehörden 139 – 38
Kommersbuch 109 – 22
Kompetenzübertragung 67 – 1
Kompetenzverlagerungen 48 – 7, 33, 67 – 15
konfiskatorisch 43 – 22, 44 – 11
Konfliktstoff 132 – 11
Konjunkturausgleichsrücklage 75 – 7
konjunkturgerecht 75 – 8, 18, 31
Konjunkturpolitik 43 – 16
konjunkturpolitisch 42 – 42, 74 – 28
Konjunktursparen 75 – 10
Konjunktursteuerung 75 – 41
Konsensus 25 – 30
Konsultationsmechanismus 94 – 3
Konsumentenkredit 75 – 14
kontinentaleuropäisch 128 – 24
Kontrollfunktionen 48 – 29
Korrektiv 28 – 17
Kraft-durch-Freude 97 – 36
Krankenversicherungsrecht 71 – 17

Kreditaufnahme 75 – 6
Kreiswehrersatzämter 121 – 7
Kriegsfolgelasten 69 – 11
Kriegsopferrente 70 – 28
Kriegsopferversorgung 70 – 27
Kriegssachgeschädigte 70 – 23
Krisenbewältigung 60 – 5
krisenhaft 34 – 13
Krokodilstränen 163 – 20
Kulturmenschheit 145 – 29
Kunstbauten 122 – 5

Labour-Regierung 146 – 34
Länderorgan 46 – 5
Länderstaatsbewußtsein 49 – 13
längerdienend 61 – 29, 122 – 12, 37, 126 – 42, 127 – 1, 40
Lärmbekämpfung 67 – 10
Lärmbelästigung 159 – 10
laizistisch 102 – 8
Landeshauptstadt 161 – 5
Landesrat 55 – 13
Landesregierung 46 – 15
Landesverfassungen 153 – 33
Landtagswahlen 132 – 39
langdienend 61 – 38
Langdiener 61 – 34
Lastenausgleichsgesetz 70 – 42, 71 – 9
Laufbahnentwicklung 134 – 23
Lebensbereiche 163 – 9
Lebensformen 161 – 28
Lebensgefährlichkeit 177 – 24, 35
Lebensinteresse 177 – 34
lebensnah 16 – 17
Lebensordnungen 98 – 1
Legitimationsgrund 99 – 36
legitimiert 47 – 2, 17, 153 – 31
Leistungsanforderungen 125 – 5
Leistungsdruck 43 – 26
Leistungsprinzip 43 – 24
Leistungswille 43 – 23

Leitbilder 98 – 39
Leserbrief 136 – 36
Libertinage 106 – 33
Liebesgabenpakete 144 – 42
Liedertafel 109 – 23
linksaußen 178 – 3, 8
Lippenbekenntnis 47 – 36
Lohnbewegung 43 – 6
Lohnsteuerjahresausgleich 75 – 29
Lokomotivbau 147 – 7
Loyalitätsverstoß 131 – 4
Luftmanöver 157 – 15, 158 – 2
Luftreinhaltung 67 – 10
Luftwaffenführung 124 – 18, 36, 125 – 20

Machtausübung 57 – 32
Machtmonopol 112 – 39
machtpolitisch 176 – 34
Machtstaat 109 – 30
Machtsystem 53 – 26
Machtverhältnisse 110 – 2, 159 – 40
Mächtegleichgewicht 137 – 2
Märchenwald 101 – 34
Mahner 99 – 13
Mai – Parole 159 – 16
Management 139 – 3
Marineamt 62 – 16
marktbeherrschend 76 – 11
Marktwirtschaft 38 – 25, 44 – 14
marktwirtschaftlich 76 – 15, 93 – 3
Maschinensturm 114 – 37
Massenmedien 86 – 7, 120 – 23, 126 – 11
Massenparteien 112 – 4
Massenpolitik 145 – 26
Massenschlacht 146 – 42
Massenvernichtungswaffen 155 – 23, 27, 35, 156 – 6, 157 – 40
MBFR 117 – 26
mechanistisch 114 – 37
Mehrheitsverhältnisse 84 – 13

Mehrheitszentralismus 48 – 40
Mehrwertsteuer 76 – 37
Meinungsbefragung 120 – 33
Meinungsbildung 57 – 35, 141 – 29
Meinungsbildungsprozeß 84 – 4
Meinungsmaschinen 22 – 17
Meinungsumfragen 119 – 30
Menschenbewahranstalt 114 – 39
Menschengeist 52 – 37
messerscharf 176 – 38
Mieterhöhungen 163 – 22
Militärdoktrin 173 – 13, 15
Minderheitsregierungen 57 – 25
Mineralölsteuer 76 – 35
Ministerpräsident 45 – 7, 93 – 23, 122 – 34, 129 – 23, 29, 152 – 40, 41, 153 – 10, 13, 18, 24, 38, 161 – 8
Ministertagung 118 – 13
Mischfinanzierung 48 – 38
Mischplanung 48 – 38
Mischverantwortung 48 – 39
Mischverwaltung 48 – 38
Mißbrauchsaufsicht 76 – 11, 13
Mitbenutzung 121 – 43, 122 – 29
mitbestimmend 161 – 33
Mitbestimmungsrecht 74 – 4
Mitdenken 16 – 21, 39 – 9, 132 – 22
Miteinander 47 – 22, 179 – 26
mitentscheiden 45 – 35
Mitgestalten 39 – 10
Mitgestalter 106 – 19
Mithandeln 16 – 21
mittelständisch 138 – 43
Mittelverteilung 48 – 4, 28
mittragen 52 – 7
mitverantwortlich 45 – 39
Mitwirkungsmöglichkeiten 67 – 23
Mobilmachungssystem 81 – 1
Mobilmachungsübungen 120 – 41
Modellvorstellungen 73 – 15, 16
Monopolanspruch 149 – 12
monopolisiert 152 – 13
Monopolkapitalismus 150 – 16

motivationsgefährdend 48 – 40
MRCA 61 – 11
MRCA-Flugzeuge 126 – 2
Mustermann 179 – 16
Mustersicherheitsvorschriften 17 – 9
Menschenrechts-Deklaration 97 – 32, 107 – 3

Nachfolgeorganisationen 9 – 25
Nachfolgestaaten 11 – 37
Nachkriegspolitik 38 – 6
Nachwachsende 174 – 3
Nachwuchs 122 – 11
Nachwuchslage 122 – 24
Nahost-Entschließung 95 – 5, 32, 41
Nahostkonflikt 95 – 4
Nahostpolitik 94 – 27, 38, 43, 95 – 28, 43
Nahostraum 94 – 35
Nahost-Resolution 95 – 8, 38
Nationalkommunisten 148 – 8
Nationalstaat 142 – 41, 174 – 40
nationalistisch 175 – 2
NATO-Bewertungen 125 – 11
NATO-Bündnis 59 – 5, 28, 78 – 7
NATO-Rat 139 – 40
Naturgegebenheit 100 – 19
Nebeneinander 47 – 22
Negativlisten 166 – 29
Neuaufbau 142 – 38
Neugestaltung 69 – 31
Neugliederung 66 – 33, 67 – 7
Neuregelung 67 – 8
Neutralitätspflicht 10 – 33
Nichtglaubensjuden 9 – 36, 39
Niveau-Verlust 28 – 11
Nomenklatur 53 – 24
Normalisierungsprozeß 42 – 4
Notstand 153 – 36
Notstandsgesetzgebung 33 – 21, 30
Notstandsrecht 34 – 1

Notstandsverfassung 33 — 2, 3, 32
novellieren 76 — 10
Novellierung 26 — 12, 68 — 30
nuklear-strategisch 139 — 18
Nur-Herkömmliche (das) 99 — 35
Nutzeffekt 49 — 11
Nutznießer 39 — 13

Oberbürgermeister 161 — 5
obrigkeitsgläubig 101 — 27
Obrigkeitssprache 28 — 14
obrigkeitsstaatlich 102 — 27
Obstruktion 47 — 11
Offene Schule 68 — 14
Offizierbewerber 127 — 31
Offiziere auf Zeit 127 — 28, 38
Offiziernachwuchslage 122 — 16
Oktoberrevolution 174 — 20
Ordnungsrufe 179 — 9, 13
Ordnungsvorstellung 41 — 17
Organisationsgesetz 80 — 32
Orientierungsdaten 42 — 11, 14, 30, 40
Orientierungshilfen 15 — 30
Orientierungslinie 57 — 2
Original-Serienflugzeug 125 — 26
Ortskluge 112 — 21
Ost-Berlin 12 — 41, 41 — 20, 79 — 41, 165 — 39
Ostpolitik 40 —15, 24, 78— 6, 10, 26
Ost-West-Diskussion 117 — 27
Ost-West-Gegensatz 78 — 22
Ost-West-Konflikt 176 — 13, 15
Ost-West-Spannungen 78 — 9, 79 — 11
Ostzonenpolitik 151 — 42

Palästina-Flüchtlinge 10 — 10, 13, 18
Pangermanismus 146 — 17
Panzergrenadierdivision 130 — 16
Parlamentsabsolutismus 107 — 38

Parteieinheit 104 — 3
Parteifreunde 65 — 3, 66 — 38
Parteigrenzen 161 — 11
Parteipolitik 46 — 37, 41, 148 — 32
Parteirat 36 — 6
Parteiwille 103 — 42
passen 100 — 24
Patentdemokrat 103 — 2
Patentrezept 162 — 27
Pauschalerklärungen 180 — 24
Personalentscheidungen 134 — 1
Personalentwicklung 127 — 37
Personallage 126 — 31, 38, 127 — 7, 24, 128 — 1
Personalschwund 122 — 27
Personalvertretungsgesetz 74 — 7
Pflichterfüllung 137 — 12
Planspiel 73 — 35
Planstelle 39 — 30
Planungshoheit 48 — 41, 49 — 1
Planungsverantwortung 48 — 41, 49 — 1
Polarroute 157 — 24
politischer Recke 152 — 42
Potemkin'sche Dörfer 144 — 40
Präsenzlücke 62 — 8
Präsenzstärken 128 — 22
Präsidentschaft 90 — 32
Präsidium 50 — 3
Preisauftrieb 42 — 7
Preisbewegungen 43 — 6
Preis-Lohnspirale 75 — 40
Preiswelle 74 — 33, 75 — 24
Presseäußerungen 167 — 14
preußisch-deutsch 103 — 7, 105 — 21
prodeutsch 148 — 43
produktgebunden 41 — 30
Produktionskraft 162 — 12
Produktivvermögen 17 — 26, 160 — 3
profilieren 58 — 8
Profiteure 167 — 26
Prosperitätsmoral 109 — 37

Provinzialismus 69 – 23
Prügelgarde 40 – 5
publizistisch 56 – 4

Radikalisierung 38 – 12
Randfiguren 26 – 5
Rassenverfolgung 12 – 29
Rattenfänger-Parolen 38 – 16
Rauschmittelgenuß 131 – 18
Reaktivierung 143 – 24
rechtsaußen 178 – 1, 7
rechtsetzend 49 – 12
Rechtspflegeministerium 68 – 25
Rechtsstaat 33 – 33, 35 – 22,
 49 – 22, 54 – 40, 108 – 36
rechtsstaatlich 49 – 15, 36
Rechtsstaatlichkeit 47 – 33
Rechtsverhältnisse 166 – 9
Rechtsverpflichtung 8 – 11
Rechtszersplitterung 41 – 40
rechtwahrend 49 – 12
Reformdefizit 38 – 1
Reformist 55 – 11, 21, 23
reformistisch 54 – 39
Reformpolitik 37 – 39
Reformwerk 68 – 35, 77 – 8
Regierende 44 – 17
regierender Bürgermeister 169 – 6
Regierte 44 – 17
Regierungsfraktionen 67 – 19,
 68 – 33
Regierungspolitik 80 – 2, 84 – 34
Regierungsverantwortung 65 – 13,
 19, 66 – 16
Regierungsvorlage 68 – 28
regulativ 73 – 27
Reich 149 – 7, 152 – 42
Reichsgrenze 150 – 25
Reichsschrifttumskammer 25 – 21
Reichsverfassung 153 – 29
Reichswehr 134 – 43
Reinhaltung 41 – 26

Relevanz 58 – 9
Rentenanpassungen 70 – 3
Rentenleistungen 70 – 5
Rentenreform 70 – 11
Reparationskrise 147 – 4
Reparatur-Krise 147 – 5, 9
Repräsentation 47 – 23
Reservistenpotential 81 – 2
Resolutionieren 181 – 8
Richterbesoldung 67 – 12
Richtschnur 16 – 33, 56 – 28
Rindviehbestand 145 – 41
risikoträchtig 124 – 41
Rollentausch 27 – 8
Rollkommandos 105 – 27
Rubrum 173 – 30
Rüstungsaufwand 139 – 5
Rüstungsbeschränkungen 129 – 3
Rüstungsgüter 138 – 32
Rüstzeug 54 – 29
Ruhmesblatt 27 – 30
Rumpfdeutschland 150 – 31

Sachbereiche 81 – 13
sachbezogen 46 – 14, 16, 34
Sachfragen 47 – 3, 48 – 12
Sachgebundenheit 50 – 4
sachgerecht 80 – 25
sachlogisch 15 – 38
Sachzwang 38 – 5
Sagazeit 101 – 36
SALT 117 – 39
SA-Mann 113 – 33
Sanierungsmaßnahmen 77 – 12
Scheidelinie 169 – 24, 179 – 18
Scheinwerferlicht (im . . .) 85 – 38
Schießausbildung 121 – 42
Schiffseinheiten 123 – 7
Schlafmützigkeit 173 – 39
Schlappe 152 – 9
Schlechtweggekommene 115 – 26
Schönwetter-Demokratie 84 – 43

Schulbuchparagraphen 26 – 14
Schutztarnung 105 – 35
Schwachstellen 125 – 24
Schwarz-Weiß-Malerei 148 – 8
Schwerpunkt-Entscheidung
 116 – 23
Seeluftstreitkräfte 60 – 13, 16,
 62 – 37
Seemanöver 62 – 39
Seenothubschrauber 61 – 9
Segelolympiade 63 – 3
Sektorengrenze 12 – 42
Selbständige 70 – 12, 14, 72 – 42
Selbstbekenntnis 104 – 43
Selbstbeschränkung 152 – 22
Selbstbestimmung 19 – 37, 38
selbstmörderisch 156 – 36
Selbstmordrisiko 157 – 29
selbstquälerisch 27 – 35
Selbstspiegelung 153 – 41
Selbstüberwindung 136 – 30
Selbstverantwortung 38 – 35
Selbstversicherung 70 – 11, 17
Selbstverständnis 49 – 7
Selbstverwirklichung 38 – 34
Selbstwert 111 – 1
Selbstzerfleischung 117 – 17
Sichauseinandersetzen 100 – 33
Sichbesinnen 105 – 30
Sicherheitsorgane 40 – 2
Sicherheitspolitik 140 – 2
sicherheitspolitisch 138 – 36
Sich-Niederwerfen 110 – 31
Sich-Unterwerfen 99 – 35
Siegerpolitik 147 – 30
simplifizierend 57 – 7
Sofortprogramm 69 – 3, 125 – 2
Soldatengesetz 130 – 29, 132 – 30,
 137 – 17
Soldatsein 136 – 41
Solidarisierung 25 – 26
Soll-Vorstellungen 126 – 31
Sonntagspresse 89 – 23

Sowjets 155 – 32, 157 – 16
Sozialbereiche 71 – 31
Sozialbudget 15 – 36
Sozialenquête 26 – 8
Sozialisierungstendenzen 77 – 17
Sozialkundeunterricht 129 – 24
Sozialprodukt 139 – 19
Sozialrecht 71 – 32, 42
sozialstaatlich 49 – 36
sozioökonomisch 49 – 9
Spannungsherd 40 – 37
Spannungsverhältnis 98 – 5,
 128 – 9
Sparanreize 75 – 26
Sparleistungen 72 – 14
Spekulationsgelder 74 – 42
Spitzenposition 134 – 16
Sprachbewußtsein 28 – 18, 19
Staatlichkeit 49 – 2, 13
Staatsabstinenz 111 – 19
Staatsauffassung 56 – 17
Staatsbewußtsein 48 – 2
Staatsbürgerbewußtsein 132 – 25
Staatscharakter 49 – 3
Staatsdiener 110 – 17, 132 – 24
staatserhaltend 110 – 11, 12
Staatsgefühl 102 – 17
Staatsgesinnung 38 – 29
Staatsglauben 111 – 27
staatsgehörig 111 – 12
Staatsordnung 38 – 40
Staatspolitik 149 – 41
Staatsqualität 48 – 25
Staatswesen 85 – 1, 3, 86 – 22
Stabilitätsbündnis 42 – 16, 24
Stabilitätsgesetz 42 – 10, 43 – 16
Stabilitätspolitik 92 – 28
Stabsverwendung 122 – 14
Städtebauförderungsgesetz 77 – 5
Stärke- und Ausrüstungs-
 nachweisungen 126 – 32
STAN 126 – 33
Standortübungsplätze 122 – 31

Stellen 153 – 1
Steueränderungsgesetz 75 – 5
steuerbegünstigt 75 – 11
Steuerdiskussion 43 – 34, 37
Steuerlastquote 76 – 41
Steuerreformkommission 43 – 35
Stillung 102 – 9
Stimmungsmacher 34 – 6
stimmungsmäßig 47 – 37
Stimmzettel-Demokratie 39 – 10
Straffung 131 – 2
Strafvollzug 68 – 17
Strafvollzugskommission 68 – 21
Strahlflugzeuge 124 – 14, 17
Straßengüterverkehrssteuer 76 – 37
Straßenschäden 122 – 6
Studentenzeitung 106 – 15
Stützpunktsystem 157 – 23
Südostasien 34 – 14
suggestiv 100 – 1
systemändernd 54 – 37
systemimmanent 54 – 37
Szenerie 106 – 5

Tagesarbeit 55 – 12, 15
Tagespolitik 93 – 30
tagespolitisch 28 – 25
Tarifabschluß 42 – 37
tarifartig 26 – 11
Tarifautonomie 42 – 14
Tarifbereich 72 – 36
Tarifpartner 42 – 15, 33, 37, 72 – 25
Tarifpolitisch 42 – 35
Tarifverhandlungen 75 – 8
Tatbestände 171 – 41
Technokratie 151 – 12
Teilhabe 109 – 2, 3
Teilstreitkräfte 61 – 30, 80 – 29, 122 – 42
Tempel-Gesellschaft 11 – 33
Trägerwaffen 81 – 7

Tribünenbesucher 170 – 30
trüb-cholerisch 27 – 36
Truppendienstgericht 130 – 27, 28
Truppenführer 135 – 22, 28
Truppenpraxis 131 – 27

überbetrieblich 74 – 4
Überleitungsvertrag 7 – 36
Überschaubarkeit 71 – 41
Überschreitung 178 – 31
Übersteigerung 157 – 40
Übervorteilung 76 – 12
Umorientierung 136 – 6
Umwelt 51 – 14, 159 – 9, 162 – 13, 14
Umweltbedingungen 125 – 7
Umweltschutz 41 – 25, 34, 36
Umweltschutzbestimmungen 41 – 30
Umweltschutzkompetenz 41 – 40
unabdingbar 152 – 17
undemokratisch 102 – 17
undifferenziert 43 – 34
Unfrieden 19 – 6
Unionspartei 65 – 35
Unpolitischsein 105 – 37
unreflektiert 99 – 43
Unsbesinnen 105 – 31
Unselbständige 70 – 15
Unternehmensführung 62 – 20
unternehmerisch 43 – 31
Unteroffiziere auf Zeit 127 – 38
Unteroffizierfehl 126 – 37
Unteroffizierkameradschaften 133 – 1
Unteroffiziernachwuchslage 122 – 16
unterschwellig 47 – 36
Unterstützungsbereich 62 – 16
Untertanensprache 28 – 14
unüberschaubar 73 – 2
Unverbindliche (ins . . .) 101 – 41

Unvollkommenheiten 16 – 1
Unzeit 43 – 37
Urheberrechtsnachfolgegebühr
  26 – 13

Vaterlandslosigkeit 181 – 16
Verbrechensbekämpfung 68 – 40,
  69 – 4
Vereinheitlichung 73 – 5
Verfassungsdenken 66 – 26
Verfassungsgeber 47 – 14, 21
Verfassungsgesetzgebung 35 – 26
Verfassungsstaat 54 – 40
Verfassungskommission 67 – 25
Verfassungsleben 33 – 27
verfassungsmäßig 33 – 24, 45 – 11,
  47 – 9, 48 – 13, 49 – 18
verfassungspolitisch 66 – 39
Verfassungsprinzip 47 – 29
Verfassungsrecht 47 – 20
verfassungsrechtlich 130 – 23
Vergeltungswaffen 157 – 22
Vergiftung 163 – 15
Vergleichbarkeit 15 – 40
Verhaltensweisen 124 – 29,
  163 – 12
verhandlungsfähig 41 – 38
Verhandlungsführung 93 – 18
Verhandlungslösung 170 – 13
Verkehrsverhältnisse 147 – 7
Vermittlungsausschuß 47 – 10
Vermittlungsbereitschaft 90 – 21
Vermögen 43 – 19
Vermögensbildung 43 – 41, 44 – 2,
  4, 6, 72 – 4, 25, 27, 42, 73 – 34
Vermögensbildungspolitik 43 – 40
Vermögensverluste 70 – 43
vermögenswirksam 42 – 41
Vernichtungstechnik 156 – 36
Verpestung 159 – 9
Verpflichtungszeiten 126 – 24,
  127 – 42

Verrottung 142 – 20
Verschrieen 104 – 24
Verseuchung 157 – 9
Versicherungspflichtgrenze 71 – 21
Verstrickungen 28 – 31
Verstümmelte 163 – 16
Versumpfung 142 – 20
Verteidigungsausschuß 125 – 3
Verteidigungsfähigkeit 62 – 39
Verteidigungsgemeinschaft
  171 – 16
Verteidigungshaushalt 39 – 30,
  138 – 3, 15, 24, 139 – 10
Verteidigungskonzept 80 – 23
Verteidigungsmarkt 60 – 32
Verteidigungspolitik 140 – 3
Verteidigungssolidarität 118 – 25
Verteidigungsvorkehrungen
  129 – 37
Verteidigungs-Weißbuch 80 – 33,
  81 – 2, 119 – 6, 20, 124 – 14,
  129 – 14, 133 – 22, 25
Verteidigungswille 35 – 6
Verteidigungszusammenarbeit
  117 – 20
Verteilungskampf 42 – 23
Vertragswerk 5 – 30
Vertrauensschwund 42 – 8
Verwaltungseinheiten 49 – 8
Verwendungszwecke 7 – 31
Verzweiflungsnationalismus
  143 – 28
Vielgestaltigkeit 46 – 8
Vier-Mächte-Gipfelkonferenz
  168 – 28
Volkheit 115 – 5
volkreich 51 – 31
Volksabsolutismus 107 – 37
Volkseinheit 46 – 11
Volksleben 145 – 23
Vollbeschäftigung 16 – 24
Vollbürger 112 – 23
vollinhaltlich 165 – 4

Volljuden 9 – 36
Vorausschätzung 169 – 29
Vorbehaltsrecht 35 – 31, 36 – 19
Vorkind 171 – 10
Vorleistungen 19 – 23
Vorneverteidigung 117 – 13
vorpolitischer Raum 39 – 21
Vorwegnahme 153 – 28

Währungspolitik 93 – 4
währungspolitisch 92 – 31, 35, 41
Währungsproblem 92 – 16
Währungsunion 90 – 6, 92 – 24, 93 – 8, 117 – 33
Waggonbau 147 – 7
Wahlalter 67 – 20
wohlausgewogen 59 – 5
Wahlplattform 66 – 24, 68 – 12, 76 – 7
Warschauer Pakt 59 – 33, 128 – 31, 172 – 42, 43
Wartungsbedürftigkeit 124 – 26
Wasserhaushalt 67 – 10
Wechselspiel 84 – 17
Wehr 156 – 4
Wehrbeauftragte 131 – 9, 132 – 16, 18
Wehrdienstzeit 62 – 5
Wehrerfassung 35 – 24
Wehrgerechtigkeit 80 – 38
Wehrmacht 134 – 43
Wehrpflichtige 120 – 39, 121 – 2, 17, 19, 122 – 20, 126 – 36, 136 – 20, 30, 36, 42, 137 – 9
Wehrpflichtprinzip 128 – 31, 32
Wehrstruktur-Kommission 129 – 10
Wehrübungen 120 – 39, 121 – 12
Weimarer Republik 144 – 16, 18
Weißbuch 80 – 36, 119 – 11, 126 – 41, 127 – 11, 130 – 42, 133 – 31, 137 – 40, 138 – 3
Weisungsfunktion 48 – 29

weltanschaulich 25 – 30
Weltanschauungsschlacht 147 – 2
Weltbeschäftigungsprogramm 16 – 32
Weltgeist 107 – 19
Weltgeschehen 32 – 32
Weltkriegskatastrophen 180 – 16
weltkundig 27 – 41
weltmachtpolitisch 170 – 24
Weltöffentlichkeit 5 – 8, 11 – 13, 153 – 8
Weltvorstellungen 162 – 37
Werbefernsehen 163 – 28
Werdensgesetz 110 – 39
Wertmaßstäbe 163 – 28
Wertvorstellung 51 – 40
Wesensgehalt 33 – 24
West-Europapolitik 77 – 32, 78 – 1, 89 – 8
Westmächte 103 – 9
Westpolitik 40 – 23
Wettbewerbsnachteile 41 – 36
Wiedergutmachung 5 – 16, 31, 32, 38, 6 – 5, 10, 18, 7 – 10, 21, 23, 8 – 1, 12, 9 – 21, 11 – 18, 19
Wiedergutmachungsbereitschaft 11 – 25
Wiedergutmachungsfrage 11 – 16
Wiedergutmachungsgesetzgebung 7 – 27
Wiedergutmachungsmaßnahmen 7 – 12
wilde Streiks 74 – 33
Willensbildung 47 – 18, 49 – 7
Willenswesen 104 – 6
willfährig 55 – 27
Willkommensgrüße 161 – 7
Wirken 100 – 12, 101 – 20
Wirtschaftsdelegation 11 – 1
wirtschaftspolitisch 138 – 35
Wirtschaftsunion 90 – 6, 92 – 24, 93 – 8, 117 – 33
Wohlstandsbürger 173 – 40

197

Wolkenkuckucksheim 29 – 21
Wohnungsbauminister 77 – 20

Zehnjahresprojekt 92 – 24
Zeitdruck 40 – 29, 30
Zeitoffiziere 127 – 9, 15, 18, 22, 32
Zeitsoldaten 127 – 40, 135 – 29, 32, 136 – 20
Zeitunteroffiziere 126 – 22, 27
Zielrichtung 78 – 43
Zielsetzungen 91 – 23, 29
Zielvorstellung 56 – 27, 67 – 38
Zielzusammenfassung 174 – 6
Zivilisationsliteraten 103 – 18, 104 – 20
zivilisatorisch 51 – 10
Zivilverfahren 68 – 28
Zonenpolitik 147 – 20
Zügellosigkeit 179 – 14

zugesellen 175 – 39
zukömmlich 103 – 4, 104 – 25
Zurückgebliebensein 102 – 35
Zusammenfinden 55 – 39
Zusammengehen 149 – 34
Zusammengehörigkeitsgefühl 79 – 16, 18
Zusammengehörung 46 – 9
Zusammenwachsen 176 – 11
Zusehen 161 – 25
Zuständigkeitsfunktion 48 – 29
Zuwachsrate 162 – 42, 163 – 1,8
Zwangssparmaßnahmen 73 – 40
Zwangsvereinigung 152 – 6
zweckbedingt 148 – 32
Zweit-Kindergeld 70 – 1
Zwischenfrage 180 – 31
Zwischenvorgesetzte 130 – 36
Z-2-Soldaten 126 – 36, 127 – 3,5

Notizen

Notizen